현대인과 성서

현대인과 성서

편저자　현대인과성서 교재편찬위원회
　　　　편찬위원 : 조은식, 김명배, 설충수, 성신형

발행일　5쇄 2021년 12월 24일

펴낸이　장범식

펴낸곳　숭실대학교 지식정보처 중앙도서관

등　록　제14-2호(1982. 1. 25.)
　　　　서울 동작구 상도로 369
　　　　TEL. (02) 820-0733
　　　　FAX. (02) 817-5297
　　　　http://press.ssu.ac.kr

인쇄처　한컴인쇄정보
　　　　TEL. (02) 2274-3394

값 10,000원
ISBN 978-89-7450-381-9 03230

현대인과 성서

현대인과성서 교재편찬위원회 편저

SSU Press

머리말

숭실대학교에서는 성서 과목을 교양필수 과목으로 교육하고 있습니다. 이것은 숭실학당 시기부터 시행되어 오는 숭실대학교의 전통이며 특징 가운데 하나입니다. 숭실학당에서는 1898년 성경 과목이 교과목에 편성되었습니다. 1900년에는 성경과 성경지리학 과목이, 1901년에는 성경 과목과 천로역정 과목이 개설되었습니다. 1904년에는 성경, 기독교의 증거, 기독교문명의 과목들이 개설되었습니다.

숭실대학 시기인 1909~1910년의 교과과정을 보면, 1학년부터 4학년까지 매학년 성경 과목을 수강하도록 되어 있었습니다. 1학년은 신약사(1) 갈라디아서, 에베소서(2), 시편(2), 2학년은 소예언서(이사야서)(2) 로마서(2), 3학년은 레위기(2), 히브리서(2), 4학년은 다니엘서(2), 요한계시록(2)을 수강하도록 되어 있었습니다. 1912~1913년에는 1학년 마태복음, 이사야서I, II(3), 2학년은 요한복음, 잠언, 빌립보서(3), 3학년은 히브리서, 야고보서, 소예언서(3), 4학년은 로마서, 시편, 다니엘서(3)를 수강했습니다. 1912년 8월 숭실대학 입학시험에 성경 과목이 있었습니다. 숭실전문학교 교과과정에는 성경과목이 1학년부터 3학년까지 편성되어 있었음을 볼 수 있습니다.

재건 숭실대학 시기인 1954년에 1학년은 성경, 2학년은 영어성경 과목을 수강하도록 되어있었습니다. 1956년에는 기독교정신개론, 영어성경, 기독교사상사 과목이 개설되었고, 1975년 교과과정에는 1,2,3학년 과정에서 성경 과목(각 2학점)이 개설되었었습니다. 1학년은 기독교개론, 2학년은 성서개론, 3학년은 기독교사상사로 분류되었습니다. 그 후 1학년과 2학년만 기독교관련 과목을 수강하도록 교과목이 축소되었습니다. 2007년부터는 현대인과 성서 3학점과 섬김의 리더십 1학점으로 변경되었습니다. 시기에 따라 성서 과목 교재의 필요성이 대두되어 성서개론(박근용, 1983), 성서의 이해(류순하, 1989), 기독교의 진수(한중식 2002), 현대인과 성서(김회권 외, 2007), 성서 다시보기(2009) 등이 출판되기도 했습니다.

급변하는 현 세대에 기존의 교재로 교육하기에 다소 미흡한 면이 있어 이번에 현대인과 성서를 강의하시는 교수님들을 중심으로 〈현대인과 성서〉를 새롭게 구성하였습니다. 〈현대인과 성서〉는 3부로 구분되어 1부에서는 기독교 신학과 역사 관련 7개 강좌, 2부에서는 성서의 이해 관련 9개 강좌, 3부에서는 현대사회와 기독교 관련 8개 강좌로 구성되었습니다. 24개의 강좌를 강아람, 강종권, 김광연, 김대식, 김명배, 김승진, 박규환, 박도현, 박지은, 설충수, 성신형, 이성조, 이종원, 이주형, 이혁배, 정남용, 정재후, 조은식, 최유진, 최재성 (가나다 순) 교수님들이 나누어 집필해 주셨습니다. 특히 김명배, 설충수, 성신형 교수님은 〈현대인과 성서〉 교재 집필을 기획하고 편집하는 일을 맡아 일일이 원고를 읽고 수정하는 노고를 아끼지 않으셨습니다. 집필과 편집에 참여한 모든 분들에게 진심으로 감사의 마음을 전합니다. 끝으로 이 책이 출간될 수 있도록 격려해주신 베어드학부대학의 학장님, 출판을 담당해 주신 숭실대학교출판국의 팀장님과 관계자 분들에게도 감사의 마음을 전합니다. 이 〈현대인과 성서〉가 숭실대학교에서 현대인과 성서 과목을 수강하는 학생들뿐만이 아니라, 성서와 관련하여 공부하려는 사람들에게 도움이 되기를 바랍니다.

2018년 1월

현대인과 성서 주임교수 조은식

목 차

머리말 현대인과 성서 – 조은식 4

제1부 **기독교 신학과 역사** 7

제1강 인간과 종교 – 김대식 8
제2강 신론과 기독론 – 최유진 20
제3강 창조론과 인간론 – 정남용 30
제4강 고대와 중세교회사 – 김명배 40
제5강 종교개혁사 – 김명배 54
제6강 한국교회사 – 설충수 65
제7강 숭실대학교 역사 – 김명배 81

제2부 **성서의 이해** 93

제1강 성서란 어떤 책인가? – 강종권 94
제2강 출애굽 사건과 시내산 언약 – 강아람 105
제3강 역사서 읽기 – 박지은 117
제4강 예언서 읽기 – 오지석 128
제5강 지혜서 읽기 – 박지은 141
제6강 예수 이야기 – 박규환 152
제7강 하나님 나라와 교회 이야기 – 이성조 164
제8강 십자가와 부활 이야기 – 최재성 173
제9강 바울 이야기 – 성신형 184

제3부 **현대사회와 기독교** 195

제1강 기독교와 가정 – 이주형 196
제2강 기독교와 정치 – 김승진 207
제3강 기독교와 경제 – 이혁배 217
제4강 기독교와 환경 – 김광연 228
제5강 기독교와 생명 – 이종원 238
제6강 기독교와 문화 – 정재후 247
제7강 기독교와 평화 – 박도현 256
제8강 기독교와 통일 – 조은식 267

저자소개 278

제1부

기독교 신학과 역사

인간과 종교 김대식

신론과 기독론 최유진

창조론과 인간론 정남용

고대와 중세교회사 김명배

종교개혁사 김명배

한국교회사 설충수

숭실대학교 역사 김명배

인간과 종교
– 모든 인간은 종교적 인간이다!

Ⅰ. 문제제기: 왜 인간은 종교적 존재인가?

과학기술의 발전은 인간에게 신(神)없는 세계 혹은 신이 된 인간을 말하는 듯하다. 그러나 최근 미국에서 과학기술의 발전과 함께 데이터교(Dataism)가 등장한 것을 보면, 인간의 실존과 종교는 불가분의 관계인 듯하다. 그래서 인간에 대한 정의의 하나로 '종교적 인간'(homo religiosus)을 말하곤 한다. 원시시대부터 지금까지 인간은 초자연적 존재에 대한 물음과 실천에 대해서 등한시 한 적이 없었다. 그래서 인간의 삶이 아무리 현대화 · 문명화되었다 하더라도 그 종교적 범위를 크게 벗어나지 않은 채로 살고 있다. 생명과 고통, 죽음의 문제 등에 대해서 해답을 구하고자, 인간은 종교에 기대고 있다. 종교는 바로 이러한 인간의 실존적인 문제에 대해서 해답을 주려고 하고 있다.

종교(religion)라는 개념의 어원을 추적해보면, 렐리기오(religio)와 연관된 렐리가레(religare)와 렐레게레(relegere)로 구분된다. 다소 서구 유럽의 기독교적인 해석이기는 하지만, 레–리가레는 '다시–연결한다'(re–ligare)는 뜻을 품고 있다. 과거 신과 인간의 관계가 단절되었던 시기가 있었다. 성서에서는 그 이유가 인간이 선과 악을 알게 해주는 나무의 열매를 따먹었기 때문이라고 한다. 즉 따먹지 말라는 금단의 열매를 따먹음으로써 신의 버림을 받아서 신과 인간과의 사이에 심연이 생기게 되었다고 한다. 종교로서 기독교는 예수가 신과 인간과의 관계를 다시 연결하고 그 관계를 든든하게 이어주는 역할을 한다고 말하고 있다. 또 다른 한 가지 레–레게레는 '다시 읽는다'(re–legere)는 뜻이다. 대부분 고등종교일수록 성현의 어록이나 신의 말씀이라고 하는 경전(經典, canon)을 가지고 있다. 그런데 이 경전을 보면 매우 오래 전에 기록된 것이라, 현대인들이 이해하기가 어렵다. 그래서 그 경전을 오늘의 언어, 개념, 인식이나 사고체계에 적합하게 재해석해주어야 한다. 그러므로 '다시 읽는다'는 것은 결국 인간의 삶의 해석과 의미의 발생의 문제에 깊이 관여한다는 것을 함축하고 있다.

이보다 더 중요한 것은 렐리기오라는 말이 갖고 있는 상징적인 의미이다. 렐리기오는 그리스어로 유세베이아(eusebeia)로 번역할 수 있다. 이것은 '존경을 받을 만한 가치가 있는 것'이라는 뜻이다. 종교인은 종교를 갖고 있지 않은 사람이나 혹은 이웃종교인들에게 존경을 받을 만한 언어와 행위를 구현해야 한다. 존경의 척도는 신을 믿는 사람들이 최소한 자신이 믿는 신의 가르침대로 살려고 하는 노력을 통해서 그 사람의 몸짓에서 신의 현존 혹은 현전을 볼 수 있느냐 없느냐에 달려 있다. 이 뜻을 통해서 생각해본다면 종교는 인간의 삶과 밀접하게 연결되어 있음을 알 수 있다.

여기에서 우리는 종교의 의미를 발견할 수 있다. 종교의 의미는 바로 '인간을 이해하기 위해서'이다. 우리가 살아가는 세계는 다양한 사람들이 관계를 맺고 살아간다. 거기에는 비종교인의 삶을 포함하여 기독교(로마가톨릭, 동방정교회, 개신교, 성공회 등), 불교, 유교, 이슬람, 도교, 신도, 힌두교 등 다양한 종교(성)들이 공존한다. 종교는 사람들의 의식, 가치관, 세계관, 인생관, 식습관, 경제관, 정치관 등에 지대한 영향력을 끼친다. 그러다 보니까 서로 갈등과 긴장, 오해, 폄훼, 심지어 살해와 전쟁까지도 발생하게 되는 것이다. 개별 종교는 각기 좋은 철학, 교리, 삶의 양식과 내용 등을 품고 있는 것이 사실이다. 그런데 각 종교가 갖고 있는 교리(dogma)가 다르게 되면, 그 다름(difference)을 상호차이로 인정하고 존중하려는 것이 아니라 틀림(wrong) 혹은 잘못됨으로 단정 짓는다. 급기야 그 다름의 종교성을 자신의 종교로 포섭하거나 포교를 통해서 동일성의 폭력으로 지배하려고 한다. 그러므로 우리는 '종교의 다양성은 종교 생태계가 건강하다는 지표'임을 기억할 필요가 있다.

Ⅱ. 개념설명

1. 종교를 통해서 무엇을 배울 수 있을까?

종교의 목적은 일방적으로 교리를 전달하고 학습하는 데에 있는 것이 아니다. 앞에서 말한 바와 같이 종교는 인간을 위해 존재한다. 종교가 마치 신을 위해서 존재하는 듯이 보이고, 특정종교를 표방하는 것처럼 보일지 모른다. 하지만 모든 종교는 인간이 신을 사유하고 내세를 염원하며 그러한 것들을 의례(ritual)를 통해서 표현된다. 각 종교의 의례는 그 종교를 경험한 사람들의 종교적 신념을 형식화한 것이다. 그러므로 내용(질료)은 각자 다르다. 종교적 신념체계의 상이성은 제각각 삶의 가치관이나 철학, 세계관과 인생관 등을 다르게 만든다. 오늘날 우리 사회가 종교적 다양성 속에서 살아간다고 할 때, 그 다양한 종교적 신념들이 만나면서 충돌과 긴장, 그리고 갈등을 유발할 가능성이 농후하다. 따라서 종교는 서로의 신념 체계를 이해하고 그 신념대로 사는 인간을 존중하기 위해서 이웃종교를 진지하게 공부하는 것은 중요한 일이다. 그러므로 오직 나의 종교만이 가장 우월하고 구원을 보장하는 종교이니 이웃종교는 자신의 종교에 종속될 수밖에 없다는 생각을 갖게 된다면, 그것은 상호이해가 아니라 오만이 되고 마는 것이다.

2. 종교 경험의 범위와 타종교를 대하는 태도

어떤 종교경험이 인식 범주 안에서 신의 사유가 이루어지든, 아니면 인식 범주를 초월경험을 한 것이든, 자신의 경험 영역 안에서의 신에 대한 경험이니만큼, 인간은 모든 종교적 경험의 지극히 일부만을 안다고 말할 수밖에 없다. 그러므로 모든 종교를 다 안다거나 속속들이 다 공부를 할 수 있는 시간적인 여유가 없다고 하더라도, 적어도 내 주변의 이웃이 어떤 종교를 가지고 그 신념체계에 따라서 사는지 알아볼 필요가 있다. 종교의 기본정신은 평화와 공존, 그리고 사랑이다. 이러한 정신을 잘 이행하기 위해서 이웃의 종교와 자신의 종교를 나란히 놓고 비교하면서 공통점과 차이점을 통하여 서로의 종교적 체험의 지평을 확장시켜나가는 것이 올바른 태도이다. 그런데 우리는 서로의 공통점보다는 차이점을 부각시키다 못해 그 차이점을 오히려 이단이라고 몰아붙이는 몰지각한 행위를 서슴지 않는다. 이것은 자신의 종교도 모르고 이웃의 종교도 모른다는 것을 의미한다. 종교학자 막스 뮐러(Friedrich M. Müller)의 주장대로 자신의 종교만 알고서 모든 것을 아는 듯이 호도하는 태도는 매우 위험한 것이 되고 만다. 더 나아가서 종교는 자신을 알아가는 것이다. 실제로 종교인이 자신의 종교에 대해서 안다고 하지만, 그것은 매우 피상적으로만 아는 경우가 많다. 종교적 삶을 산다고 하면서 그 종교에 의해서 영향을 받아 사고하고 행동하는 것인데, 자신의 종교를 모르고서 어떻게 자신을 안다고 말할 수 있겠는가? 그런 의미에서 종교를 공부한다는 것은 자기 자신을 잘 알기 위해서라고 말할 수 있다.

3. 종교와 문화의 관계

다양한 지역과 종족, 그리고 인종, 나아가 오랜 인류 역사 속에서 형성된 종교를 가진 인간을 이해하기 위해서는 종교를 알아야 하고 이웃의 종교를 열린 마음을 가지고 공부할 필요가 있다. 그렇게 될 때 종교를 바탕으로 생성된 인간의 문화를 좀 더 잘 이해할 수 있고, 인간의 본질적인 이해의 지평도 넓어질 수가 있다. 종교 이해의 수준이 인간의 이해 수준을 넘어선다는 것은 불가능하다. 물론 종교를 갖고 있지 않은 사람들에게는 다른 차원으로 접근을 해야 하겠으나, 비종교인이라고 할지라도 종교를 갖고 있는 사람들을 이웃으로 두지 않은 경우는 없으므로, 인간이 종교를 이해한다면 서로를 이해하기가 훨씬 수월해질 것이다. 동료로서, 친구로서, 선후배로서, 가족 구성원으로서 그들의 사고와 행동을 이해하기 위해서는 종교인이든 비종교인이든 한 번쯤은 종교에 대해서 객관적이고 이성적인 숙고가 필요하다. 폴 틸리히(Paul Tillich)는 그의 책 『문화의 신학』에서 "종교는 문화의 내용이고 문화는 종교의 형식"이라고 했다. 이 말을 곰곰이 생각해보면 종교인의 신앙적 사고는 그 사람의 정신적 틀이자 문화의 양식을 결정짓는 중요한 성격을 갖고 있다는 것을 알 수가 있다.

Ⅲ. 주제강의

1. 기독교의 특수성

기독교의 경전, 곧 성서는 크게 구약성서(Old Testament, 가톨릭 46권/ 개신교 39권)와 신약성서(New Testament, 27권)로 나뉘어져 있다. 그 외에 외경(Apocrypha, 가톨릭의 경우 제2경전)과 위경(Pseudepigrapha)이 덧붙여져 있다. 성서(biblos)는 특수한 시대와 지리적 조건 속에서 만들어진 기호들의 집합체이다. 이와 같은 경전은 서구 유럽사회의 정신세계요 철학이요 가치체계의 집적물이라고 볼 수 있다. 구약성서는 고대 근동지방의 문화, 법, 정치, 경제, 사회, 풍습, 신화, 역사 등이 잘 녹아져 기술되어 있다. 신약성서는 그리스와 로마의 정치, 경제, 경제, 철학, 언어 등에 영향을 받으면서 기록한 문서이다. 이 속에는 유럽의 역사적 체험, 고백, 정신, 이성, 초월적 존재와의 만남이 기록되어 있는 인류의 축적된 전통이자 집단정신 혹은 공적 정신이다. 이것을 달리 말하면 서구 유럽사회를 잘 이해하기 위해서는 성서가 무엇인지, 나아가 어떤 내용을 담고 있는지 기초적인 지식을 갖고 있어야 한다는 것을 의미한다. 왜냐하면 인류의 한 축을 형성하고 지구 전체에서 선진 문명을 향유하고 있는 서구사회는 근본적으로 성서적 정통 위에 서 있기 때문이다. 따라서 성서를 전문적으로 연구하지 않더라도 적어도 상식적인 수준에서라도 성서를 이해하지 않고서는 서구 학문을 이해하는 데 한계가 있을 수밖에 없다. 심지어 교양을 쌓고 세계의 직간접적 사건들의 배경을 파악하기 위해서도 성서에 대한 지식이 요긴할 때가 많이 있다.

더 나아가서 인간은 한계상황을 벗어날 수가 없다. 즉 죽음, 고통, 탄생에 대한 불가항력적인 힘에 맞부딪힌 인간은 초월을 향하게 되는데, 이것을 종교(혹은 종교성)이라 말한다. 이와 같은 무한에 대한 동경은 모든 인간에게 주어진 공통적 관심사이다. 자신의 한계상황을 극복할 수 있는 인간은 아무도 없다. 그 언저리에서 신이라는 존재에 대한 갈망이 싹트기 마련이다. 이런 점에서 종교는 인간의 한계상황에 대해서 대답을 제시하고 있다. 그러므로 인간의 근본적인 문제에 대해서 답을 구하고자 한다면 종교에 기대보는 것도 그 한 방법이 될 수 있다. 여기서 기독교는 인간이 어디서 와서 어디로 가는가에 대한 막연한 상상력을 실제적인 사건으로 기술해 주고 있기 때문에, 앞서 말한 문제에 대한 하나의 답을 제공하고 있다.

한편 종교는 인간의 사람됨의 과정을 위해서 안내해주는 역할을 한다. 인간의 자기 정체성을 확인시켜줌과 동시에 사회와의 통합과정 속에서 자신이 어떻게 살아야 할지를 일러주는 기독교의 사회학적 기능은 연결과 관계 맺기에 좋은 신앙적 이야기들을 가지고 있다. 연결과 관계를 통해서 인간은 사람이 되어가는, 인격체가 되어가는 과정적, 생성적 존재로서의 삶을 살아가게 된다. 키에르케고르(S. Kierkegaard)가 말한 것처럼, 인간은 삶의 과정에서 매 순간 선택을 통해서 좀 더 높은 자아를 추구해야 한다. 그 수준 있는 선택을 하도록 도와주는 역할을 하는 것이 기독교의 순기능이다. 과정적 존재로서 알 수 없는 한계상황을 돌파해 나가는 인간은 완결된 생의 순간을 맞이하기 위해서 끊임없이 현재보다 더 높은 자아를 선택해야 한다. 기독교는 바로 예수를 통해서 그렇게 될 수 있다고 가르치고 있다.

2. 종교의 편견을 벗어나야 한다!

인간에게는 궁극적인 관심(ultimate concern)이 있다. 폴 틸리히는 이것이 신앙의 기초라고 주장했는데, 이는 인간에게 보편적 종교 관념이 있음을 보여주는 설명이다. 인류의 역사와 종교의 역사는 서로 밀접하게 연결되어 있다. 종교는 인류와 오랜 시간을 같이 해왔다. 인류가 있는 곳에 종교가 없었던 적이 없다. 다만 시대와 지리, 민족적 성향에 따라서 그 종교의 모습과 양상은 다르게 변화해왔다. 지구상에 현존하는 수많은 종교들이 다양하게 공존하고 있다. 만일 종교에 대해서 단순히 전통과 역사성을 가지며 정치, 경제적 권력의 영향을 행사하는 것만을 일컫는다고 정의 내린다면, 그것은 잘못된 것이다. 이런 점에서 종교를 갖고 있는 신자들인 경우에는 대승적인 차원에서 종교를 갖고 있지 않은 사람들에게까지도 열린 종교적 사유를 할 필요가 있다. 그들이 반드시 제도적,

체계적인 종교를 갖고 있지 않는다 하더라도, 다른 사람에 대해서 종교성이 전혀 없다고 단정하는 것은 매우 섣부른 판단이다. 반대로 비종교인인 경우, 일정한 편견을 가지고 종교를 바라보는 것도 위험한 발상이다.

편견이나 선입견은 사태를 경제적으로 판단하는 역할을 하지만 각 개별적인 고유한 사태에 대해서 판단할 때는 심각한 오류를 범할 수 있다. 인간의 경험과 인식의 한계 때문에 종교적 · 신비적 경험, 사람의 관계적 경험, 사태에 대한 경험 등은 지극히 한정적일 수밖에 없다. 따라서 비종교인이 종교에 대해서 이러저러한 편견을 가지고 있거나, 반대로 종교인이 비종교인에 대해서 이러저러한 편견을 갖는 일에 대해서, 이러한 편견이 혹시 나의 주체적, 이성적, 혹은 반성적인 판단에 근거한 것인가 아닌가를 엄밀하게 살펴보아야 한다. 왜냐하면, 종교를 판단하는 시선은 분석적인 주체적 정보나 신뢰성이 있는 자료에 의한 것이 아니라, 타자나 매체 등에 의해서 학습된 정보를 통한 한정된 정보이거나, 해석된 정보, 더 나아가 걸러진 정보일 가능성이 매우 높기 때문이다. 그래서 종교를 바라볼 때는 가능한 한 편견을 벗어나서 있는 그대로 바라보려는 태도가 필요하다. 이것은 독일의 현상학자 에드문트 후설(E. Husserl)이 주장한 것으로, 우리가 종교를 바라보거나 종교인을 직관할 때 '사태 그 자체로' 인식하려고 해야 한다. 우리가 가지고 있는 편견에 대해서 판단을 중지하고 순수한 의식으로 대상을 관찰하려고 노력한다면 종교(인)에 대해서 혹은 비종교인에 대해서 좀 더 객관적인 입장에서 해석할 수가 있을 것이다.

기독교는 우선 고백의 종교라고 말할 수 있을 것이다. 그 토대가 되는 선언적 주장은 다음과 같다. '하나님이 인류를 구원하시려고 하는 의지를 가지고 있었다. 그 은총과 사랑의 사건이 바로 예수 그리스도를 통한 십자가의 대속적 죽음이다. 따라서 그를 믿으면 하나님의 나라에 들어갈 수 있다'는 것이다. 이와 같은 단순한 도식적 교리의 종교인은 자신이 하나님의 자녀이기 때문에 그에 합당한 삶을 살아야 한다고 깨닫는다. 이른바 깨달음의 종교인이 되는 것이고 동시에 고백대로 살고자 하는 삶이 되는 것이다. 깨달음이 단지 불교에만 있는 것이 아니라, 기독교에도 동일한 차원의 자각, 자기의 내면적 성찰, 관상적 삶이 있다. 바로 그리스도인은 그렇게 자신이 하나님과 예수 그리스도, 그리고 성령이라는 삼위일체적 조명의 빛에 의한 깨달음으로, 그 삶을 신앙인답게 살아가려고 하는 고백의 사람이자 구원받은 하나님의 자녀이고 예수 그리스도의 제자라는 인식을 갖고 사는 사람이다.

한편, 인간의 삶에서 예법이 종교와 맞닿아 있는 지점이 존재한다. 인간의 말짓, 눈짓, 손짓, 발짓 등의 온갖 몸짓은 종교적 심성과 윤리, 타자에 대한 환대가 전제되어 있는 예(禮)의 표현이라고 해도 과히 틀린 말은 아니다. 그러므로 비종교인도 자신의 몸짓의 기호가 꼭 종교적 표현이 아니더라도, 이미 어떤 잠재적인 종교적 심성을 발현하면서 산다고 해야 할 것이다. 그래서 칼 라너(K. Rahner)는 '익명의 그리스도인'(anonymous Christian)이라는 개념으로 비종교인에 대해서, 혹은 이웃종교인에 대해서 관용적이고 포용적으로 사유하였다. 이런 관계에서 볼 때, 종교인도 비종교인에 대해 자신의 종교로 함부로 재단하거나 섣부르게 규정짓기보다는, 감정이입과 동감의식, 성숙한 의사소통과 교류를 통해서 더불어 살아가는 지혜를 찾아야 한다. 비종교인도 하나님의 관점에서는 모두가 하나님의 형상(하나님의 모상, imago dei)을 갖고 있는 존재라고 생각한다면, 그것을 같이 깨닫고 신의 의지와 지향성을 가지고 살아가는 환대의 공동체를 꿈꾸어야 한다.

3. 종교-인문학적 사유를 향하여!

종교는 규범이 아니라 삶의 기술이고 서술이라고 할 때 강요의 성격보다는 삶을 깊이 이해하는 학문적 관심사, 종교-문화적 성찰에서 출발을 해야 한다. 트뢸치(E. Troeltsch)는 막스 베버(M. Weber)의 영향을 받아서 종교를 교회(church)와 소종파(sect)로 구분한다. 교회의 원래 특성 중의 하나는 모든 구성원들의 회심을 전제로 한다. 반면에 소종파는 기존의 종교와 사회에 대해서 저항적이고 비판적인 성격을 지녔다. 그뿐만 아니라 강제적인 회원은 아니지만 재생산적인 정신을 위해서 고도의 윤리적이고 금욕적인 삶을 강조하는 것도 빼놓을 수가 없다. 교회가 제도화되면 교파(denomination)를 형성하면서 고착화되었다.

역사적으로 보면 소종파는 그렇게 안주하려는 종교에 대해서 계속 제동을 걸어왔고 비판의 목소리를 냈지만 결국 제도종교로부터 척결이 되는 아픔을 겪었다.

오늘날 기독교는 제도적 종교가 되면서 우리나라뿐만 아니라 전 세계적으로 큰 영향력을 행사하고 있다. 하지만 교회가 제도화, 교리화, 조직화되면서 그 역동성을 상실하고 지나치게 자본주의에 편승, 타협한 상태가 되었다. 그에 따라서 사회적 불의와 경제적 착취, 약자에 대한 관심에서 멀어지고 비판의 목소리, 성찰적 인식이 약화되었다. 일각에서는 성서적 사유와 실천이 많이 결여되어 있다고 보고 있는 것이다. 그로인해 사람들은 소종파 운동을 통해서 종파적, 제도적 교회에 대해서 지속적이고 애정 어린 비판을 아끼지 않는다. 안주하지 말고 끊임없는 종교적 운동을 전개해달라는 것이다. 하지만 이제라도 기독교가 세계적인 문제, 인간의 문제에 본연의 목소리를 드높여주어야 한다. 인권, 가난, 착취, 환경, 동물권, 노인, 생명, 언어, 기술, 음식, 나눔, 배려 등 수많은 삶의 문제들에 대해서 인문적 사유와 실천으로 접근하여 풀어주어야 한다. 실제로 성서에는 인간과 세계에 대한 다양한 사건들을 하나님과 예수가 어떻게 말하고 있는지 잘 나타나 있다. 그와 같은 성서의 내용은 결국 지난 세월 수많은 사람들이 하나님을 경험하고 세계를 어떻게 해석해왔는가에 대한 축적된 신앙과 철학의 보고이다.

그러한 성서의 내용을 인문학적 시각으로 해석하여 오늘날의 문제에 어떻게 적용할 것인가가 관건이다. 단순히 성서를 과거 유대인의 율법이나 역사, 문학, 언어, 사상 등으로만 치부하고 만다면, 성서의 인류학적 가치를 간과하는 것이다. 성서가 비록 유대인의 기록이자 신앙고백의 문서라 하더라도 인류의 삶의 문제를 조명하는 보편적 문서, 거룩한 산물이라는 것을 잊어서는 안 된다. 그런 의미에서 성서를 통한 종교-인문학적 사유를 적극적으로 시도할 필요가 있다. 삶의 거시적이고 미시적인 문제를 종교-인문학적 시선으로 풀어낸다면 성서의 내용이 인간 세계와 문제에 지혜를 안겨줄 것이다. 더불어 비종교인에게도 성서가 단지 특정 종교인에게만 해당되는 거룩한 책이라는 선입견에서 벗어나서 보편적으로 모든 인간에게 도움이 되는 삶의 지침서로서도 자리 잡을 수 있을 것이다. 이는 종교가 단지 선교나 포교를 목적으로 한다는 것을 넘어서 인간의 삶의 무늬를 어떻게 건강하고 아름답게 형성해 주느냐와도 밀접한 연관이 있음을 보여주는 것이다. 종교가 인간의 정신세계를 좀 더 풍요롭게 하고 삶의 가치를 올바로 형성시켜 주는 데에 초점을 맞추는 것이라면, 성서라는 책을 지금 여기에서의 인간의 삶의 문제를 바라보고 해석하는 중요한 도구로 받아들여도 무난하리라 본다. 성서의 접근성을 너무 어렵고 부담스럽게 한다면 그 안에 담겨 있는 인간학적 가치, 정신적 가치, 윤리적 가치의 보편성을 알리지 못할 수도 있기 때문이다.

성서는 분명히 기독교에서는 인류의 구원사를 역설하고 있다. 그것을 공통적으로 고백하고 실천적 지침으로 인정하기 위해서는 구원이라는 신학적 개념을 무한히 열어 놓아야 한다. 구원은 인간의 망각된 의식과 정신, 그리고 몸의 폄훼를 회복하는 것이라면 좀 더 보편적인 인식에 도달할 것이다. 이를 통해 오늘날 인간의 정신과 몸의 건강을 통합하고 조화를 이루도록 일러주게 된다면, 성서의 인문학적 기능과 역할은 충분하다 할 것이다.

Ⅳ. 질문과 대답

– 종교의 기원에 대해서 여러 학자들의 견해를 설명해 주십시오.

우선 종교학자 막스 뮐러의 주장부터 얘기를 해보겠습니다. 그는 태양이나 달과 같은 자연현상 배후에 존재한다고 믿는 초월적인 것의 인식이 종교를 형성했다고 보았습니다. 그리고 에드워드 타일러(E. Tylor)와 같은 인류학자는 애니미즘을 주장했지요. 돌, 나무 등에 어떤 영적 존재(anima, 영혼)가 존재한다고 믿은 데서 종교가 시작되었다는 것입니다. 허버트 스펜서(H. Spencer)는 조상숭배에서 비롯되었다고 보았구요. 흥미로운 것은 인류학자 제임스 프레이저(J. Frazer)의 생각입니다. 그는 주술에서 종교가 탄생했다고 보았습니다. 그러면서 동종주술과 감염주술로 나눕니다. 사극에서 보면 주술이 등장하잖습니까? 장희빈이 짚으로 만든 인형을 만들어서 그 대상을 생각하며 계속 찌르지요. 그래서 나중에 인현왕후가 죽었다는 설이 있습니다. 이른바 유사가 유사를 낳는다는 신념과도 같은 것을 반영한다고 생각합니다. 이를 동종주술이라고 합니다. 또는 사냥하기 전에 동굴에다 그림을 그려놓고 계속 맞추기 연습을 합니다. 그러면 실제로 사냥이 더 잘 된다는 것이 신앙처럼 굳어집니다. 또 여성의 자궁을 암시하는 움푹 파인 바위를 만지면 임신이 된다고 믿습니다. 제임스 프레이저는 다른 한 가지 감염주술을 언급하는데, 이것은 돌잔치 같은 데서 볼 수 있는 장면입니다. 아기의 잔치상에 실(장수할 운명), 연필(공부를 잘 해서 출세할 운명), 돈(재물운이 따를 운명) 등을 올려놓고 아기가 그 물건을 잡도록 합니다. 어떤 물건을 잡느냐(접촉)에 따라서 자식의 운명이 그렇게 결정된다는 것이죠.

이렇듯 가만 보면 종교라는 것이 무슨 하늘에서 뚝 떨어진 것이 아닐 뿐만 아니라, 특정한 실재와 만나는 것도 아니라는 것입니다. 종교는 인간의 축적된 일상에서 발생되었다는 것을 의미합니다. 종교는 인간의 본질이나 본래성의 인식, 인간의 자리에 대한 자각, 자기 자신의 반성과 삶에 대한 성찰이라는 점을 기억해야 합니다. 그래서 하이데거는 사유(denken)는 감사하기(Danken)라고 말합니다. 이것은 인간의 세밀한 내면을 음미하고 관조하게 될 때, 즉 사유하게 될 때 자기 자신이 선물이라는 것을 깨닫게 되고 감사하게 된다는 것이지요. 그러므로 종교는 자기 자신, 즉 인간의 본질과 본성에 대한 사유이자 감사하기라고도 말할 수 있을 것 같습니다.

Ⅴ. 토론주제 및 참고자료

1. 토론주제

1) 자신의 종교를 타자에게 강요해도 될까요?

2) 혹시 자신에게도 종교에 대한 편견이 있는 것은 아닌가요? 종교의 독특

한 경험 없이 타자의 종교를 비판하거나 비난해도 될까요?

3) 종교의 본래적인 역할과 기능은 무엇입니까?

4) 여러 종교들 중에서 기독교의 독특한 특징들은 무엇인가요?

2. 참고자료

Arvind Sharma 외, 박태식 외 옮김, 『우리 인간의 종교들』, 서울: 소나무, 2013.

K. Jaspers, 신옥희 옮김, 『철학적 신앙』, 서울: 이화여자대학교출판부, 1979.

Paul Tillich, 김경수 옮김, 『문화의 신학』, 서울: 대한기독교서회, 2002.

배철현, 『인간의 위대한 질문』, 서울: 21세기북스, 2015.

오강남, 『세계 종교 둘러보기』, 서울: 현암사, 2013.

정진홍, 『열림과 닫힘』, 서울: 산처럼, 2006.

신론과 기독론

– 하나님과 예수 그리스도의 신비

Ⅰ. 문제제기

한국 사회에서 기독교의 신에 대해서 논의하는 과제는 결코 만만치 않다. 그것은 다음의 세 가지 이유 때문이다. 우선 유일신론을 표방하는 기독교 세계와는 달리 한국은 다종교 사회이기 때문이다. 한국인들은 종교심이 많은 사람들이다. 불교, 유교, 기독교 등 외래에서 전래된 종교마다 한반도에 뿌리를 내리고 한국인들의 삶과 사상에 깊은 영향을 끼치고 있으며, 원래부터 가지고 있던 무속 신앙과 신생 종교들까지 합하면 가히 한국은 종교들의 백화점이라고 할 수 있다. 두 번째는 다종교 사회이긴 하나 종교인들이 많았던 한국사회가 점점 무종교 · 탈종교 사회로 이행하고 있기 때문이다. 2015년 인구센서스 결과, 종교인구가 2005년에 비해 전체 인구 52.9%인 2452만 6천명에서, 2155만4천명으로 줄어 43.9%로 집계되었다. 10년 전에 비해 300만 명, 전체 인구의 9%가 감소한 것이다. 이렇듯 한국사회는 점점 더 신에 대해 무관심해지고 있다. 마지막으로 기독교의 신은 생태세계를 정복하고 파괴하는 신이며, 비서구의 약소국가들을 식민화시키는데 이용되었다는 비판을 부인하기 힘든 기독교의 역사 때문이다. 또한 오늘날 북미와 서유럽 국가들이 주도하고 있는 신자유주 경제체제의 세계화를 기독교 우파들이 이념적으로 그 기초를 놓고 있기 때문이다. 이런 다종교 · 무종교 · 탈식민주의 시대에 우리는 기독교의 신에 대해서 어떤 이해를 해야 하는 것일까?

Ⅱ. 개념설명

1. 무감동의 신(theos apatheia)

그리스 철학에서는 신이 물질세계에 영향을 받으면 신의 자존성과 완전성이 훼손된다고 이해했다.

2. 삼위일체 하나님

이에 비해 기독교의 삼위일체 하나님은 세계를 창조하신 창조주이며 (세계와 구분), 그러나 이 세계와 지속적으로 관계를 맺고 돌보시는 분이시다. 그 하나님은 인간의 선택으로 타락한 세계의 죄 문제를 해결하기 위해 인간이 되셨고, 그분이 예수 그리스도이시다. 하나님은 예수 그리스도 안에서 자신의 본질인 사랑을 결정적으로 나타내셨다. 그리고 예수 그리스도가 부활하고 승천하면서 성령을 보내주셨는데, 성부, 성자(예수 그리스도), 성령, 세 위격이 동일한 하나님임을 믿는다.

3. 참 하나님과 참 인간 예수 그리스도

예수 그리스도의 지상에서의 사역과 죽음과 부활의 궤적을 짚어나가면 참으로 하나님이심을 믿음으로 고백하게 된다. 기독교는 예수 그리스도 안에 신성과 인성이 서로 혼합되지 않고, 분리되지 않고 존재한다고 믿는다.

Ⅲ. 주제강의

1. 하나님: 존재의 근거, 그 분의 자유와 사랑

기독교인들은 하나님이 이 세계를 창조하신 창조주이며, 이 세계의 근거이긴 하지만, 이 세계와 철저하게 분리되는 '절대적으로 다른 존재'(전적 타자)라고 고백한다. 그러나 이것이 세계의 아픔과 고통에 어떤 영향도 받지 않는 '무감동의 신'을 말하는 것은 아니었다. 성서의 하나님은 피조물과 구분되는 창조주이기는 하지만 언제나 세계와 친밀한 관계를 맺고, 이 세계를 돌보는 일을 중단하지 않으시는 분이기 때문이다. 이런 오해가 생긴 것은 기독교가 처음부터 그리스철학의 틀에서 이해되었기 때문이다.

기독교는 로마의 식민지였던 팔레스타인 땅에서 시작되었고, 313년 로마제국에서 공인되고, 380년 제국의 국교로 선포되는 과정 속에서 그리스-로마 문화와 깊이 연루되기 시작했다. 그 시대의 지적인 개념들이 그리스철학이었기 때문에 당시 동시대인들을 설득하기 위해 기독교의 하나님도 그리스철학의 틀로 설명되기 시작했다. 그 덕분에 기독교 신학의 많은 개념들이 정교하게 다듬어졌으나 기독교의 하나님 이해가 원래 가진 역동성이 추상적이고, 사변적으로 변질되기 시작하였다. 예를 들어 하나님이 세계에 영향을 받거나, 그것에 구속된다면 하나님의 자존성이 침해된다고 생각되었던 것이다.

그러나 그리스 철학에 깊게 영향을 받은 '무감동의 신'으로서 하나님 이해는 유럽과 세계를 초토화시킨 1, 2차 세계대전을 겪으면서 의문시되기 시작했다. 사람들은 '하나님이 계시고, 그분이 선하시다면, 하나님은 죄 없는 유대인들이 아우슈비츠 수용소에서 죽어가고 있을 때 무엇을 하셨는가?'라는 질문을 시작한 것이다. '무감동의 신'이라는 개념으로 하나님의 신성을 이해할 때 우리는 하나님의 전능하신 힘과 지배의 관점에서 시작할 수밖에 없다. 그러나 그 '전능'하신 하나님이 죄 없이 죽어가는 사람들을 그대로 방치했다면 하나님의 선함이 부정되든지, 하나님의 존재가 부정될 수밖에 없는 것이다. 오히려 성서 속의 하나님은 죄와 악의 세계에서 사랑하는 자녀들이 자유의지를 선용하여 이 세계를 밝혀줄 것을 바라시며 오래 기다리시며, 자신의 힘을 철회하시고, 침묵하시고, 절제시키는 분이시다. 아우슈비츠 수용소에서 죽어가던 사람들은 하나님의 아픔 안에 있었다. 하나님은 이 세계의 악과 죄성을 순식간에 힘으로 제압하는 분이 아니라, 이 세계가 자유롭게 하나님의 길을 선택하고 돌이키기를 기다리시는 분이시다. 하나님은 폭군이 아니라 사랑에 빠진 연인과 같다. 대상에 대한 사랑을 결코 포기하지 않는 마르지 않는 생명력이다. 하나님의 힘은 사랑이고, 하나님의 사랑은 힘이다.

이런 의미에서 하나님의 본질은 사랑이지만, 반면 자유이기도 하다. 이 둘은 서로 배타적인 개념이 아니라 하나님은 사랑이시기 때문에 그분이 자유롭게 원하시는 대로 하시는 일은 결국 사랑이다. 하나님의 사랑과 자유는 서로 다른 개념처럼 보이지만 사실은 하나이다. 하나님의 자유는 사랑을 위한 자유이기 때문이다.

기독교는 이런 하나님을 삼위일체 하나님이라고 고백한다. 기독교인들은 유대교의 단일신론(monotheism)과는 달리, 성부, 성자, 성령 하나님이 세 위격을 가졌지만 한 분 하나님이신, 참 사랑의 공동체이고, 깊이 있는 상호적인 연대라고 믿는다. 그리고 이러한 삼위일체 하나님은 자기 제공, 상호적 공감, 존경, 나누는 관계성을 그 특징으로 한다. 성부, 성자, 성령 세 위격 사이의 사랑은 풍성하게 흘러넘쳐서 밖을 향한다. 성부 하나님이 성자 하나님을 낳고, 성부와 성자 하나님의 사랑으로 성령 하나님이 출원하게 된다. 그리고 삼위일체 하나님의 흘러넘치는 사랑으로 피조물이 창조되었고, 돌봄을 받고 있다.

기독교인들은 하나님의 본질이 결정적으로 성령을 통해서 예수 그리스도 안에서 나타났다고 고백한다. 인간과의 인격적인 교제를 원하시는 하나님이 인간에게 자유의지를 주셨고, 그 결과 타락한 인간 때문에 끊어진 관계를 다시 바로잡고자 하나님이 인간이 되신 것이다.

삼위일체 하나님의 사랑의 특징은 타자를 타자로서 존중하고 세심하게 배려하는 것이다. 타자들을 나와 동화시키려는 시도들에 저항하면서 타자와의 참된 관계성과 참된 공동체를 위한 기초로서 각 인격의 독립적이고 구체적인 존엄과 상대적인 자율을 유지하길 원한다. 하나님은 각 사람의 타자성을 지우지 않고 차이를 그대로 인정하며 친밀감과 기쁨을 경험하는 분이다.

타자를 타자로서 그대로 인정하시는 하나님의 사랑은 인간의 자유의지를 침해하지 않는다. 우리는 여기서 자유에 대한 이해를 다시 해야 한다. 여기서 자유란 공동체의 운명이라는 맥락에서 이해해야지, 자본주의 사회의 소비자의 선택처럼, '한계 없이 무엇이든 고를 수 있음'을 의미한다고 생각하면 안 된다. 여기서 말하는 자유는 개인적인 선택이 공동체의 그물망에 영향을 미치고, 그 자유로 인해 타인의 자유가 구속될 수 있다는 의미에서 관계적인 자유이다.

하나님의 사랑은 통제하지 않는다. 사랑은 세세한 것까지 관리하지 않는다.

그렇게 하는 것은 사랑의 대상의 타자성을 훼손할 수 있다. 그러나 그 사랑은 연인들의 사랑과 비슷하기도 하다. 연인들은 서로를 유혹하고, 설득하기도 하지만 거기에 그치지 않고, 자신의 사랑에 대한 응답을 요구하기도 한다. 인간의 사랑은 때때로는 신실성이 결여되기도 하지만, 그렇다고 하더라도, 우리가 어떤 사람을 우리가 할 수 있는 한 최선을 다해 지속적으로 사랑한다면 시간이 지나면 그 사랑이 우리의 주의 깊은 관심에 응답하는 경향이 있다. 어떤 사람의 사랑이 강제하는 폭력적인 사랑이 아니지만, 오랫동안 꾸준히 그 사랑이 변치 않는다면, 그 사랑은 강압하는 사랑 보다 증가하고 성취하는 경향이 있다는 것을 발견하는 것이다. 오류 가능한 인간의 사랑이 이럴진대, 우리는 하나님이 하시는 포기하지 않고 완벽한, 그리고 언제나 존재하고 영원히 지속되는 인애와 자비의 장기간의 효과들이 어떨 지를 추론할 수 있다. 이러한 신학은 우리 현존하는 실존 안의 악의 비극적인 불가피성을 받아들인다. 그러나 그 신학은 하나님의 돌봄의 미래적인 승리 안에 있는 희망을 위한 참된 근거를 설득력 있게 분명히 표현할 수 있다.

또한 이러한 하나님의 사랑은 하나님의 사랑이 없으면 생존할 수 없는 가난하고 억압받는 사람들을 우선적으로 사랑한다. 이 사랑은 승리자의 관점에서가 아니라 역사의 밑면에서 이 역사를 떠받치는 민초들을 기억하는 사랑이다. 이 사랑은 하나님의 보편적인 사랑과 배치되지 않는다. 오히려 하나님의 보편적인 사랑을 구체적인 맥락에서 실현하는 방식이다. 아홉 살짜리 딸과 네 살짜리 아들이 서로 싸웠을 때, 둘 다 보편적으로 사랑하기 때문에 중립을 지키기 위해 그냥 놔두면 네 살짜리가 손해를 보기 마련이다. 하나님의 사랑이 보편적이라는 것은 중립적이라는 의미가 아니다. 만약 중립적으로 손 놓고 계시다면 기득권자들만 이득을 볼 것이다. 따라서 하나님의 사랑이 보편적이라는 말과 가난한 자들을 위한 우선적으로 사랑하신다는 말은 서로 모순된 것이 아니다. 오히려 하나님은 보편적으로 사랑하시기 때문에 가난한 사람들 편을 들어주시는 것이다. 이런 의미에서 하나님의 사랑은 침묵하고, 소외된 목소리들의 회복시키는 해방시키는 사랑이다. 이 해방은 차이와 타자성을 유지하는 사랑받는 공동체로 진입하는 필수적인 선결조건이다. 하나님의 해방시키는 사랑은 정의를 향해 오랫동안 지속적으로 한 씨름을 하는 사람들을 신실하게 보듬는 희망을 제공한다.

2. 예수 그리스도: 참 하나님, 참 사람

사랑과 자유의 하나님은 당신이 누구신지를 알려주기 위해서 직접 사람이 되셨다. 사람이 되신 하나님을 예수님이라고 부르고 우리를 구원하신 분이라는 뜻의 그리스도라는 이름을 붙인다. 그리스도는 히브리어 '메시아'의 그리스어 번역어이다. 메시아는 '기름부음을 받은 자'라는 뜻으로 왕이라는 뜻이다. 구약시대에 왕이 즉위할 때 기름을 부은 것에서 연유하였다. 예수 시대에는 구약 시대 이스라엘 백성에게 강성대국을 이뤄준 다윗 왕과 같은 기름부음을 받은 자, 로마의 식민시대를 끝내고 하나님 백성으로 식민지 조국이 아닌 해방의 나라에서 인간답게 살기를 열망하면서 정치적으로 해방시켜줄 왕, 메시야, 그리스도를 기다리고 있었다. 그러나 예수의 관심은 사랑과 섬김으로 왕의 역할을 하는 것이지, 이 세상 임금처럼 강제적인 힘으로 주권을 행사하는 왕이 아니었다. 이런 기대감 속에서 예수는 태어났다.

예수는 식민지 조국이라는 암울한 현실 속에서 태어나자마자 마구간 한 편의 말구유에 뉘여 졌다. 말구유에 있는 아기 예수는 이 세계의 가장 낮은 곳, 구원이 가장 필요한 곳, 하나님의 손길을 기다리는 곳이라는 의미이다. 예수가 태어나기 전, 세례 요한이란 사람이 '회개 운동'을 벌여 이스라엘이 들썩들썩 하였다. 요단강에 사람의 몸을 담그고, 회개의 징표로 물로 깨끗하게 씻는다는 뜻의 세례를 주었는데 여기에 예수도 와서 세례를 받았다. 예수는 죄도 없는 하나님인데 그가 세례를 받은 것은 죄 있는 사람들의 운명을 그대로 뒤집어쓰시겠다는 결단이었다. 세례 후 예수는 공적인 생애를 시작하기 전에 사탄에 이끌리어 사막으로 갔다. 사탄은 인간의 보편적인 욕망의 대표적인 세 가지, 배고픔의 욕망, 유명해지려는 욕망, 소유하는 욕망을 자극하는 유혹을 한다. 그러나 세 가지 욕망을 하나님의 말씀을 인용해서 물리치고 나서 갈릴리 지역을 중심으로 하나님 나라를 세상에 널리 알리고 다녔다.

예수는 생애 내내 당시의 기득권 세력인 유대 종교 당국자들과 논쟁하셨다. 이들은 성전을 중심으로 성전세와 성전에 받쳐진 제물들을 중심으로 그 이권으로 막대한 이익을 누리던 사람들이었다. 이들은 예수가 이 세계의 질서를 뒤집어 자신들의 권력과 자리를 빼앗길까봐 전전긍긍하고 있었다. 예를 들어 바리새인들은 예수님의 제자들이 안식일에 밀밭에서 밀 이삭을 먹은 사실을 보고하며 안식일법을 어겼다고 문제를 제기한다. 예수는 이스라엘 백성들에게 칭송을 받던 다윗 왕이 자신들의 수하들과 제사장만 먹도록 되어 있는 성전의 진설병을 먹었던 것을 상기시키면서 인자는 안식일의 주인이라는 말로 논쟁을 끝낸다.

유대 종교 당국자들과는 다르게 예수는 언제나 가난하고 억눌린 사람들과 그 당시 율법에서 죄인이라고 부르는 사람들의 편에 섰다. 시각 장애인들, 지체 장애인들, 몸이 아픈 사람들, 거지, 배고픈 사람들, 우는 사람들, 창녀, 세리, 과부, 귀신 들린 사람들, 박해받는 사람들, 억눌린 사람들, 포로들, 수고하고 짐 진 사람들, 율법을 모르는 무리, 지극히 작은 사람, 어린이들을 위해 자신을 개방했다. 그들은 식탁에 초대하고 함께 먹고 마셨다. 예수가 이들과 함께 어울린 것은 그들에 대한 철저한 연민과 공감 때문이었다. 성서에는 예수가 '불쌍히 여기셨다'란 말이 여러 번 나오는데 여기서 불쌍히 여김이라는 그리스어 단어 어원은 '스플랑크논(창자, 내장, 심장)'이라는 말로, 인간의 애간장에서 일어난 반응이며, 몸의 반응이었다. 측은히 여기고, 가엾은 마음이 드는 것이다. 예수는 그들에 대해 애끓는 마음을 주체할 수 없어 눈물 흘리고 함께 했다.

이런 연민은 그로 하여금 그들의 육체적인 고통을 치유해 주고, 공동체에서 율법을 지키지 않는 죄인이라고 낙인 찍혀 쫓겨난 사람들에게는 그 죄를 사해주고, 다시 사회적 관계망 속에서 살 수 있도록 도왔다. 또한 당시 의학적 패러다임 속에서는 귀신들린 사람이라고 규정받던 사람들은 축귀하여 공동체 안으로 들어오게 해준다. 또한 많은 무리들 앞에서 하나님의 나라에 대해서 가르치셨다. 이 가르침은 어려운 용어로 자신의 현학적인 지식을 자랑하는 것이 아니라 일상에서 쉽게 볼 수 있는 것에 빗대는 비유를 통한 것이었다. 예를 들어 하나님의 나라가 인간의 힘으로 오게 하는 것이 아니라 철저한 하나님의 주도권 속에 이루어진다는 것을 하나님의 나라는 아주 작은 씨앗에서 큰 나무가 되는 겨자씨와 같다고 하신 것이다. 예수는 이런 식으로 하나님의 나라를 소개한다. 하나님의 나라는 물리적인 장소가 아니라 철저하게 하나님이 다스리는 현재를 말한 것이다.

이런 예수는 힘과 돈이라는 질서를 부정하고, 저항하고, 사랑과 섬김의 질서를 말하고 다녔기에 결국은 힘과 돈의 질서에서 이권을 누리던 세력들에 의해 처벌받고 처형되고 만다. 예수는 자신의 제자 중 한 명인 가룟인 유다의 배신으로 로마 군인들에게 잡혀가서, 로마의 총독에 의해 십자가형을 받아 처형된다. 그러나 하나님께서 자신의 뜻을 오롯이 따라준 예수를 다시 살리시어 예수의 삶이 의롭다는 것을 입증해 주신다. 이것이 바로 기독교 신학에서 말하는 참 하나님, 참 인간인 예수 그리스도의 일생이다.

기독교는 이런 예수 그리스도를 칼케돈이란 회의에서 "참 하나님이며 참 인간"이라고 정의하였다. 고대와 중세 교회에서는 그리스철학의 영향으로 예수 그리스도 안에서 하나님됨(신성)과 인간됨(인성)이 서로 어떻게 공존하는지가 초미의 관심사였다. 그러나 형이상학적 언어가 쇠퇴한 현재는 사변적인 물음으로 출발하기 보다는 오히려 예수가 어떻게 사셨는데 하나님이 되셨는지의 순서로 묻곤 한다. 기독교는 이런 예수가 하나님 나라를 직접 몸으로 보이고 산 삶과 죽음과 부활 속에서 성령의 능력으로 성부 하나님의 뜻을 온전히 좇아 이루신 하나님과 동일한 분이라는 고백을 하게 된다.

Ⅳ. 질문과 대답

1. 한국인의 신과 기독교의 신의 유사점과 차이점은 무엇인가요?

한국인의 신은 운명을 주관하고, 윤리규범을 수여하는 절대원리입니다. 주로 하늘(天)로 일컬어지고, 이 하늘은 이 세계를 창조한 이 세계와 분리된 절대적으로 다른 타자라는 개념이 없습니다. 또한 인격적인 최고신 개념이 없습니다. 이에 비해 기독교의 신은 이 세계를 창조하여 분리되었으나 이 세계와는 끊임없이 소통하는 존재의 근원입니다. 인격적인 존재로 제한되지 않으나 대부분의 기독교인들은 하나님을 인격적인 최고신으로 인지하고 경험합니다.

2. 하나님은 선하시고, 전능하신데 이 세계는 악과 고통이 넘쳐나나요? 왜 선한 사람들에게 나쁜 일이 일어나는가요?

하나님은 인간에게 자유의지를 주셔서 하나님과 자유로운 선택으로 인격적인 관계를 맺고, 이 세계를 잘 돌보도록 위임하셨습니다. 그러나 인간은 그 자유의지를 죄를 범하는데 사용했고, 그 죄의 결과가 하나님과 인간과 이 세계와의 관계를 훼손시키고 단절시켰습니다. 하나님의 전능하고, 그분의 본질은 선하지만 인간의 자유로운 선택을 위해 자신의 전능성을 철회하셨습니다. 우리를 향한 사랑으로 상처받을 수 있는 만큼 전능하신 분이십니다. 하나님의 자유는 사랑하는 자유이기 때문입니다. 그러므로 이 세계의 악과 고통은 인간의 타락의 결과입니다.

3. 하나님은 이 세계의 아픔과 고통에 아무 영향도 받지 않으시는 분이신가요?

그렇지 않습니다. 예수 그리스도 안에서 하나님의 본성이 결정적으로 나타났습니다. 인간이 되신 하나님은 이 세계의 모든 아픔과 고통을 경험하고 공감하여 불쌍히 여기시는 분이십니다.

4. 무종교와 탈종교 시대에 우리가 하나님을 믿는다는 것은 의미가 있습니까?

칸트는 순수이성으로는 인간이 신을 증명할 수 없다는 이성의 한계를 인정했습니다. 우리가 믿는 하나님을 증명해낼 수는 없지만 이 세계를 하나님나라의 가치로 더 낫게 만드는 기독교인들의 행함은 세계 안에 좋은 자취를 남깁니다. 또한 하나님을 믿는 사람들이 삶을 대하는 태도, 하나님을 신뢰하는 믿음에서 오는 마음의 평안 등은 의미 있는 삶을 살게 추동할 것입니다.

5. 기독교가 생태환경을 훼손하고, 약소국을 식민화시킨 역사를 우리는 어떻게 받아들여야 하나요?

과거 기독교가 제국의 종교로 등극하며 하나님을 오해하고, 나쁜 영향을 끼친 것은 반성해야 합니다. 기독교는 서구의 기독교가 보여준 제국의 종교가 아니라 예수 그리스도가 보여주신 섬김과 사랑의 종교입니다. 사랑과 섬김으로 생태환경을 비롯한 모든 약자들을 돌보는 종교가 되어야 합니다.

V. 토론주제 및 참고자료

1. 토론주제

1) 우리는 이 시대에 신을 믿을 수 있을까요?
2) 성서의 하나님은 인간의 고통에 반응하시는 하나님, 즉 사랑의 하나님으로 묘사되어 있습니다. 이러한 성서의 하나님과 내가 생각했던 신과는 얼마나 비슷할까요? 혹은 얼마나 차이가 날까요? 그 결정적인 차이는 무엇인가요?
3) 하나님은 사랑과 섬김을 구체적으로 실천하기 위해서 그의 아들 예수가 이 세상으로 오셨습니다. 이러한 사랑과 섬김은 오늘 우리들이 삶에 어떤 의미가 있을가요? 이러한 사랑과 정의를 우리의 삶에서 실천할 수 있는 방법은 무엇인가요?

2. 참고자료

위르겐 몰트만/김균진 역, 『십자가에 달리신 하나님』, 서울: 한국신학연구소, 1979.
엘버트 놀런/정한교 역, 『그리스도교 이전의 예수』, 서울: 분도출판사, 2010.
마커스 보그 · 톰 라이트/김준우 역, 『예수의 의미』, 서울: 한국기독교연구소, 2001.
김용규, 『백만장자의 마지막 질문』, 서울: 휴머니스트, 2013.

창조론과 인간론

– 이 세상은 어떻게 시작되었고, 우리는 누구인가?

Ⅰ. 문제제기 – 고리타분한 질문? 근본적 질문?

포스트모더니즘의 격랑이 한차례 휩쓸고 지나간 현재, 현대인들이 제기하기 꺼리는 고리타분하다고 여기는 질문이면서 동시에 인간이면 누구든지 피해 갈 수 없는 가장 근원적인 질문 두 가지가 있다. 첫째는 우리가 살고 있는 '이 세상의 기원에 관한 질문'이고, 둘째는 그 곳에 존재하고 있는 '인간존재의 근원적 뿌리에 관한 질문' 이다.

질문1] 당신은 당신이 몸담고 호흡하며 살고 있는 이 세계 혹은 우주가 어떻게 시작되었는지에 대해서 생각해 본 적이 있습니까? 있다면, 당신은 이 세상의 기원에 대해서 어떻게 설명할 수 있습니까? 혹시 당신은 이 질문에 대해서 생각하기 싫거나 언급하기 싫은 이유가 있습니까? 있다면 그 이유는 무엇입니까?

질문2] 당신은 '당신의 존재의 기원'에 대해서 생각해 보신 적이 있습니까? 생각해 보셨다면, 당신이 생각하는 '당신은 누구'입니까? 당신은 이와 같은 질문을 던지면서 사는 것이 유익하다고 생각하십니까? 반대로 자신의 존재의 근원에 대하여 질문을 제기하는 것이 싫다면 그 이유는 무엇입니까?

Ⅱ. 개념설명

1. 창조론(創造論)

창조론이란 우주 만물의 생성과 기원을 밝히는 모든 논의라고 말할 수 있다. 그러나 이 용어는 일반적으로 기독교가 가지고 있는 이 세상의 생성과 기원에 관한 입장을 드러내는 용어로 사용되고 있다. 즉 신적 존재인 조물주(造物主) 하나님이 그의 주권적 행위로 우주 만물을 조성했다는 견해이다. 인간과 세상, 삶, 지구, 우주, 역사를 신이 개입해서 이루었다고 보는 입장이다. 이외에 창조에 관한 담론에는 우주와 그 속에 존재하는 만물들이 자연발생이나 진화의 과정을 통해 조성되었다는 견해가 있다. 여기에는 바벨론의 천지창조설(메소포타미아의 우주론적 사본인 '에누마 엘리쉬'에 수록된 내용)과 수메르의 엔키 신화, 애굽의 주신(主神)인 레(Re, Ra)에 의한 우주 창조 등이 있다.

2. 진화론(進化論)

신의 전적인 개입으로 창조되었다는 창조론과는 달리, 진화론은 모든 생물은 원시적인 종류의 생물로부터 복잡한 형태로 진화해 왔다는 학설이다. 즉, 모든 생명체는 외계의 영향과 내부의 발전 과정을 통해서 단순한 것에서 복잡한 것으로, 하등한 것에서 고등한 것으로 진화 · 발전했다는 이론이다. 보통 '다윈이즘'(Darwinism)이라고 부른다. 그 기원은 고대 철학자인 아리스토텔레스(Aristotle)의 '공상적 진화론'에서 찾을 수 있지만, 18세기까지는 강력한 기독교적 세계관의 영향을 받아 학문적으로 거의 발전할 수 없었다. 그러던 것이 19세기에 들어서면서 라마르크(Jean de Lamarck, 佛, 1744−1829년)에 의하여 처음 체계화되었고, 이후 다윈(Charles Darwin, 英, 1809−1882년)에 의하여 완성되었다.

이처럼 진화론은 기독교의 창조론과 정면으로 배치되는 이론이다. 이에 대해서는 이를 무신론적 견해로 단죄하는 사람들이 있는가 하면, 부분적으로 인정하는 '유신적 진화론'도 있다.

3. 인간론(人間論)

인간론이란 한마디로 인간에 관하여 고찰하고 논의하는 담론의 종합이라고 볼 수 있다. 기독교 신학에서는 창조론과는 별도로 인간론을 별도로 다루는데, 이 경우 특별하게 하나님과 관련된 인간 즉 하나님의 계시에 의해서 해석되는 인간을 다루는 신학의 한 분야를 말한다. 인간론은 인간학이나 인류학과는 다르다. 이들은 신(하나님)을 배제한 상태에서 단지 인간에 관한 종합적인 측면을 연구하기 때문이다.

인간론이 주로 갖는 관심주제는 다음과 같은 것들이다. 인간의 본질적인 구성, 인간 영혼의 기원, 하나님의 형상으로서 지어진 인간의 존재, 행위언약 속에 있는 인간, 죄의 본질과 기원, 인간과 죄(원죄와 본죄)의 관계, 은혜 언약 안에 있는 인간 등이다.

4. 세계관과 생활방식

세계관이란 우리 사회가 공유한 큰 이야기 속에 배어 있는 기본 신념들을 명료화 한 것이다. 그리고 그 신념들은 그 사람의 신앙이나 신념의 결단에 뿌리를 두고 있으며 우리의 개인생활과 공동생활 전체의 방향과 삶의 내용을 빚어내고 가치를 결정하는 역할을 한다.

흥미로운 것은 유사 이래로 세상의 창조와 인간존재의 기원에 관한 질문들은 끊임없이 이어져 왔으며 이러한 흐름은 세계관을 형성해 주었다는 점이다. 이와 같은 근원적인 두 가지의 질문에 대해서 보통 전자를 창조론이라 부르고, 후자를 인간론이라고 부른다. 엄밀하게 말하면 이 두 개의 질문은 하나의 질문(창조론적 질문)에 귀결된다고 볼 수 있다. 따라서 이러한 근원적인 질문에 응답을 시도해보는 것은 한 번 밖에 없는 인생을 의미 있게 살아가도록 돕는 유익한 일이라고 볼 수 있다.

Ⅲ. 주제강의

1. 서론

자동차의 대량생산의 기원을 이루는 T-포드형 자동차를 개발하여 대중화시킨 자동차의 왕, 미국의 헨리 포드와 연관된 유명한 일화가 있다.

> 어느 겨울 디트로이트시의 한 유명한 1급 자동차 정비사가 출근하는 길에 그만 자동차가 고장이 났습니다. 그는 고장의 원인을 찾기 위해 차를 길옆에 세워 놓고 열심히 차를 들여다보고 있었습니다. 그는 원인을 찾으려고 노력했지만 고장의 원인을 발견하지 못했고 차는 시동이 걸리지 않았습니다. 해가 짧은 겨울 날씨는 점점 추워져 어쩔 줄 몰라 당황하고 있었을 때, 지나가던 자동차가 멈춰서더니 뒷좌석에서 노신사 한 분이 차에서 내려서는 "도와드릴까요?"라고 말을 건넸습니다. 그 정비사는 속으로 "디트로이트에서 가장 유명한 정비사인 내가 못 고치는 차를 자기가 고치겠다니"하고 생각하며 노신사를 보았습니다. 노신사는 차의 몇 군데를 만지더니 시동을 걸어보라고 했습니다. 정비사는 별 기대감 없이 자동차의 키를 돌렸습니다. 순간 시동이 쉽게 걸렸습니다. 그는 깜짝 놀랐습니다. "도대체 저 노신사가 누구인가? 나도 고칠 수 없었던 차를 손쉽게 고칠 수 있다니…" 궁금해 하고 있는 그에게 노신사는 명함 한 장을 주고 떠났습니다. 그 명함에는 '헨리 포드'라고 적혀 있었습니다.

헨리 포드가 대수롭지 않게 고장 난 차를 고칠 수 있었던 이유는 무엇이라고 생각하는가? 정답은 헨리 포드는 그 차의 고안자였고 설계자였기 때문이다. 고안자와 설계자는 이 차에 관한 모든 정보를 가장 정확하게 알고, 이와 관련하여 일어난 문제를 가장 잘 해결할 수 있는 존재이기 때문이다.

2. 이 세상은 어떻게 시작되었는가?

'이 세상은 어떻게 시작되었는가?' 이 질문은 바쁘고 빠르고 얕은 특성을 갖고 있는 현대인들에게는 다소 시큰둥한 반응을 보일법한 질문 같지만, 우주와 만물의 기원에 관한 답을 찾으려는 시도는 끊임없이 있어 왔다. 가장 대표적인 증거 가운데 하나는 인류의 역사와 함께 한 종교(宗教)의 존재이다. 종교라는 용어는 그 자체에 어떤 근원을 찾으려는 노력이 수반되는 개념이 들어 있기 때문이다. 그것이 모든 종교에는 이 우주와 만물의 생성과 기원에 대한 각각의 큰 이야기(거대담론)가 존재하는 이유이기도 하다.

우주와 만물의 근원에 관한 오래된 질문에 대해서는 오래 전부터 크게 상호 대립되는 두 가지 입장이 전해져 왔다. 하나는 '모든 것은 원래부터 있었다' 는 입장이고, 또 하나는 '누군가가 만들었다'는 입장이다. 그리고 두 개의 입장을 종합하여 우주와 만물의 기원에 관하여 설명하려는 입장이 그 동안 있어 왔다. '원래 있던 것을 재료로 삼아 누군가가 만들었다'거나 '누군가가 만든 것이 스스로 진화했다' 는 등의 종합적인 설명은 그런 입장들의 실제적인 예들이다.

1) 입장1: 만물은 원래부터 존재했다

모든 것이 원래부터 존재했다는 해석을 주장하는 대표적인 입장은 유물론자들과 관념론자들의 주장이다. 이 둘은 오래 전부터 상호 대립되는 입장을 견지하는 두 세력으로 비교되어 왔다. 유물론이 주장하는 바는 물질은 그 자체로 첫째였고, 그것은 영원하며, 마치 하나의 성질처럼 잠재적인 힘을 원래부터 가지고 있었다고 주장한다. 또한 그들은 모든 것이 물질에서 시작되었고, 그 스스로 성장하며, 그것만이 의미를 가진다고 보았다. 이들은 '눈에 보이는 것만 믿기를 좋아하는 사람들'의 주장이라고 볼 수 있다.

반면에 관념론은 눈에 보이지 않는 어떤 능력과 힘이 세상의 근원을 이루는 시초이며, 모든 물질들은 모두 바로 그 힘에서 비롯되어 나온 것이라는 생각을 갖고 있다. 그리고 물질보다는 보이지 않는 영의 세계에 의해서 이 세상이 존재했다고 믿는 부류들이 있는데 이들을 보통 범신론적 입장이라고 부른다.

이러한 두 입장은 세상을 이루는 핵심 내용이 형상과 질료, 영혼과 육체, 가시적인 것과 비가시적인 것, 심리적인 현상과 육체적인 현상 등 그 형태와 사용하는 용어만 바뀔 뿐 인류 역사 속에 늘 공존해 왔다고 볼 수 있다.

흥미로운 사실은 아인슈타인의 에너지 보존의 법칙에 의해 물질과 에너지가 결국 같은 것으로 밝혀지면서 유물론과 관념론은 다른 것 같지만 결국 같은 소리를 내고 있었음이 드러났다는 것이다. 정리하면, 이들은 우주와 만물의 근원과 실체는 '물질 또는 에너지'이며 그것은 원래부터 존재했고, 존재했다고 가정할 수밖에 없다는 것이 이들이 주장하는 핵심 전제이다.

한 가지 입장을 더 추가한다면, 찰스 다윈의 진화론 이후에 가장 많은 현대인들이 신뢰하는 대폭발 또는 빅뱅(Big Bang)이론이다. 이것은 입장1의 연장선상에서 이해할 수 있는데, 빅뱅이론은 과학 특히 천문학 또는 물리학에서 우주의 시원(始原)을 설명하는 우주 기원론의 모형으로, 매우 높은 에너지를 가진 작은 물질과 공간이 약 137억 년 전의 거대한 폭발을 통해 우주가 되었다고 보는 이론이다. 이 이론에 따르면, 폭발에 앞서 오늘날 우주에 존재하는 모든 물질과 에너지는 작은 점에 갇혀 있었고, 우주 시간 0초의 폭발 순간에 그 작은 점으로부터 물질과 에너지가 폭발하여 서로에게서 멀어지기 시작했다고 본다. 그리고 이 물질과 에너지가 은하계와 은하계 내부의 천체들을 형성하게 되었다고 주장한다. 이 이론은 우주가 팽창하고 있다는 에드윈 허블의 관측을 근거로 하고 있다.

2) 입장2: 만물은 하나님이 창조했다

두 번째 입장은 기독교에서 주장하는 입장으로 성서에 토대를 두고 있는데, 그 특징은 이 세상 우주 만물은 하나님이 창조했다고 주장하는 입장이다. 따라서 세상만물은 '하나님의 피조물'이라고 선언한다. 이 세계는 자기 스스로 생겨난 것도, 스스로 존재하는 것도 아니며 오직 그 세계를 무에서 존재로 부르신 하나님으로 인해 생겨난 것이라고 주장한다. 무에서 유로의 창조란 에너지 보존의 법칙을 초월해 버리는 창조이다. 즉 물질이든 에너지든 그것이 처음에는 아예 없었을 터이고 그것을 누군가 만들었기에 존재하게 된 것으로 본다. 그것도 물질계 밖에서 그것들을 만든 존재는 물질계를 초월하여 그 밖에 계신 분이 창조한 것이고 그런 창조를 할 수 있는 신은 전능자 하나님 밖에 없다고 주장한다. 그래서 만물을 창조한 하나님을 기독교에서는 전능자, 주권자, 창조주 하나님이라고 부른다.

3. 인간이란 무엇이며, 누구인가?

인간 존재의 기원에 대한 관심은 고대 그리스의 소크라테스를 시초로 주로 철학자들의 주된 관심이었다. 뿐만 아니라 인간론은 그 이후에도 수많은 철학자들의 주된 관심이었다. 특히 임마누엘 칸트 이후 현대인들은 존재론에 관한 문제보다는 인식론에 더 깊은 관심을 기울였다. 특히 실존주의는 '인간이란 무엇인가'라는 질문에 인간의 실존이 인간의 본질보다 더 중요하며, 한 사람의 독특한 개성의 중시는 다른 모든 사람들이 공유한 점보다 그 사람을 이해하는데 있어서 더 중요하다고 주장했다. 이러한 인식과 태도는 현대의 인간학에 가장 일반적인 양상인 인본주의를 낳게 했다.

관념론적 인간관은 인간을 기본적으로 영혼으로 간주하고 인간의 신체는 실제 본성에 있어서 이질적인 것으로 본다. 이와 같은 인간관의 대표적인 주장자는 플라톤이다. 그는 인간에게 있어서 실제 본성은 인간의 지성 내지 이성이며, 이는 실제로 몸이 죽은 뒤에도 계속해서 존재하는 사람 안에 있는 신성의 불꽃으로 보았다. 반면에 인간의 몸은 영혼에 있어서 걸림돌이며 인간에게 있어서 몸은 없어도 되는 존재처럼 여길 정도로 이원론적이었다.

반면에 현대에 더 많은 사람의 지지를 받고 있는 인간관은 유물론적 형태의 비기독교적 인간관이다. 이들은 인간은 물질적 요소로 구성된 존재이며, 따라서 인간의 정신적, 감정적, 영적인 삶은 단지 인간의 물질적인 구조의 부산물로 여긴다. 이들은 인간은 하나님의 형상으로 창조되지 않았으며 실제로 창조주의 존재 자체를 부정한다. 따라서 이들은 윤리적 명령이나 하나님께 대한 도덕적 책임 같은 개념들은 존재하지 않는다. 그저 인간은 사회 구조의 일부일 뿐이다. 그들에게는 개인은 중요하지 않으며 오직 사회의 구성원으로서만 중요하게 여긴다.

인간을 바라보는 기독교의 관점은 '인간은 필연적으로 신적 존재인 하나님과 연결되어 있다'는 입장이다. 즉 인간을 창조한 창조자가 존재하고 그 창조자에 의해서 지음을 받은 피조물로서 인간을 자리매김하는 것이다. 그런데 특이한 것은 신의 창조물 가운데서도 인간은 다른 창조물들과는 차원이 다른 창조물로 본다는 점이다. 성서는 인간을 하나님의 형상으로 창조했다고 말하고 있다. 이것은 하나님의 모습과 인간의 모습이 같다는 식의 형태적 모방이 아니라 인간은 하나님의 신격, 곧 하나님의 의(義)와 지(知)와 거룩하심(聖)으로 지음 받았다는 것을 의미한다.

인간이 하나님의 형상대로 지음 받았다는 것은 창조자 하나님 앞에서 피조물(인간)의 의존적인 삶을 의미하며, 또한 인간의 삶이 항상 하나님과의 관계 속에서 삶을 의미한다. 따라서 기독교에서 바라보는 인간의 삶이란 창조자 하나님께 끊임없이 응답하면서 사는 삶이라고 볼 수 있다. 그리고 인간이 하나님의 형상으로 존재한다는 것은 하나님을 반사하고 그분을 닮고 그 분의 성품을 비추어 내는 것이다. 인간은 하나님이 창조한 세상에서 하나님의 대리인과 청지기로서 하나님을 대변하는 역할을 하는 존재로 보는 것이다.

4. 당신의 세계관이 당신의 삶의 가치를 결정한다

성서는 창조론과 인간론 중 특히 첫째 질문을 매우 중시한다. 사실 두 번째 질문인 인간에 관한 질문은 첫째 질문 속에 포함되어 있다고 봐야 한다. 이러한 사실은 기독교의 경전인 성서(聖書: Bible)의 첫 장을 열면서부터 만나게 된다. 그 내용의 핵심은 우주와 만물을 창조한 하나님에 관한 내용이다. "태초에 하나님이 천지를 창조하시니라"(창세기 1:1) 또한 기독교인들이 믿고 있는 내용들을 간단명료하게 정리한 사도신경(使徒信經: The Apostles' Creed) 역시 천지를 만드신 하나님 아버지에 대한 믿음으로 시작한다. "나는 전능하신 하나님, 천지의 창조주를 믿습니다." 기독교에서 이와 같은 내용을 가장 중요한 자리에 위치시켜 놓은 이유는 이러한 내용이 기독교과 기독교인의 신앙과 삶의 체계를 형성하는데 가장 중요한 전제가 된다고 믿기 때문이다.

인간은 이와 같은 본원적인 질문에 응답함으로서 세상과 삶에 대한 종합적 이해를 갖게 된다. 이러한 이해는 과학적 연구와 이성적 사유를 통해서 얻어지는 것이 아니다. 오히려 그 반대다. 그런 의미에서 세상의 기원과 인간 존재의 이해와 의미추구는 종교적인 범주에 속한다고 하겠다. 그리고 이러한 접근은 사람이 때때로 만나게 되는 한계상황을 극복하게 만드는 역할을 하기도 한다.

인간이 기동하는 창조세계와 인간존재의 기원에 관한 본질적인 질문에 대해서 자기 나름대로 정리된 어떤 개념이나 인식을 갖고 사는가 하는 점은 매우 중요하다고 하겠다. 곧 그 인식이 그 사람의 세계관을 결정해 주고, 세계관은 그 사람만의 독특한 사고방식과 행동양식을 결정해 주기 때문이다. 오늘 우리가 살아가는 세상은 각각의 세계관의 조화와 충돌의 현장이라고 하겠다.

Ⅵ. 질문과 대답

1) "이 세상의 기원의 근거를 어떻게 인식하느냐에 따라 그 사람의 세계관(世界觀)이 결정 된다"는 입장에 대해서 당신의 생각은 어떻습니까? 동의한다면 당신의 세계관은 무엇인가요?

어떤 사람의 세계관은 그 사람의 삶의 방식을 규정해 줍니다. 특히 이 세상의 기원에 대한 자신 만의 독특한 관점은 기원에 대한 인식과 그 외의 모든 문제와 상황을 인식하고 해석하는 방식을 결정해 주고 나아가 삶의 방식을 제공해 줍니다. 깊이 숙고해 보면 우리 모두는 자신만의 세상을 바라보는 창을 갖고 있음을 확인할 수 있습니다.

2) 당신의 인간관은 무엇에 토대를 두고 있습니까? 당신의 인간관은 당신의 삶의 방식에 어떤 영향을 미치고 있습니까?

일반적으로 두 개의 범주로 답을 정리할 수 있겠습니다. 진화론적 인간관 추구와 창조론적 인간관 접근 방식입니다. 창조론적 접근 방식을 취하는 자는 자유의지를 갖고 창조자(신적 존재)의 영광을 구하는 삶의 방식을 취하고, 진화론적 접근방식을 취하는 자는 인간과 이간이성 중심의 자율적 존재로서의 삶의 방식을 추구하는 특징을 가지고 있습니다.

Ⅴ. 토론주제 및 참고자료

1. 토론주제

1. 세상은 어디에서 왔으며, 어떻게 존재하게 되었을까요?
2. 인생은 어디에서 와서 어디로 갈까요?
3. 왜 세상은 이다지 고통과 죄악으로 가득할까요?
4. 인간은 무엇을 위해 사는 존재이며, 세상과 역사의 목적과 의미는 무엇인가요?

2. 참고자료

알버트 월터스, 마이클 고힌, 『창조, 타락, 구속』, 서울: IVP. 1985.
마이클 고힌, 크레이그 바르톨로뮤, 『성경은 드라마다』, 서울: IVP. 2016.
C. S. 루이스, 『인간 폐지』, 서울: 홍성사, 2009.
신국원, 『니고데모의 안경』, 서울: IVP. 2006.

고대와 중세교회사

– 초대 교회의 시작과 중세 기독교 국가의 확립[1]

Ⅰ. 문제제기

중세 르네상스 인문주의자들은 자연이 생성하고 성장하며 소멸하는 세 가지 과정을 관찰한 후, 이를 보편사(普遍史) 혹은 세속사(世俗史)에 적용하여 세계사를 고대, 중세, 근대의 3시대로 구분하였다. 이 3시대 구분법(三時代區分法)을 세계기독교의 역사에 적용하면, 1. 고대교회사(A.D. 30–500), 2. 중세교회사(A.D. 500–1500), 3. 근대교회사(A.D.1500–현대)로 구분할 수 있다. 또한 이 3시대들을 좀 더 자세히 들여다보면, 이 시대들도 각각 3개의 작은 시기들로 나누어 질 수 있다.

대체로 지난 2,000년 동안의 세계교회사를 살펴보면, 기독교의 역사는 외부적으로는 세속사회의 도전, 내부적으로는 이단의 도전에 응전한 역사이기도 하다. 이러한 과정 속에서 기독교는 교회의 일치 추구를 통해 어려움을 극복하기도 하였고, 교회의 분열로 말미암아 세상의 도전에 굴복하여 세속화의 길을 가기도 하였다. 이러한 교회의 모습들을 염두해 두면서, 이글은 고대세계에서 기독교가 어떻게 로마제국의 국교로 성장해 갔는지, 그 승리의 요인들은 무엇이었는지, 그리고 중세시대에 유럽에서의 기독교의 확장, 교황권의 형성과 발전, 그리고 종교개혁의 원인이 되었던 교황권의 쇠퇴와 부패를 중심으로 다루고자 한다.

1 이 글은 이형기 교수의 『세계교회사 Ⅰ』(서울:한국장로교출판사, 1994)와 『간추린 세계교회사』(서울:장로회신학대학교출판부, 2003)를 참조하여 서술하였음을 밝힌다.

Ⅱ. 개념설명

1. 교회사의 시대구분

고대교회사를 살펴보면, 그 첫 번째 시기는 A.D 30년부터 100년까지이다. 이 시기는 A.D 29년경 예수의 십자가와 부활 사건 후 제자들에 의해 예루살렘에서 원시기독교 신앙공동체가 탄생하고, 기독교가 지중해 연안에 전파된 초대교회의 시기이다. 두 번째 시기는 A.D 100년부터 313년까지이다. 이 시기는 로마제국에 전파된 기독교가 제국의 안녕과 질서에 위반되어 심각한 박해를 받던 시기이다. 세 번째 시기는 A.D. 313년부터 476년까지이다. 이 시기는 로마제국의 콘스탄틴 황제의 밀란 칙령을 통해 기독교신앙의 자유가 선포되고, 기독교가 국가종교로 공인되어 제국의 보호를 받던 시기이다.

중세교회사의 첫 번째 시기는 A.D. 500년부터 950년까지이다. 이 시기는 북쪽의 야만족들이 침략하여 로마제국이 몰락하고, 이를 대신하여 로마주교가 행정권을 인수하면서 교황제로 발전하는 시기이다. 두 번째 시기는 A.D. 950년부터 1350년까지이다. 이 시기는 중세의 황금기로 교황이 절대적 주권을 행사했던 교황중심주의 시대이다. 또한 하나로 시작했던 기독교가 서방기독교와 동방기독교가 분열하는 대분열의 시기이기도 하다. 세 번째 시기는 A.D. 1350년부터 1500년까지이다. 이 시기는 중세가 몰락하고 근대로 이행하는 시기로 교황권이 쇠퇴하고 중세의 모순들이 축척되어 가는 시기이기도 하다.

근대교회사의 첫 번째 시기는 A.D. 1500년부터 1600년까지이다. 이시기는 16세기 종교개혁의 시대로 루터에 의해 촉발된 교회개혁운동으로 기독교가 서방기독교안에서 제 2차로 분열한 시기이다. 두 번째 시기는 A.D. 1600년부터 1900년까지이다. 이 시기에는 17세기에 개신교 정통주의 신학, 18세기에 계몽주의와 경건주의, 19세기에 자유주의 신학이 나타난 시기이다. 세 번째 시기는 A.D. 1900년부터 현재까지이다. 이 시기는 20세기의 격동과 도전 속에서 기독교가 에큐메니컬 운동을 통해 복음전도와 선교, 그리고 교회 일치운동을 활발히 전개된 시기이다.

2. 초대교회 이단의 도전

이단은 기독교적 요소를 어느 정도 내포하면서 기독교의 가르침에서 빗나간 가르침을 말한다. A.D. 100-300년 어간은 기독교 내외에서 다양한 이단들이 등장하여 교회를 괴롭혔는데, 영지주의(靈知主義,Gnosticism), 마르시온주의(Marcionism),몬타니즘(Montanism),군주신론(君主神論, Monarchianism)등이 이에 해당한다. 영지주의는 플라톤의 이원론의 영향을 받아 물질 세계와 몸을 경멸하고 영혼과 영적인 세계만을 고상한 것을 보았다. 그 결과 기독교의 창조신앙, 성육신, 부활 등을 부정하여 기독교를 위협하였다. 영지주의의 분파 가운데 하나인 마르시온주의는 A.D. 137년경 로마에서 마르시온에 의해 시작되었다. 그는 영지주의와 달리 따로 교회를 설립하고, 이 교회의 경전으로 누가복음과 바울서신(구약과 신약성서의 대부분을 배제시킴)만을 성경이라 칭하였다. 마르시온의 이러한 주장은 기독교 역사상 처음으로 교회의 경전을 주장한 것이었다. 몬타니즘은 북아프리카의 프리기아에서 몬타누스에 의해 시작된 이단으로 성경의 계시이외에 성령의 내적이고 직접적 계시를 강조하였다. 이들은 신약성서 이외에도 새로운 계시(기도, 환상, 꿈)가 있음을 주장하였다. 군주신론은 한 하나님 혹은 아버지 하나님만의 독재적 신성을 주장하여 예수님의 영원하신 하나님의 아들이심을 거부하였다.

3. 초대교회의 응전

초대교회는 영지주의와 군주신론 이단에 대하여 기독교 신앙의 본질을 담은 신앙의 규범을 작성하여 응전하였다. 즉, 사도신경(The Apostles' Creed)을 작성하여 신자들이 예배 시에 암송하도록 하였다. 또한 니케아(A.D. 325)-콘스탄티노플 신조(A.D. 381)를 작성하여 삼위일체 교리를 확정하였고, 에베소 공의회(A.D. 431)와 칼케돈 공의회(A.D. 451)를 통해 기독론을 정립하였다. 또한 마르시온 이단의 도전에 대해서는 카르타고 공의회(A.D. 397)를 통하여 27권의 신약 경전을 확정함으로 응전하였다. 몬타니즘에 대해서는 사도들의 뒤를 잇고 있는 교회의 대관구의 대표들인 감독(Bishop=주교)들의 권위를 강화함으로 응전하였다. 이처럼 초기 기독교회는 이단들이 도전해 오자, 사도적 전승인 복음을 확고히 하면서 사도들의 뒤를 잇는 감독(Bishop)들의 권위를 확보하고, 신앙규범을 만들고, 신약성경을 경전화하여 이단들의 도전에 응전하였다.

Ⅲ. 주제강의

1. 초대교회사

1) 기독교의 탄생과 전파(A.D 30-100)

A.D 29년경 이루어진 예수의 십자가 처형과 부활 사건 후, 예수의 제자들은 오순절 날 성령의 임재를 체험하고 각 나라의 말로 복음(예수는 그리스도다)을 전하기 시작하였다. 부활한 예수를 만난 후 제자들은 이전의 두려움에서 벗어나 담대히 복음을 전파하면서 기독교가 시작되었다. 예수의 제자들은 가장 먼저 팔레스타인 지역의 유대교인들에게 복음을 전파하였고, 베드로의 설교는 단번에 유대인 3천명을 회심시키기도 하였다. 그러나 제자들의 가르침이 유대교의 전통적 신앙과 다르다는 사실을 발견한 유대교인들은 기독교인들을 박해하기 시작하였다. 이 박해 사건을 계기로 기독교는 팔레스타인 지역을 넘어 지중해 연안으로 확장되었다. 특히 사도 바울과 그의 동료들은 시리아의 안티오쿠스를 이방인 선교의 센터로 삼아 소아시아 지역(갈라디아와 에베소), 마케도니아 지역(데살로니가와 빌립보), 그리스 지역(고린도와 아테네), 그리고 A.D 60년에는 로마제국의 수도인 로마에까지 복음을 전파하였다. 이러한 제자들의 복음전파는 성령의 역사로 말미암아 1세기 말까지 지중해 연안(그리스, 이집트, 로마)에 다수의 기독교 신앙공동체를 형성케 하였다. 대체로 이 시기는 교회가 사도적 전승(Apostolic Tradition)을 교회의 초석으로 하는 사도적 시대였다.

2) 로마제국으로 부터 박해받는 교회(A.D 100-313)

A.D 60년경 사도 바울에 의해 로마에 기독교가 전파된 후, 기독교는 로마제국에 의해 박해를 받기 시작하였다. 당시 지중해 연안을 지배하고 있던 로마제국은 피정복민족에 대하여 종교적으로 관용 정책을 펼쳤다. 그러나 이 관용정책은 피정복민족의 종교가 제국의 정치적 질서나 정치적 통일원리인 황제숭배사상에 위배되지 않는 한에서 허용되었다. 초기에 기독교는 로마제국으로부터 유대교의 한 분파로 인정을 받아 혜택을 받았으나, 점차 유대교와 다른 종교로 인식되면서 제국의 박해를 받기 시작하였다.

무엇보다도 로마제국이 기독교를 박해한 직접적 원인은 기독교의 만민평등사상에 있었다. 초기 기독교 신자들은 성서의 가르침에 따라 그리스도 예수 안에서 종이나 자유인이나, 남자나 여자나, 노인이나 어린아이나 모두 한 형제요 자매임을 선언하였다. 이러한 기독교의 만민평등사상은 노예의 노동력을 근간으로 지탱되던 로마제국의 정치적 질서를 혼란케 하였다. 또 다른 원인으로 기독교의 유일신 사상이었다. 구약 출애굽기의 십계명 중 제 1계명인 '나 이외에 다른 신을 섬기지 말라'는 기독교의 유일신 사상은 로마인들이 행하던 다양한 신들에 대한 제사와 황제숭배사상과 충돌하였다. 그러므로 기독교의 만민평등사상과 유일신 사상은 기독교가 로마제국으로부터 박해를 받은 가장 직접적 원인이었다. 뿐만아니라 기독교인들은 로마인들이 즐기던 향락과 오락, 그리고 스포츠 경기를 거부하였는데, 이에 로마인들은 기독교를 반로마적, 반사회적 집단으로 비난하고 경멸하였다.

이러한 비난과 경멸 속에서 로마인들은 기독교인들을 박해할 빌미를 찾았다. 그들은 기독교인들이 예배시간에 은밀히 예수 그리스도의 희생을 기념하는 성만찬을 거행하자 기독교를 식인의 종교로, 또 친교의 시간에 신자들 상호간 형제자매라 부르던 호칭을 근친상간행위로 매도하였다. 그리하여 로마인들은 기독교를 반인륜적이고 저급한 종교로 몰아 박해를 가하기 시작하였다. 이러한 박해는 A.D 62년 네로 황제로부터 시작하여 A.D 313년 콘스탄틴 대제가 밀란 칙령을 통해 기독교 신앙의 자유를 선포할 때까지 지속되었다.

이처럼 로마제국의 박해를 받자, 2-3세기에 아리스테데스, 타티안, 아데나고라스, 순교자 저스틴, 터툴리안 등 기독교 변증가(Apologist)들이 등장하여 복음과 기독교 신앙을 변호하기 시작하였다. 변증가들은 기독교를 식인의 종교, 근친상간의 종교로 비난하는 로마제국의 경멸적인 비판에 대응하여 기독교 신학의 발전을 통해 기독교를 변호하였다. 특히 순교자 저스틴(Justin Martyr)은 그리스-로마의 철학과 기독교의 신앙이 어느정도 공통점을 가지고 있기 때문에, 이를 근거로 이교도들에게 기독교 신앙을 전파할 수 있다고 보았다. 그는 희랍 철학자들이 추구하는 로고스가 이미 구약의 족장들과 예언자들의 가르침에 부분적으로 나타났으며, 그 로고스가 곧 신약의 예수 그리스도라 주장하였다. 요컨대, 희랍의 철학자들에 의해 하나님의 계시가 부분적으로 나타났고, 신약성서의 예수 그리스도에게서 완전하게 나타났다는 것이다. 이 같은 저스틴의 주장에 따르면, 소크라테스. 플라톤, 아리스토텔레스, 스토아 사상가들도 구원을 받을 수 있다는 것이다. 이처럼 초기 기독교회는 로마제국의 박해를 피하기 위한 변증을 통해 신학을 발전시켜 나갔다.

3) 로마제국의 보호를 받는 교회(A.D. 313-500)

로마의 황제 콘스탄틴은 A.D. 313년 밀란 칙령을 통하여 기독교 신앙의 자유를 선포함으로 300년간 지속되어 오던 로마제국의 박해를 종식시키고, 기독교를 제국의 보호를 받는 국가종교로 만들었다. 그리하여 서방기독교는 이 시기부터 서로마제국이 멸망한 A.D. 476년까지 황제가 교회에 감독권을 행사하는 제국하의 교회시대(Calsaro-Papism=황제가 아버지)가 되었다. 콘스탄틴 대제는 A.D 325년 니케아에 기독교 지도자들을 불러 모아 종교회의를 소집하였고, 이를 주재(主宰)하여 기독교의 핵심적 교리인 삼위일체론을 정립하였다. 그는 기독교인들에게 로마의 법원 건물을 예배당으로 주었고, 교회의 제도와 조직을 정비하는데 영향력을 행사하였다. 또한 A.D. 330년경 지금의 터키 지역 비잔티움(Byzantium)에 자신의 이름을 딴 도시인 콘스탄티노플을 건설하고, 로마제국의 수도를 이곳으로 옮겨 동로마제국을 건립하였다. 이리하여 4세기 초반부터 기독교는 서로마제국의 수도인 로마를 중심으로 하는 서방기독교(로마

가톨릭교회)와 동로마 제국의 수도인 콘스탄티노플을 중심으로 한 동방기독교(동방정교회)로 나뉘어 각각 발전하게 되었다.

이 시기에 기독교는 교회의 예전과 직제, 그리고 제도와 조직을 정비하고, 기독교의 핵심적 교리들을 정립하였다. 특히 7차에 걸친 에큐메니컬 공의회를 통하여 기독교의 정통교리를 표준화하였다. 제 1차 에큐메니컬 공의회에 해당하는 니케아 공의회(A.D. 325)는 예수를 하나님의 피조물로 보는 안디옥의 감독 아리우스를 이단으로 정죄하였다. 이후 A.D. 381년 콘스탄티노플에서 개최된 제 2차 에큐메니컬 공의회에서 교회의 대표들은 성령론(聖靈論)을 보강하여 성부, 성자, 성령의 삼위일체 신론(神論)을 확정지었다. 또한 A.D 451년 칼케돈에서 개최된 제 3차 에큐메니컬 공의회는 기독론(基督論)을 확정지었다. 예수 그리스도가 누구인가에 대한 논쟁으로 시작된 이 공의회는 예수 그리스도는 "참 하나님(Vere Deus)이시오, 참인간(Vere Home)이시다"로 결론 맺었다. 이로써 고대 동서방의 기독교는 삼위일체론과 기독론을 정립함으로 이후 기독교 신앙의 핵심적 교리를 세웠던 것이다.

이처럼 기독교가 300년간 지속된 로마의 박해를 종식하고, 타종교들과의 경쟁에서 승리하여 로마제국의 종교로 발돋움하게 된 데에는 몇 가지 대내외적인 요인들에 의해서였다.

우선 기독교 승리의 외적 요인으로는 첫째, 기독교가 당시 로마제국의 발달한 교통망을 잘 이용한데에 있었다. 초기 기독교 선교사들은 로마제국이 육상과 해상에 군사상 혹은 무역을 위해 만든 잘 발달된 도로망을 따라 안전하게 여행하면서 단기간 내에 복음을 전파할 수 있었다. 둘째, 지중해 연안에 흩어져 있던 유대교인들의 회당은 기독교인들이 복음을 전파 할 수 있는 공간을 제공하여 기독교의 복음전파를 도왔다. 셋째, 지중해 세계의 공용어로 사용되던 그리스어로 신약성서가 기록됨으로써 기독교인들은 이방인들에게 대중적으로 복음을 전파하였다. 넷째, 로마제국의 황제였던 콘스탄틴의 회심사건은 박해받던 기독교가 일약 제국의 종교로 발돋움하는데 결정적 역할을 하였다.

기독교 승리의 내적요인으로는 첫째, 조상숭배와 밀의 종교, 신비주의 등 저급한 다신교가 유행하던 로마제국의 종교적 상황 속에서 기독교는 대중들에게 도덕성을 지닌 '윤리적 단일신론'을 주장함으로써 고등종교로 어필되었다. 둘째, 로마제국의 박해에도 불구하고, 기독교는 자신들의 신앙의 내용을 그리스-로마 세계의 철학 개념과 용어 그리고 문화를 빌려 당대인들에게 체계적이고 합리적으로 자신을 변호하였다. 예컨대, 요한복음은 스토아 사상과 중세 플라톤주의의 로고스 개념을 말씀(예수 그리스도)와 연결시켜 로고스기독론(Logos-Christology)을 주장하였다. 셋째, 초기 기독교인들의 윤리적이고 청빈한 삶, 그리고 그들의 순교를 각오한 신앙은 때로는 이교도들에게 거부감을 주기도 하였지만, 한편으로는 그들의 존경심을 불러 일으켰다. 특히 박해 기간 중 의연하게 죽음을 맞이하는 순교자들의 모습은 이교도들은 놀라움을 갖게 하기에 충분하였고, 기독교에 대하여 관심을 갖게 하였다.

2. 중세교회사

1) 초기 중세기(A.D. 500-950): 교황권의 확립

A.D 476년 서로마제국이 멸망하고, 로마의 서방기독교는 북쪽 스칸디나비아 반도의 야만족들로부터 침략을 받았다. 즉 서방기독교는 비시고트, 오스트로고트, 롬바르드, 부르군디아, 반달, 앵글로 색슨, 프랑크 족의 침략을 받았다. 그러나 로마제국의 영내에 들어온 이 야만족들도 로마 중심의 서방기독교에 의해 전도를 받아 A.D. 1,000년까지 모두 기독교화 하였다.

이렇게 중세초기 서방기독교가 야만족의 침입에도 불구하고 살아남을 수 있었던 것은 무엇보다도 로마교황권의 확립에 있었다. A.D 476년 서로마제국이 멸망하고 행정조직이 붕괴되자, 로마주교의 관할 하에 있던 성당들은 자연스럽게 와해된 로마의 행정조직을 대신하기 되었다. 즉, 황제가 없는 상황 속에서 로마주교가 세속에 대한 지배권 곧 행정권을 행사하게 된 것이다. 특히 4세기경 로마 황제 콘스탄틴이 교황에게 로마제국의 모든 권리를 양도했다는 내용이 담긴 콘스탄틴의 기진장(Donation of Constantine)은 비록 후대에 위조문서로 밝혀졌지만 교황들이 세속권력에 막강한 영향력을 행사하는 근거가 되었다. 또한 로마주교는 처음에는 고대교회 지중해 연안의 5개 대관구(예루살렘교회, 안디옥교회, 알렉산드리아교회, 콘스탄티노플교회, 로마교회)의 수장 가운데 하나였으나, 자신이 베드로의 후계자로서 수위권(首位權)을 주장하면서 점차 지중해 연안에 있는 보편교회에 대한 관할권(管轄權)을 행사하였다. 이처럼 A.D 6세기경 로마주교는 세속사회에 대해서는 행정권을, 교회에 대해서는 관할권을 주장하면서 자연스럽게 교황권(Pope)으로 발전하였다.

특히, A.D. 590년 로마의 교황이 된 그레고리 1세는 로마주교로서 강력한 권한을 행사하면서 교황권을 반석위에 올려놓았다. 그는 교황에 등극한 후 조상으로부터 물려받은 재산을 가난한 사람들에게 나누어 주고, 수도원적 삶을 실천하였으며, 여러 지역에 교회당을 건축하고, 교회행정과 조직의 형성에 지대한 공헌을 하였다. 또한 어거스틴의 신학전통을 중세에 전하였고, 자신의 이름을 딴 그레고리안 성가를 만드는 등, 음악을 포함한 교회의 공적예배와 의식을 개혁하였다. 이러한 그의 개혁으로 중세초기 교황권이 확립되었고, 중세는 기독교 국가(Christendom)로 발돋음 하였다.

또 이 시기 서방기독교의 발전에 커다란 공헌을 한 것은 수도원 운동이었다. 원래 수도원 운동은 이집트의 동방기독교에서 기원하여 콘스탄틴 황제 이후 서방기독교에 전파되었다. 그러나 서방기독교의 수도원 운동은 동방기독교의 그것과 달리 세상을 포기하지 않고 사회적 봉사와 선교를 수행하였고, 고독을 즐기기보다 공동체적 삶을 영위하였으며, 교황과 주교들의 성직체계와 친화적 관계를 맺었다. 그리고 수도원 운동은 서방기독교가 야만족의 침략과 도전을 막아내고 야만족들에게 기독교를 뿌리내리는데 크게 기여하였다. 대표적인 수도원은 베네딕트 계통의 수도원들이었다.

한편, 이 시기 콘스탄티노플을 중심으로 한 동방기독교(동방정교회)도 남쪽 이슬람 계통의 아랍인들에 의해 침략을 받았다. 즉, 이들은 A.D. 697년 북아프리카의 수도인 카르타고를 점령했고, 715년 스페인의 대부분을 차지했다. 대체로 10세기까지 동방기독교 세계의 반 정도가 이슬람교에 의해 정복되었고,

950년경에 이슬람은 지리적으로 기독교만큼 확장되었다. 그러나 이 시기 동방 기독교는 동로마제국이 1453년 셀주크 투르크족의 오스만 제국에 의해 멸망하기까지 정치와 종교의 전권을 행사하던 동로마제국의 황제에 의해 지배되었다.

2) 중세 황금기(950-1350): 교황절대주의 혹은 교황중심주의 시대

A.D. 950년부터 14세기 어간에는 서방기독교는 이슬람교도들에게 빼앗겼던 스페인과 시실리의 많은 지역을 다시 되찾았다. 이 시기 유라시아 대륙 서쪽 끝에 살고 있던 민족들이 기독교를 공식적 종교로 받아들였다. 동시에 아프리카 북부 해안과 소아시아의 동남부쪽 서아시아지역의 교회들은 이슬람의 압제 하에서 서서히 벗어났으며, 이들 역시 로마 가톨릭 교회 안으로 들어왔다.

이 시기는 교회를 갱신하려는 교황청의 노력과 그레고리 7세와 이노센트 3세와 같은 특출난 교황들에 의해 서방기독교(로마가톨릭교회)는 황금기를 이루었다. 특히 교황 그레고리 7세는 교황의 위치를 규정한 "교황의 명령(Dictatus Papae)"을 발표하여 교황의 절대주권을 옹호하였다. 27개 항목으로 이루어진 이 명령에는 "로마의 교황만이 '보편적'이라는 칭호를 지닐 수 있으며, 교황만이 주교를 퇴위시키고 즉위시킨다. 교황은 황제까지 퇴위시킬 수 있으며, 교황의 허락 없이는 어떤 종교회의도 열수 없다"고 규정하였다. 또한 "로마교회는 결코 오류를 범한 적이 없고 영원토록 오류를 범하지 않을 것이다. 교황은 누구에게도 판단 받지 않는다"고 규정하고 있다. 이처럼 교황의 절대주권을 확립하였던 그레고리 7세는 독일의 왕이요 신성로마제국의 황제인 하인리히 4세를 카놋사 성에서 굴복시키기도 하였다. 이러한 교황의 절대주권의 절정은 교황 이노센트 3세에 의해 이루어졌다. 그는 "교황은 태양이고 황제는 달"이라고 비유하면서 국가를 교회에 예속시키고자 하였다. 중세 스콜라주의 신학이 황금기에 돌입한 것은 이 교황절대주의 혹은 교회 절대주의 시대의 일이었다. A.D. 1225년에서 1274년 어간에 토마스 아퀴나스는 중세 황금기의 상징적 인물이었다. 이 같은 교황 절대주의는 보니파키우스 8세(1234-1303)가 선언한 우남상탐 (Unam Sanctam, 우남상탐은 유일하게 거룩하다는 뜻으로 교황의 절대권을 강조한 것이다.)으로 끝을 맺었다.

또한 11, 12, 13세기는 수도원 운동의 절정기였다. 서방기독교는 수도원을 중심으로 교회개혁과 갱신운동을 전개하였다. 순결(純潔), 청빈(淸貧), 순복(順服)을 덕목으로 교황의 후견에 의해 유럽도처에 세워진 남녀수도원들은 서방기독교에 생명을 불어넣은 존재들이었다. 고대교회 시대에 세워진 베네딕트 수도원을 시작으로 11-12세기에는 어거스틴 수도원, 시토 수도원이 세워졌고, 클루니 수도원은 커다란 영향력을 발휘하였다. 13세기에는 구걸승단인 프란시스코 수도원과 도미니크 수도원이 세워져 중세 수도원 운동을 이끌었다.

그러나 이시기 서방기독교는 오점을 남기기도 하였는데, 십자군 전쟁과 동서방기독교의 대분열이 그것이었다. 11세기말 교황 우르반 2세는 이슬람교도의 수중에서 기독교의 성지인 예루살렘을 탈환하겠다고 십자군 전쟁을 일으켜 약 200년 동안 기독교 세계를 전쟁으로 몰고 갔다. 그러나 9차에 걸친 십자군 전쟁은 서방기독교가 동방기독교를 약탈하는 등 실패로 끝나고 말았다. 또한 중세 황금기에 기독교는 대분열을 경험하였다. A.D. 1054년 기독교 세계의 헤게모니를 놓고 경쟁관계에 있던 서방기독교의 수장인 로마교황(Pope)과 동방기독교의 수장인 콘스탄티노플 총대주교(Archbishop)는 신학논쟁, 곧 필리오케(Filioque)와 성상(Icon) 논쟁에 있어서 견해차를 좁히지 못하고 서로가 서로를 파문하면서 동서방기독교가 대분열을 하였다. 이것이 기독교의 제 1차 분열이었다.

3) 후기 중세기(1350-1500): 근대로의 이행기

A.D. 1350년부터 1500년 어간을 후기 중세기 혹은 근대로의 이행기라 부른다. 이 시기에 두드러진 특징 가운데 하나는 유럽사회에 왕권이 신장하고 민족단위의 국가가 만들어지기 시작하였다는 점이다. 후기 중세기로 접어들면서 교황중심적 교회 획일주의에 대한 반대운동이 일어났다. 단테(Dante)는 〈왕정론〉에서 왕정국가의 독립적 존재이유를 주장하였고, 오캄(Ockham:A.D. 1285-1347)은 역시 국가의 독립성과 그 필요성을 지적하였다. 무엇보다도 파리대학

의 총장이었던 마르실리우스는 〈평화의 수호자〉에서 교회로부터 완전히 독립된 법치국가의 존재이유를 설파하였다. 이 같은 후기 중세기의 민족국가주의적 왕정국가론은 스페인, 불란서, 영국, 독일 등과 같은 민족주의적 왕정국가들을 탄생시켰다. 그리하여 로마의 바티칸 중심의 한 나라는 와해되고 두 나라 사상, 곧 교회와 국가의 사상이 생겨났다. 이처럼 중세기의 획일주의가 무너지기 시작하면서 국가와 모든 세속적 가치의 세계가 중세교회로부터 독립하기 시작하였다. 이러한 상황은 종교개혁이 일어날 수 있는 토양이 되었으며, 민족단위로 신앙고백들이 형성하게 하였다.

후기 중세기의 또 다른 특징은 교황권의 쇠퇴와 성직자들의 타락, 그리고 부패가 두드러졌다는 점이다. 교황 보니파키우스 8세는 프랑스 왕 필립 4세와 성직자 서임권(敍任權)을 놓고 대립하던 중 죽음을 당하였다. 이 일로 교황청은 70년간 프랑스의 소도시 아비뇽으로 이전하여 프랑스 왕에 의해 교황이 옹립되었다. 이를 교황청의 아비뇽 유수(1309-1377)라 한다. 이 사건은 교황권의 쇠퇴와 중세의 몰락을 보여주는 상징적 사건이었다. 성직자의 부패와 타락은 교황들도 예외가 아니었다. 종교개혁이 일어나기 직전의 교황이었던 알렉산더 6세는 축첩을 통하여 사생아를 낳았고, 그 자식을 수도원장에 임명하여 성직자의 타락을 단적으로 보여주었다. 교황청은 고위 성직인 대주교, 주교, 수도원장직을 정치인이나 돈 많은 자들에게 매매하여 교황청의 부패상을 여실히 보여주었다. 뿐만 아니라, 이 시기에 교황청은 베드로 성당의 증축과 호화로운 생활을 위해 금융업자인 후거나 메디치 가문으로부터 돈을 빌리고 이를 갚기 위해 유럽에 전 지역에 신부들을 파송하여 면죄부를 판매하였다. 이것이 결국 종교개혁의 결정적인 도화선이 되었다.

한편, 후기 중세기의 로마 가톨릭 교회의 교리와 신학의 문제도 종교개혁의 원인 가운데 하나였다. 이 시기 유행한 스콜라주의 신학은 매우 진부하고 고리타분한 불필요한 논쟁을 일삼는 것으로 유명하다. 하위 성직자들은 제대로 된 신학교육을 못 받아 라틴어로 된 성경을 읽지 못하였으며 고위 성직자들만 성서해독이 가능하였다. 더욱이 건조한 스콜라주의 신학의 공로주의적 구원론은 교회가 영적 생명력을 상실하였고, 율법주의적, 계층질서적 교회제도로 말미암아 교회가 질식의 상태에 이르렀다. 이러한 신학적 분위기를 타파하려고 이탈리아에서 인문주의 운동, 독일에서는 신비주의 운동, 그리고 공의회 운동이 일어났으나 중세의 모순들을 혁파하기에는 역부족이었고 루터의 종교개혁을 기다려야 했다.

Ⅳ. 질문과 대답

1. 초대 교회의 이단의 도전에 교회는 어떻게 응전하였을까요?

초기 기독교회는 영지주의, 마르시온, 몬타니즘, 군주신론 등의 이단들의 도전에 대하여 사도적 전승을 확고히 붙잡고, 신앙의 규범의 만들고, 성경을 경전화하고, 감독들의 권위를 강화함으로써 응전하였습니다.

2. 로마 가톨릭 교황제는 어떻게 확립되었습니까?

A.D 476년 로마제국이 멸망한 후 로마주교는 산하의 성당조직을 통해 로마제국의 행정권을 접수하였고, 베드로의 수위권을 주장하며 지중해 연안의 보편교회에 대한 관할권을 주장하였습니다. 특히 그레고리우스 1세는 교황권을 반석위에 올려놓았습니다.

Ⅴ. 토론주제 및 참고자료

1. 토론주제

1) 지중해 연안의 주교 가운데 하나였던 로마의 주교(Bishop)가 어떻게 교황(Pope)으로 발전할 수 있었을까요?
2) 지중해 연안의 고대사회에서 기독교가 타종교와의 경쟁을 뿌리치고 승리

하여 로마제국의 국교가 될 수 있었을까요?

3) 서방기독교회와 동방기독교회의 분열의 원인들은 무엇인가요?
4) 후기 중세 로마 가톨릭 교회의 어떤 모습이 종교개혁의 도화선이 되었을까요?

2. 참고자료

김명배, 『세계교회사 전통에 비추어 본 한국기독교사』, 서울: 북코리아, 2011.

이형기, 『세계교회사 Ⅰ, Ⅱ』, 서울: 한국장로교출판사, 1994.

이형기, 『간추린 세계교회사』, 서울: 장로회신학대학교출판부, 2003.

롤란드 베인턴, 이길상 옮김, 『세계교회사』, 서울: 크리스챤다이제스트, 2004.

유스토 곤잘레스, 서영일 역, 『초대교회사』, 서울: 은성, 1988.

유스토 곤잘레스, 서영일 역, 『중세교회사』, 서울: 은성, 1990.

헨리 채드윅, 박종숙 역, 『초대교회사』, 서울: 크리스챤다이제스트, 2007.

R.W. 서던, 이길상 역, 『중세의 형성』, 서울: 크리스챤다이제스트, 2002.

종교개혁사

– 종교개혁이 만든 세계사의 변화[1]

Ⅰ. 문제제기

종교개혁(Reformation)이란 16세기 서유럽에서 일어난 일련의 정치/사회/종교적 변혁 사건을 총칭하는 말이다. 특히 독일에서 1517년 루터에 의해 촉발되고, 이후 스위스, 영국, 프랑스, 스페인, 오스트리아 등 서유럽 전 지역에서 일어난 종교적 갱신운동이자 정치적 사건이다.

16세기가 시작될 무렵 서유럽은 종교적으로 질식의 상태에 있었다. 교회의 율법주의적 체계는 절실한 혁신을 필요로 하고 있었으며, 관료체제는 무능하고 부패한 것으로 악명이 높았다. 성직자들의 도덕적 관념은 매우 이완되어 있었고, 회중들에게 추문거리나 제공하고 있었다. 고위성직자들은 자신의 교구를 떠나 도시에서 거주하고 있었으며, 고위성직의 임명은 성직 후보자들의 영적 자질보다 그들의 정치적, 경제적 능력에 따라 결정되었다. 많은 사람들이 교회의 행정적, 도덕적, 법적 혁신을 갈망하고 있었다.

이러한 로마 가톨릭 교회에 대한 대중의 혁신 요구에 더하여 후기 중세기 로마 가톨릭 교회는 교리적, 신학적 개혁에 직면해 있었다. 후기 중세기의 스콜라주의 신학은 지나치게 율법주적의적이고 교리적이어서 교회를 질식의 상태로 몰아가고 있었다. 기독교 신앙의 독특한 이념으로부터의 이탈, 지적 정체성의 상실, 기독교란 진정 무엇인가에 대한 이해에 합의가 이루어지지 않고 있었다. 교회

1 이 글은 이형기의 『세계교회사 Ⅱ』(서울:한국장로교출판사, 1994)와 『간추린 세계교회사』(서울:장로회신학대학교출판부, 2003), 그리고 A.E. 맥그레이스 저, 박종숙 옮김, 『종교개혁사상인문』(서울:성공회출판사, 1992)을 참조하여 서술하였음을 밝힌다.

의 실제모습과 당위적 모습 사이의 명백한 괴리로 교회가 비판이 대상이 되었다. 후기 중세기에 들어와 이러한 교회의 모습에 대한 개혁의 빗발치기 시작되었다.

그러나 종교개혁 운동은 어느 날 한순간에 일어나지 않았다. 이미 중세의 모순들이 드러나자, 이 모순들을 극복하기 위해서 여러 운동들이 일어났었다. 인문주의, 신비주의, 공의회 운동, 위클리프와 후스 운동 등이 그것이었다, 그러나 아직 때가 무르익지 않았었다. 좀 더 변화의 때를 기다려야 했다. 바야흐로 1517년 독일의 비텐베르크 대학의 루터가 95개조 반박문을 내어걸자, 종교개혁운동이 촉발되었고 이는 크게 4개의 운동으로 전개되고 발전되었다.

Ⅱ. 개념설명

1. 종교개혁 용어 문제

종교개혁이라는 용어는 다양한 의미를 지니는데 대략 4가지 요소와 관련이 있다. 즉, 루터파(Lutheranism), 장로파 혹은 개혁파(Reformed church), 재세례파(Anabaptism)로 언급되는 급진적 종교개혁(Radical Reformation), 그리고 로마 가톨릭 교회의 종교개혁 운동으로 일컬어지는 반종교개혁(Counter–Reformation)이 그것이다. 광범위한 의미에서의 종교개혁은 이 네가지를 의미하지만, 일반적으로는 종교개혁이란 가톨릭교회의 반종교개혁을 제외한 세 가지의 '프로테스탄트 종교개혁'만을 의미하기도 한다. 그러나 학문적 저술 속에서 '제도권 종교개혁'(magisterial Reformation) 또는 '주류 종교개혁'(mainstream Reformation)이라는 용어가 사용되기도 한다. 이 용어는 개혁의 과정에서 세속 권력의 적극적 지원을 받은 제도권 내 개혁운동으로 루터파와 개혁과 그리고 영국성공회를 포함하지만, 여기에는 급진적 종교개혁운동인 재세례파 운동은 배제된다.

2. 칭의론

기독교 신앙의 중심에는 인간은 비록 유한하고 연약하지만, 살아계신 하나님과 관계를 맺을 수 있다는 교리가 있다. 이 교리는 신약성서와 이후의 기독교 신학에 많은 비유로 구체화되었다. 이것이 칭의(Justification)의 교리이다. 그리하여 기독교 역사 속에서 칭의 교리는 '구원받기 위하여 인간은 무엇을 해야 하는가 하는 문제'를 다루는 것으로 여겨졌다. 즉 '어떻게 인간이 개인으로서 하나님과 관계를 맺을 수 있는가' 하는 물음이다. 그러나 이 문제에 대하여 천년이상 교회의 권위 있는 결정이 없었다.

후기 중세기 들어와서 스콜라주의 신학자들은 대체로 인간의 행위 혹은 공로사상, 곧 '인간의 의'를 통한 구원을 강조하는 반(半)펠라기우스(Semi-Pelagius)적 칭의론을 주장하였다. 이에 대해 루터는 1514년 후반부터 1515년 초반 성서 연구를 통해 '복음'에 나타난 '하나님의 의'를 통한 구원, 곧 예수 그리스도의 십자가 사건을 통해 인간에게 전가된 '법정적 칭의론'(Forensic Justification)을 주장하였다.

3. 그리스도 주권론

개혁교회(장로교)의 창시자 칼뱅은 '그리스도 주권론'을 주장하였다. 그는 하나님의 주권이 미치는 통치영역을 '영적 정부'인 교회에만 국한 시키지 않고, 국가, 역사, 사회, 인간 공동체 전체로 보았다. 칼뱅에 의하면, 하나님은 창조자, 유지자, 통치자, 구속자로서 당신의 모든 피조물과 그들의 모든 행위에 대해 주권을 행사하신다. 따라서 그리스도인들은 그리스도의 제자로서 이 세상 속에서 성화의 삶을 통해 하나님의 영광을 드러내고, 그리스도의 뜻을 이 세상에 실현해야 한다는 것이다. 그런데 칼뱅은 특별히 세속 국가의 영역을 그리스도의 적극적인 통치 영역으로 강조했다. 즉, 국가 영역에 군림하는 하나님의 주권에 보다 적극적인 신학적 의미 부여를 했던 것이다. 이 '그리스도 주권론'은 그의 다른 모든 교리의 기초와 토대였다. 이러한 칼뱅의 '그리스도 주권론'은 개혁교회 전통으로 전해졌으며, 19C 화란 개혁주의 신학자인 아브라함 카이퍼의 "영역주권론"과 20C의 대표적인 개혁교회 신학자 칼 바르트의 "바르멘 선언"을 통하여 재천명되었다.

Ⅲ. 주제강의

1. 서론: 종교개혁의 배경

종교개혁이 일어난 배경은 다음과 같다. 첫째 정치적 측면에서 후기 중세기 민족단위의 왕정국가의 대두였다. 후기 중세기에 들어와 유럽은 교황절대주의 시대를 마감하고 왕권신수설에 입각한 민족단위의 왕정국가가 대두되고 있었다. 이들 민족단위의 왕정국가들은 로마교회로부터 벗어나 민족단위의 신앙고백이 가능케 하였는데, 이것이 종교개혁의 토양이 되었다. 둘째, 경제적 측면으로는 도시민(부르주아=상인층)의 대두였다. 중세유럽사회는 12세기부터 장원제(莊園制)를 기초로 한 농업중심의 경제체제에 변화가 오기 시작하였다. 장원 이외의 도시가 생기기 시작하여 도시민, 곧 신흥 부르주아(상인계층)들이 탄생하였고, 이들이 성장하여 초기 상업자본주의를 형성하였다. 중세의 주인공이었던 기사계층이 14세기에 일어난 페스트의 대유행으로 식량부족과 농민폭동으로 몰락해 가자, 이들 도시 부르주아들은 역사의 전면에 등장하여 종교개혁가들을 재정적으로 후원하였다. 이들의 후원은 종교개혁이 성공하는데 일조하였고, 이후 부르주아들은 근대의 주인공이 되었다.

셋째, 문화적 측면으로 르네상스 인문주의 운동을 들 수 있다. 이탈리아에서 기원한 인문주의 운동은 "근원으로 돌아가자'(Ad fondes)를 모토로 그리스-로마문화를 연구하기 시작하였다. 그 결과 유럽사회는 인간의 존엄성을 재발견하고 인간을 억압하는 사회제도와 종교에 대한 비판을 가하였다. 특히 인문주의를 대표하는 에라스무스는 교부들의 고전을 연구하여 중세 로마 가톨릭의 성서해석의 오류를 비판하였고, 그의 사상은 칼뱅과 같은 종교개혁가에게 심대한 영향을 주었다.

넷째, 사회적 측면으로는 과학의 발달이었다. 15세기에 들어와 과학이 발달하면서 망원경과 현미경, 나침판, 시계, 화약, 인쇄술 등이 발명되기 시작하였다. 특히 1454년 구텐베르크의 인쇄술(금속활자)의 발명은 16세기에 일어난 종교개혁의 서적들을 단기간에 널리 배포할 수 있게 하였다. 이로써 종교개혁사상은 서유럽 세계에 성공적으로 전파될 수 있었다.

다섯째, 종교적 측면으로는 후기 중세기 로마 가톨릭 교황청의 문제였다. 14세기 로마 교황청의 유비농 유수 사건은 로마 가톨릭교회의 교황절대주의 시대를 마감하는 역사적 사건이었다. 여기에 교황을 비롯한 성직자들의 부패와 타락은 교회의 권위의 실추를 보여주는 대표적인 사례들이었다. 더욱이 후기 중세 스콜라주의 신학 율법주의적인 공로주의 구원관은 교회를 질식의 상태로 몰아가고 있었다. 이러한 종교적인 원인들은 16세기 들어와 종교개혁운동의 직접적이고 근본적인 원인이 되었다.

2. 루터파 종교개혁: 독일

종교개혁은 독일인 수도사, 신부, 신학자였던 마틴 루터(Martin Luther, 1483-1546)에 의해 일어났다. 그는 가난한 광부의 아들로 태어났다. 16세 때 어느 날 친구와 함께 길을 가다가 벼락을 맞아 친구가 죽자, 그는 성(Saint) 안나에게 수도사가 될 것을 서원하였다. 이후 어거스틴 수도원에 들어가 수도사가 되었고, 신학수업을 받아 신부가 되었으며, 비텐베르크 대학의 교수가 되었다.

그런데 루터의 주된 신학적 관심은 '개인이 어떻게 하면 구원을 받을 수 있을까?' 하는 구원론에 있었다. 루터는 신학대학의 성서학 교수가 된 후, 중세 스콜라주의 신학이 가르치는 '행위'(行爲) 혹은 '공로'(功勞) 구원론을 학생들에게 가르치며, 자신도 구원의 확신을 얻기 위해 열심히 고행과 선행을 실천하였다. 중세 로마 가톨릭 교회의 전통을 따라 금욕주의적 생활을 통해 구원의 확신과 마음의 평안을 얻고자 했던 것이다. 그러나 고행과 선행을 하면 할수록 오히려 구원의 확신과 마음의 평안은 사라지고, 죄를 심판하시고 벌주시는 하나님의 심판대 앞에서 루터는 심적 불안과 두려움으로 가득 찼다. 고뇌와 불안에 휩싸인 루터는 불안과 두려움에서 벗어나고자 성서를 연구하기 시작하였다.

루터는 시편(1513-1515), 로마서(1515-1516), 그리고 갈라디아서(1517)를 연구하면서 복음에 나타난 '하나님의 의'(義)를 발견하였다. 즉, 인간이 거룩하시고 의로우신 하나님 앞에서 죽을 수밖에 없는 죄인이지만, "복음"이신 예수 그리스도와 그의 사역을 통해서 용서 받았다는 사실을 믿어 의롭다 하심(이신칭의(以信稱義))을 받는다는 사실을 깨닫게 된 것이었다. 믿음으로 구원을 받는다는 이른바 '복음의 재발견'이었다. 이로써 루터는 로마 가톨릭의 면죄부 판매를 통한 공로사상이 잘못임을 발견한 것이었다.

복음을 재발견한 루터가 1517년 10월 31일 비텐베르크 대학의 성당 정문에 교황청의 면죄부 판매를 비난하는 95개조 반박문을 붙이자, 동료교수들과 학생들이 동조하였다. 교황청은 루터가 자신의 주장을 철회할 것을 요구하였다. 그러나 루터는 이를 거부하였고, 교황청에 과중한 경제적 원조를 해왔던 독일의 많은 제후들이 루터의 주장에 동조하였다. 이 후 독일에서 루터를 지지하는 제후들과 가톨릭을 지지하는 제후들로 양분되어 전쟁이 벌어졌다. 수많은 사람들이 죽고 1555년 아우구스부르크 조약에 의해 양측이 타협하였다. 즉 '제후의 종교에 시민들이 복종하는 선'(euis regio, cuius religio)에서 타협이 이루어졌다. 이로 인해 처음으로 독일에서 로마가톨릭 이외의 종교가 생겼고, '지역별 루터파 국가교회'가 탄생하였다. 이후 루터파 종교개혁은 스칸디나비아반도로 전파되었고, 스위스의 츠빙글리와 칼뱅을 비롯한 개혁가들에게 영향을 주었다.

3. 장로교(개혁교회)파 종교개혁: 스위스와 프랑스, 스코틀랜드

루터의 종교개혁 소식이 전해지자, 이에 동조하여 여러 지역에서 개혁운동이 일어났다. 그 중 스위스의 종교개혁운동이 유명한데 이를 장로교회(Presbyterian Church)운동 또는 개혁교회(Reformed Church)운동이라 부른다. 대표적인 인물은 스위스 북부 취리히의 쯔빙글리(zwingli, 1484–1531)와 남부의 제네바에서의 칼뱅(Jean Calvin, 1509–1564)이었다. 이 가운데 쯔빙글리는 로마 가톨릭과의 종교전쟁에 참가하여 전사하였고, 칼뱅만이 제네바에서 평생에 걸쳐 종교개혁 운동을 지도하였고 이를 성공적으로 이끌었다.

루터의 주된 신학적 관심이 개인의 구원, 곧 칭의론(稱義論)에 있었다면, 칼뱅의 주된 신학적 관심은 공동체의 구원에 있었다. 즉, 제네바 시민공동체에 '하나님이 어떻게 구원의 역사를 이루시며 통치하시는가에 관심'을 기울였다. 이러한 칼뱅의 사상은 제네바에서 이른바 '신정정치'(神政政治)의 구현으로 나타났다. 그는 제네바를 하나님의 통치를 받는 도시로 만들기 위해 사회적, 제도적, 윤리적 갱신운동을 시도하였다. 그리하여 그는 제네바의 술주정뱅이, 마약쟁이, 매춘여성 등의 갱생을 위하여 교육을 실시하였고, 가난한 자들의 구제를 위한 구빈원을 설치하였다.

또한 칼뱅은 제네바 시에서 근대적 의미의 의회민주주의를 역사상 처음으로 실시하였다. 그는 제네바에서 시민의 대표들로 구성된 200인회(의회), 60인회(소위원회), 4명의 행정관(정부)을 선출하여 정치를 담당하도록 하였고, 자신은 이들을 신학적으로 조언하거나 지도하였다. 이러한 칼뱅의 '신정정치'의 신학적 근거는 '그리스도 주권론'에 있었다. 그는 교회와 국가의 관계를 로마 가톨릭 교회의 일원론적 이해나 급진적 종교개혁가들의 극단적 분리주의 경향성을 거부하고, 그리스도의 주권이 교회는 물론 국가와 사회 영역에도 미치는 것으로 이해하였다. 이러한 '그리스도의 주권론'은 교회로 하여금 사회, 제도적 갱신운동에 참여하도록 하였다.

한편, 칼뱅은 신정정치를 통한 공동체의 구원교리와 더불어 하나님께서 신자들을 '선택된 자'와 '유기될 자'로 미리 정해 두었다는 예정론을 강조하였다. 또한 그는 세상의 직업 속에 하나님의 소명(Calling)이 있다는 '직업소명설'을 주장하였다. 이 칼뱅의 '직업소명설'은 세속사회도 하나님의 통치 질서로써 자체의 고유한 가치와 의미가 있음을 주장하여 좋은 의미의 교회의 세속화를 강조하였다. 그래서 19세기 독일 사회학의 아버지 막스 베버는 자신의 저서 〈개신교 윤리와 자본주의 정신〉에서 칼뱅의 '예정론'과 '직업소명설'은 개신교가 강조하는 '노동의 신성성'과 '금욕주의'윤리와 함께 근대적 의미의 자본주의를 발전시킨 원동력이었다고 평가하였다.

이 장로교(개혁교회) 운동은 이후 스코틀랜드, 프랑스 등으로 전파되어 영국에서는 청교도(Puritan)라 불렸고, 프랑스에서는 위그노(Huguenot)라 불리었다. 영국성공회에 의해 핍박은 받은 스코틀랜드와 잉글랜드의 장로교인들은 신대륙(미국과 캐나다)으로 이주하여 미국을 개척하였다.

4) 재세례파 : 급진적 종교개혁운동

급진적 종교개혁운동은 루터와 칼뱅, 그리고 쯔빙글리의 '주류 종교개혁'이 성서적이고 근본적인 개혁운동이 아니라고 확신하는 사람들에 의해 시작 되었다. 그 대표적인 지도자들은 콘라드 그레벨, 만츠, 후브마이어, 후터 등으로 모두 스위스 형제단 출신이었다. 콘라드 그레벨(Conrad Grebel, 1448–1526)은 1525년 1월 21일 취리히 중앙 광장 분수에서 블라우룩(Georg Blaurock)에게 최초의 성인 세례를 베풀었고, 브라우룩은 다른 몇 사람에게 세례를 베풀었다. 이것은 유아 세례를 인정하고 있는 로마 가톨릭교회와 종교개혁가 쯔빙글리의 주장에 반대하여, 오직 성인세례만을 인정하는 행동이었다. 이들은 세례란 자기 자신의 판단 및 책임아래 신앙의 경험을 할 수 있는 성인들에게 베풀어져야 한다고 생각했다. 그래서 다른 교파의 사람들이 이들을 재세례파(Anabaptist)라 부르게 되었다.

재세례파들은 교회, 사회, 그리고 그리스도인 개인의 삶을 위한 가치를 신약성서에서 구하고 찾았다. 그래서 이들은 신약성서 특히 예수의 산상수훈의 말씀에 따라 이 세상에서의 완전주의와 과격한 성화를 주장하여 국가의 실정법과 세속적, 문화적 가치를 무시하였다. 즉, 재세례파 운동은 기존의 국가와 사회 질서를 부정하는 경향이 있었고, 대부분의 초기 지도자들은 극단적 평화주의자들로 국가와 교회의 분리주의(Separatism)를 지향하였다. 이러한 재세례파의 주장은 로마가톨릭 뿐아니라 개신교 측으로부터 격렬한 반대를 받았다. 주류 종교개혁자들인 루터와 쯔빙글리는 많은 신학적 문제들에 있어서 로마가톨릭과 반대되는 입장을 취하였지만, 교회와 국가의 관계에 있어서는 로마 가톨릭과 마찬가지로 양자가 함께 공존하며 서로 도와야 한다고 생각했다.

이 스위스 형제단 출신의 재세례파 이외에도 급진적 종교개혁 운동의 지도자들 가운데는 멜키오르 호프만과 토마스 뮌쳐가 있었다. 토마스 뮌쳐는 신약성경 사도행전 2장에 나와 있는 초대교회 공동체의 재산공유, 공동분배의 이상을 역사 속에서 실천하고자 하였다. 그리고 이 땅위에 메시야 왕국을 건설하기 위해서는 폭력의 사용도 가능하다고 주장하였다. 이러한 토마스 뮌쳐의 영향을 받은 일부 급진적 종교개혁가들은 임박한 종말론을 주장하며 독일의 뮌스터에 천년왕국을 건설하고자 하였다.

그래서 루터와 쯔빙글리는 16세기 혼란한 상황 속에서 사회 정치적 질서를 위협하는 재세례파의 주장들을 용납할 수 없었다. 결국 루터는 제후들에게 살인과 방화를 일삼는 재세례파 신도들을 무력으로 진압할 것을 주문하였고, 제후들은 무차별적으로 이들을 익사 혹은 화형시켰다.

5) 영국성공회: 영국

영국성공회(the Anglican Church)는 종교개혁 당시 영국 왕이었던 헨리 8세(Henry, 1491-1547)에 의해 시작되었다. 그는 종교개혁 초기 〈7성례의 주장〉(Assertion of the Seven Sacrament)이라는 저술을 통해 루터의 사상을 부정하고 로마 가톨릭 교회를 옹호하여 교황 레오 10세에게 '정통 신앙의 수호자'라는 칭호를 받기도 하였다.

그런데 헨리 8세는 왕위 계승권을 얻기 위하여 형 헨리 7세의 미망인이었던 스페인의 공주 캐더린(Catherine)과 결혼했었다. 그는 캐더린과 사이에서 6남매를 낳았지만 딸 메리만이 살아남았다. 다른 부인을 통해 아들을 얻어야 했던 헨리는 자신의 혼인이 정략적이었으므로 원천무효임을 선언하고 교황청에 이혼을 신청하였다. 교황청은 충직한 가톨릭 신자였던 헨리 8세의 요구를 들어주고자 했으나 정치적 상황의 변동이 이를 허락할 수 없었다. 종교개혁기 교황청의 든든한 후원자였던 신성로마제국의 황제 찰스 4세가 캐더린의 조카였기 때문이었다. 교황청이 이혼을 허락하지 않자, 헨리 8세는 자신의 결혼을 일방적으로 무효라 선언하고, 1533년 사랑하는 궁녀 앤 볼린(Anne Boleyn)과 재혼하였다. 교황청은 1533년 7월이 헨리를 파문하였고, 헨리 8세는 이에 대한 대응으로 1534년 자신이 "영국 교회의 유일한 최고의 수장(首長)"이라는 〈수장령〉(Supremacy Act)을 발표하였다. 이로써 영국은 로마 가톨릭교회와 결별하고 국가교회인 영국성공회를 탄생시킨 것이다.

헨리 8세는 비록 로마 가톨릭교회와 결별하였지만, 여전히 1539년 6월 국회에서 〈6개 조항〉을 통과시켜 화체설을 주장하고 이종배찬을 금지, 사제의 결혼을 허락하지 않는 등 로마 가톨릭 전통에 머물러 있었다. 그러나 그의 뒤를 이은 에드워드 6세는 개혁교회 전통에 따라 영국교회를 개신교회화(Protestantization)

하였다. 메리가 잠시 영국교회를 로마 가톨릭주의로 돌아가도록 했으나, 엘리자베스 1세가 즉위하고 그녀가 1563년 그 유명한 〈39개 조항〉을 채택하면서 영국교회는 다시 개신교회화 하였다.

Ⅳ. 질문과 대답

1. 종교개혁운동의 역사적 의의는 무엇인가요?
   1) 중세 1,000년의 한 왕국 시기, 곧 기독교 국가(Christendom)을 종식시키고 근대 시대를 열기 시작하였습니다. 곧 의회민주주의의 근간으로 한 근대세계의 맹아를 발아시켰습니다.
   2) 만인제사장직의 주장을 통하여 중세의 계층적 지배질서인 성속이분법의 철폐시켰습니다.
   3) 직업소명설은 세속사회에도 하나님의 주권이 있음을 강조하여 근대 자본주의 발달에 기여하였습니다.

2. 루터의 종교개혁사상의 특징은 무엇인가요?

루터 신학의 주제들은 중세교회의 신학적 패러다임을 변화시켰습니다. 중세에는 교회가 국가와 문화를 지배했습니다. 신학이 모든 학문들 가운데 왕의 보좌에 앉아 철학을 신학의 시녀로 삼았습니다. 초자연과 자연을 종합하는 신학 패러다임이었습니다. 그러나 루터의 신학사상은 교회와 국가, 복음과 문화 양자의 불연속성을 말하면서 동시에 복음의 문화 참여라는 역설을 주장하여 중세 신학의 패러다임을 바꾸어 놓았습니다.

3. 칼뱅의 종교개혁 사상의 특징은 무엇인가요?

칼뱅은 루터와 달리 공동체의 구원을 위해 사회적, 제도적, 그리고 윤리적 갱신운동을 전개하였습니다. 그는 세속사회와 국가에도 하나님의 주권이 통치하는 영역이라 보고 '그리스도의 주권론'을 주창하였습니다. 제네바 시를 시민의 대표들로 구성된 의회를 만들어 통치하게 함으로써 역사상 최초로 의회민주주의를 실현하도록 하였습니다. 또한 직업소명설을 통하여 근대적 의미의 자본주의를 발달시키는데 공헌하였습니다.

Ⅴ. 토론주제 및 참고자료

1. 토론주제

1) 21세기 현대사회의 정치, 경제, 사회의 심각한 문제점들은 무엇일까요?
2) 루터, 칼뱅과 같은 주류 종교개혁운동이 오늘날 한국사회와 교회에 주는 교훈은 무엇일까요?
3) 재세례파와 같은 급진적 종교개혁운동이 오늘날 한국사회와 교회에 주는 교훈은 무엇일까요?
4) 16세기 루터와 칼뱅, 그리고 재세례파 종교개혁운동의 각각의 한계는 무엇이었을까요?

2. 참고자료

김명배, 『세계교회사 전통에 비추어 본 한국기독교사』, 서울: 북코리아, 2011.
이형기, 『세계교회사 Ⅰ, Ⅱ』, 서울: 한국장로교출판사, 1994.
이형기, 『간추린 세계교회사』, 서울: 장로회신학대학교출판부, 2003.
A.E. 맥그래스, 박종숙 옮김, 『종교개혁 사상입문』, 서울: 성공회출판사, 1992.
유스토 곤잘레스, 『근대교회사』, 서울: 은성, 1989.
토마스 M. 린제이, 이형기/차종순 역, 『종교개혁사 Ⅰ.Ⅱ.Ⅲ』, 서울: 대한예수교장로회출판국, 1990.
대한예수교장로회 총회교육부편, 『16세기 종교개혁과 개혁교회의 유산』, 서울: 장로교출판사, 2003.

한국교회사

– 기독교의 한국적 수용과 발전[1]

Ⅰ. 문제제기

일반적으로 역사란 일어난 모든 사건을 말하기도 하며 또한 역사가가 기록한 역사를 가리키기도 한다. 일어난 모든 사건을 누군가(역사가)에 의해 해석되고 표현되는 과정 즉 기록된 것이 역사라고 불릴 수 있다. 이 때문에 E. H. 카(Carr)는 역사를 일어난 모든 사건 즉 사실과 역사가의 부단한 상호작용 또는 과거와 현재의 끊임없는 대화라고 주장했다. 이런 역사에 대한 이해를 통해 우리는 흘러 지나간 시간과 사건들이 과연 지금의 나에게 어떤 의미를 주는지 부단히 대답을 찾아나가야 하는 자세를 지녀야 한다.

그럼 이런 역사에 대한 이해에 기초해 한국교회사를 어떻게 볼 것인가? 한국교회사에 대한 이해, 즉 기독교의 한국 전래와 수용과정을 이해하는 것은 기독교가 한국사회와 문화의 토양 위에 뿌리를 내리는 정체성 확립과 관계된 일이다. 특히 한국교회와 함께 해온 숭실대학의 역사를 살펴보면, 한국교회사에 대한 이해는 바로 숭실의 역사를 이해하는 기초이고 숭실이 한국교회와 어떤 밀접한 연관성을 지녔는지를 알아가는 길이라고 볼 수 있다.

숭실인이 바라보는 한국교회사는 어떤 입장이어야 할까? 평양에서부터 시작한 숭실대학은 선교사가 세운 학교이지만 무수한 민족 지도자를 양성하며 한국교회와 사회의 중추역할을 하는 학교였다. 이에 우리는 숭실의 역사발전과 함께 좀 더 포괄적인 시각에서 한국교회사를 대할 필요가 있다. 과거 평양숭실에

---

1 이 글은 민경배, 『한국기독교회사』(1982), 한국기독교역사연구소, 『한국기독교의 역사 Ⅰ』(2008) 등의 글을 참조해 저술했음을 밝힌다.

서 보여줬던 실증적이고 과학적인 입장을 강조하며 인재를 양성했던 관점에서 한국교회사에 대한 총체적인 이해를 시도하며 또한 민족문제의 해결을 위해 선도적인 입장에서 폐교를 결심했던 모습처럼 한국교회사를 민족의 현실 문제 해결과 미래에 책임성 있는 관점으로 연구할 필요가 있다.

Ⅱ. 개념설명–한국교회사를 어떤 관점으로 읽어낼까?

그 동안 한국교회의 역사를 연구하는 대표적인 관점은 선교적 역사의 입장과 민족교회론적 입장으로 구분되었다. 선교적 역사 입장은 즉 교회사는 그 본질에서 선교의 역사이다. 또한 선교의 역사가 되어야 한다. 교회는 기독교사상의 한 중간적 존재이다. 이 중간적 존재체인 교회의 철두철미한 사명은 복음선포이다. 기독교사는 처음부터 지금까지 선교의 역사로 일관되어 왔다. 이러한 입장에서 볼 때 우리 한국개신교사도 선교의 역사가 되어야 한다. 선교의 역사를 외인 선교사에 의한 피선교의 과정으로만 해석해서는 안 된다. 기독교 2천 년사에서 교회의 흥쇄는 교회에서 행한 전도활동의 소장에 있었고, 전도활동의 소장은 신도들의 신앙허실에 좌우되어 왔다. 전도는 교회의 지상명령이다. 그러나 이런 선교사중심의 관점은 곧 비판을 받는다. 민경배 교수는 다음과 같이 지적하길, "사료의 대부분이 선교사를 파송한 나라의 교회와 인사들에게서 수집되었다고 하는 일방성을 가진다. 한국교회 입장의 고백과 증언이 전혀 고려되고 있지 못한 것이다"고 했다.

역사는 다양한데 이를 중심이 되는 한 집단으로만 보면 편향된 시각이 형성된다. 특히 선교사라는 복음을 전달하는 입장만 고려하면 이 복음(기독교)이 어떻게 수용되고 발전하며 사회적 영향을 미치는지에 대해서는 간과하기 쉽다. 이에 한국교회를 주체로 하는 민족교회론적 입장이 등장했다. 즉 한국교회가 민족의 문제에 어떻게 대응하고 해결해 나갔는가를 역사 서술의 중요 내용으로 삼았다. 이에 이 입장은 교회와 민족, 혹은 종교와 사회의 연결원리를 내연과 외연이라는 독창적인 체계로 이해해 한국기독교사를 내면에서 불타는 기독교 신앙의 내연 체험과 외연 현상으로 해석해 한층 생명력 있고 주체적인 역사서술을 시도했다고 평가된다.

그러나 민족교회사관의 한계는 외연의 범위를 주로 그리고 우선적으로 외세에 국한시키려는 경향이다. 따라서 한국사회 내부의 문제 보다는 외세와의 정치적 대결에 초점이 두어짐으로써 한국사회 내부의 광범위한 사회 경제적 요인들은 초점거리에서 벗어나고 만다. 이것은 민중부재의 정치체제 중심의 사관이라고 할 수 있다.[2] 민족교회론 입장에서 보면, 민족의식을 일으키고 이를 체계적으로 해석해낼 수 있는 지식인들의 외세에 대한 저항 등이 한국교회사의 핵심이 되어야 한다는 것이다. 그러나 이런 지식인 중심의 민족사관은 민중부재라는 비판을 받으며 교회의 역사가 민중계층의 평신도, 무명의 헌신적 기독교인들로 이루어질 수 있음을 주목하게 했다. 이런 사관에 주의하여 포괄적인 역사이해를 시작할 필요가 있다.

Ⅲ. 주제강의

1. 한국 땅 밖에서의 한국선교

개신교가 한국에 관심을 갖기 시작했을 때 한국의 상황은 국내외적으로 급격한 혼란이 만연해 있었다. 열강의 침략과 미약한 국력을 갖고 개방된 세계에 노출되어 느끼는 허탈과 초조가 널리 퍼져 있었다. 또한 종교의 진공상태가 조성되어 역사적으로 전성했던 선이나 불교 및 유교의 정신적 자산이 고갈되어 있었고 이 때문에 민중의 심원한 종교적 갈망은 채워질 경로가 없었다. 그리고 과거 천주교가 남긴 대역모반의 인상 때문에 개신교의 한국선교는 민족을 위하고 민

2 한국기독교역사연구소, 『한국기독교의 역사 I 』(서울: 기독교문사, 2008), 7.

중에게 위로를 주는 길로 나아갈 수 있었다.

선교사들은 한국에 들어오기(1885년) 이전부터 한국 땅 밖에서 한국선교를 시도했다. 이것은 성서번역과 밀접한 관련이 있었다. 1875년 만주에서 존 로스(John Ross)와 조선 청년들이 성서를 한국어로 번역했다. 로스는 1872년에 중국에 들어와 당시 상해의 스코틀랜드 성서공회 윌리암스(Alexander Williamson)의 요청으로 만주 개항장 영구로 갔다. 그곳에서 언어를 습득하고 한국선교를 준비했다. 그는 당시 청국과 조선국의 국경으로 합법적인 교역이 가능한 고려문으로 가서 한국 상인들을 만나 한문성경을 팔며 전도했다. 로스가 접한 사람은 이응찬, 김진기, 백홍준, 이성하, 이익세, 최성균, 서상륜 등으로 주로 의주출신 지식인이며, 그들은 개방적이고 독립적인 의식을 소유했다. 로스를 통해 이들은 새로운 문화와 사회질서에 대한 도전을 받았다. 처음에는 한국어 교사로 이후 성서번역의 협력자로 그리고 매서인으로 서간도와 한국 땅에서 활동하며 기독교의 초석을 다졌다. 로스의 성서번역은 1882년에 〈예수셩교누가복음젼셔〉를 시작으로 1887년에는 〈예수셩교젼셔〉신약을 완성 출판했다.

1883년 이수정은 일본에서 성서를 번역했다. 이수정은 개화파 지식인으로 임오군란 때 민비를 구출한 공을 인정받아 1882년 박영효를 따라 근대문물을 배우기 위해 일본에 갔다. 당시 그는 일본의 기독교인 농학자 츠다센(津田仙)을 통해 기독교를 접하고 그가 준 한문성서를 읽음으로 기독교인이 되었다. 이수정은 당시 일본주재 미국성서공회 일본지부(American Bible Society, Agency of Japan) 총무 루미스(H. Loomis)를 통해 한국어 성서번역을 권유받았다. 루미스는 당시의 상황을 아래와 같이 설명했다. “그의 최대 소망은 성서를 자기 민족에게 보내는 것입니다. 그는 한한(漢韓=Chino-Corean) 성서번역을 하는 것이 어떻겠느냐는 나(루미스)의 제안을 이미 받아들여 성서 번역작업을 시작하였습니다. 그리고 내가 어제 확인한 바로는 이미 마태복음 전체와 마가복음의 상당부분은 완성되어 있는 상태였습니다.” 이수정은 1884년에 일본 요코하마에서 〈현토한한신약전서〉를 간행했으며, 이듬해 〈신약마가젼복음셔언해〉를 간행했다. 물론 이렇게 시작된 성서번역은 이후 한국에 온 선교사들에 의해 계승되어 지속적으로 번역사업을 전개했으며 또한 한국신도들이 이 일에 동참했다.

2. 선교의 자유와 초기 선교활동

우리나라에 처음 선교사가 들어온 것은 1885년4월에 장로교의 언더우드와 감리교의 아펜젤러(H. G. Appenzeller) 그리고 스크랜톤이 제물포항을 통해 한국에 들어왔다. 이들은 선교의 윤허를 받은 것은 아니었다. 따라서 이들은 교육과 문화 의료 사업에 착수하여 기독교 문명의 거대한 이용후생의 힘을 발휘하였다.

1) 의료선교

개신교는 서구식 현대 의술을 도입해 의료선교를 주도했다. 한국의 전통의료기관은 대부분 한방의(韓方醫)와 무당의 활동뿐이었다. 알렌이 한국에 왔을 때 갑신정변이 일어났다. 이때 알렌은 수구파인 민영익을 치료함으로 고종의 궁정의사로 임명되었고 이후 한국 최초의 국립병원 광혜원(후에 제중원으로 개칭되고 세브란스병원이 됨)을 건립했다. 감리교 여선교사 하워드는 부인병원인 보구여관을 개설했다. 이외에 1893년 한국선교위원회는 의료사업을 선교사업의 하나로 결정하고 전국 각 도시에 병원을 세우기로 결정했다. 이에 따라 전국에 기독교병원이 설립되었으며 이로써 의료선교를 전개해 나갔다. 일본에서 활동한 북감리교 선교사 맥레이(R. S. Mclay)는 알렌보다 먼저 한국선교의 가능성을 타진하면서 개화파 김옥균의 중재로 1884년에 입국해 고종을 알현하고, '학교와 병원'사업을 할 수 있다는 허락을 받기도 했다.

복음전도와 교회설립 등 적극적인 의미의 선교활동은 조선 정부의 태도와 당시 사회의 보수적 분위기 때문에 본격적으로 실시하기가 어려웠다. 이 때문에 개신교는 직접적인 복음전도보다 학교와 병원사업을 통한 간접선교 방식을 취해야 했다. 서울과 지방에 많은 병원과 진료소가 개설되었고, 지방의 병원이나 진료소를 찾는 한국인들은 거의 돈 없고 소외되는 민중계층이었다. 이들에게 거의 무료로 진료해 줌으로 민중계층이 기독교를 접하게 되는 좋은 계기가 되었고, 또한 기독교에 대한 편견을 교정하는데 큰 도움이 되었다.

2) 교육선교

개신교는 서방식 신교육제도를 도입해 교육선교를 주도했다. 아펜젤러는 배재학당(후에 배재대학)을, 언더우드는 1886년5월에 고아들을 모아 '언더우드학당'으로 불리는 고아원학교를 시작했으며 이것은 1905년에 경신학당으로 정착해 오늘의 경신학교의 모체가 되었다. 1886년 스크랜튼 여사(M. F. Screnton)는 여성들을 위한 기독교학교인 이화학당을 세웠다. 이외에도 지방에서 선교부 또는 지역 교인들과 합동으로 설립한 기독교 학교들이 계속해서 늘어났다. 교육선교는 의료선교보다 복음전파에 보다 효율적인 도구였다. 평양 숭실학교에서 가르쳤던 샤록스(A. M. Sharrocks)는 1901년 보고에서, "학교 사업이라든가 학생들의 자질이나 성실성을 종합해 볼 때 확신하게 되는 바는, 점증하는 학교의 효율성과 가치성이 교회나 선교회에만 보람을 줄 뿐 아니라 한국을 복음화시키는 데에 생생하고도 가능성있는 요인이 될 것이라는 점이다"라고 했다.

1885년부터 1909년까지 전국에 세워진 사립학교는 장로교가 605개, 감리교가 200개, 그리고 성공회와 천주교가 세운 학교를 합쳐 전체적으로 약 950개의 학교에 이르렀다고 한다. 당시의 관공립학교의 총수는 불과 60개이며, 학생 총수도 12,732명에 지나지 않았다. 이외에도 맹인들을 위한 맹인학교와 고아원과 장애인 시설 등이 설립했다. 한국교회의 교육선교는 한국사회의 근대화에 공헌했다고 볼 수 있다.

3) 문서선교

개신교 문서선교는 성서번역으로부터 시작되었다. 만주와 일본에서 성서번역이 이루어졌으며, 선교사들이 정식적으로 한국에 온 이후에도 성서번역은 꾸준하게 이루어졌다. 1887년에 성서번역위원회가 조직되어 본격적인 성서번역 사업에 착수했으며, 이후 1893년에 상임성서실행위원회를 두고 그 밑에 성경번역자회를 두어 성서번역을 진행했다. 이런 결과로 1906년에 공인역본 〈신약젼셔〉가 나왔고 1910년에 구약 전체가 번역이 되었으며 1937년에는 〈개역성서〉가 출간되었다. 성경번역은 지식인뿐만 아니라 일반 민중계층을 염두에 두고 진행된 것으로 성서보급을 통해 당시 민중의 의식을 깨우는 영향을 미쳤다. 성서번역 이외에도 개신교는 〈찬셩시〉등 기독교 교리와 전도문서 등을 발간했다. 이외에도 1889년 "예수교서회"가 창립되어 많은 서적을 한글로 출판했으며 또한 한글주간지 『조선그리스도인회보』, 『기독신보』, 『그리스도신문』, 『신학월보』 등과 영문저널 The Korean Repository(1892, 1895–8), The Korea Review(1900–1905), The Korean Mission Field(1905–1942) 등을 통해 당시 서구열강의 식민지 침탈 하에서 문호개방과 개화사상을 전개해 민중을 각성시켰다.

한국교회는 이외에도 청년, 여성, 계몽운동 등을 전개해 한국사회개혁을 주도했다. YMCA가 결성되어 개화파 지식인들, 예를 들어 박영효, 민영환, 윤치호, 이상재, 유성준 등이 배출되었고, 한국 여성에게 교육의 기회를 제공하기 위해 여자학교가 설립되었다. 또한 여우회를 통해 축첩을 반대했으며 교회 안에서 여성교육을 통해 여권을 신장했다. 한국교회는 여러 사회활동을 통해 기독교적 인권사상과 민주주의가 교회로부터 훈련되고 확장되어 나가도록 노력했다. 특히 한국교회는 일제 식민통치 상황을 인식해 보다 적극적인 민족계몽운동과 교육사업을 전개했다. 이로써 한국교회는 한국사회와 문화에 적응하면서 사회를 변혁하고 역사를 창출할 수 있는 능력을 지닌 종교임을 나타내었으며 이로써 당시 하층민뿐만 아니라 지식인들까지도 흡수할 수 있는 동력을 제공했다.

한국교회는 또한 교회의 토착화를 위해 중국의 네비우스 선교정책(Nevius Mission Method)을 수용했다. 1890년 네비우스는 장로교 선교사들의 초청으로 한국을 방문해 그 선교방법을 소개했다. 장로교 공의회는 오랜 토의를 거쳐 1893년 이 선교정책을 정식적인 한국선교정책으로 채택했다. 이 정책에 따라 한국교회는 첫째, 부녀자와 노동대중을 선교대상으로 삼았으며, 둘째, 초등교육사업에 치중했으며, 셋째, 한국교회의 자치적인 전도사업을 전개할 수 있었다. 사실 이 네비우스 선교정책에 대해 한국교회 안에 부정적인 평가도 있지만,

짧은 기간 안에 한국교회의 양적 성장과 재정자립 및 토착교인들의 자의식 개발에 기여했다는 긍정적인 평가도 있다.[3] 물론 이것은 이후 평양부흥운동에서 드러난 교회의 자립(Self - Support)운동과 자치(Self - Government)운동 등에서 더욱 구체적으로 영향을 미쳤다.

3. 1907년 대부흥 운동

1907년 평양 장대현교회를 중심으로 대부흥 운동이 일어났다. 이 부흥운동은 선교사들의 기도모임이 도화선이 되었다. 1903년 원산에서 감리교 선교사들은 중국에서 선교활동을 하던 화이트(M. C. White) 여선교사의 내한을 계기로 기도회를 가졌다. 이 모임은 장로교 선교사 및 일부 한국 교인 그리고 동아기독교(침례교)의 인사들까지 참석한 연합기도회 모임으로 발전했다. 기도회 모임 중 하디(R. A. Hardie: 캐나다 출신 의료선교사로 남감리회에서 파송됨)선교사가 자신의 무력함을 고백하는 통회의 기도를 드렸다. 그는 과거 3년 동안 강원도 일대에서 나름대로 최선의 노력을 다하였으나 아무런 결실이 없었던 자신의 무능함을 솔직히 털어놓았던 것이다. 뿐만 아니라 실패의 원인이 자신의 신앙적인 허물, 즉 한국인 앞에 백인으로서의 우월의식과 자만심에 찼던 권위주의에 있었음을 고백했다. 이런 회개운동은 원산, 평양, 삼남지방 목포까지 전국 각지에 부흥운동이 전개되었다.

한국교회는 이 부흥운동을 통해 기독교의 순수한 신앙과 정신을 한국사회에

3 이덕주,『한국 토착교회 형성사 연구』(서울, 한국기독교역사연구소,2000), 35-36. 주재용,『한국 그리스도교 사상사』(서울: 대한기독교서회,1998), 54-55. 반면 부정적인 평가에는 토착 전도인 양성과 신학교육을 선교사들이 독점함으로 교회와 목회자의 질적 저하 현상이 나타나고, 자립정책을 지나치게 강조하여 '개교회주의'가 팽배하여 교회의 사회적 책임이나 참여의식이 저하되며, 선교사에 의해 주입된 신학교육으로 인해 한국기독교의 극도로 보수적이고 배타적인 신앙과 신학이 형성되었으며 그리고 선교정책을 수행하는 과정에서 선교사들이 서방 기독교문화와 신학 우월주의를 극복하지 못하고 한국교회의 자율성을 억압함으로 '토착교회 육성'이라는 본래 의도와는 달리 한국기독교의 서구종속과 식민화를 강화시켰다.

뿌리내릴 수 있었으며 한국기독교인의 윤리의식 형성에도 크게 기여했다. 또한 성경공부와 기도를 강조해 이후 한국교회의 성경중심 신앙을 발전시켰다. 그러나 부흥운동은 지나친 정교분리원칙을 견지해 한국사회가 직면한 민족문제를 등한시했으며, 결과적으로 피안적인, 말세적인, 신비주의적인 신앙이 교회의 중심적인 신앙형태가 되게 했다. 이로써 이후 한국교회가 보수와 진보로 나뉘는 교회의 분열과 신학의 분열을 초래하는 원인을 제공했다.

한국교회의 조직 면에서도 부흥운동은 영향을 미쳤다. 부흥운동은 선교사간의 협력뿐만 아니라 선교사와 한국인 신자 사이의 이해와 화해를 도모해 결국 1907년 9월17일 평양 장대현 교회에서 장로교 최초의 노회를 결성할 수 있었다. 이 독립된 노회(the independent Presbytery of Korea)[4]는 평양신학교 1회 졸업생 7인 즉, 한석진, 서경조, 양전백, 길선주, 방기창, 이기풍, 송인서를 목사로 안수했다. 이로써 조선장로교 최초의 목사들을 배출하게 되었다. 이외에 감리교도 1905년 한국선교연회(Korea Mission Conference)와 1908년 한국연회(Korea Annual Conference)를 통해 서방선교회와 교회로부터 독립된 조직을 결성할 수 있었다.[5] 이와 같이 부흥운동을 통해 일어난 교회의 자치운동은 그 네비우스 선교정책의 방향을 계승할 뿐만 아니라 서방교회로부터 독립된 조직을 통해 한국기독교의 토착화 운동을 증진시켰다.

한국교회의 부흥운동은 외적으로 당시 주변국가 기독교에 영향을 미쳤다. 교회사학자 라투레트는 지적하기를, 1908년 한국교회의 부흥운동을 통해, 뚜렷한 종교적 운동이 만주에서 일어났다고 했다. 중국 요양과 봉천에서 선교활동

---

4 서방선교회와 교회로부터 직접적인 통제를 받지 않는 정치적으로 독립된 노회를 말한다. 이 때문에 독노회라 불렀다.

5 이덕주,『한국 토착교회 형성사 연구』, 158-160. 물론 세부적으로 보면 이 자치운동은 일부 선교사들에게 상당히 오해와 우려를 불러일으켰다. 선교사들은 한국교회의 재정적 자립은 충분히 지원하되 정치적 독립은 경계하였다. 이 때문에 장로교의 독노회 구성이나 감리교의 연회구성 등은 비록 정치적으로 완전한 독립을 성취하지는 못했지만 한국인에 의한 독자적인 조직이 점차 형성되는 발단을 만들었다는 점에서 의의가 있다고 볼 수 있다.

을 하고 있던 장사정과 호만성 목사 등이 평양부흥운동을 직접 목도하고 돌아가 중국교회의 부흥과 재건을 위해 부흥사경회 운동을 전개했다고 한다. 뿐만 아니라 한국교회의 부흥운동은 중국산동성에 보낸 한국선교사들을 통해서도 중국교회에 전달되었다.

길선주 장로는 다음과 같이 말했다. "우리는 불원에 우리나라 전역에 복음을 전파하게 될 것이다. 그렇게 되면 흑암 속에 묻혀 있는 수억의 중국인들에게 미국 교인들이 우리에게 한 것처럼 선교사를 보내어 그리스도를 통한 구원의 도를 전하는 의무를 수행하게 될 것이다."

1907년은 한국 역사적으로 국권상실의 시기이다. 이 시기에 한국교회는 부흥운동을 통해 도탄에 빠진 백성을 위로했다. 이로써 한국교회는 도덕성을 향상했으며, 성경을 중심으로 하는 복음주의적 자세(신학)를 확립했다. 그리고 점차 서방선교회와 독립된 조직으로 발전해 나갈 수 있었다. 다시 말해 부흥운동은 한국교회의 영적인 깊이를 더하는 신앙운동이었다. 부흥운동은 이제 한국교회가 더 이상 어린 교회가 아니라 영적인 성숙을 지향하는 교회로 발전하는 계기가 되었다. 부흥운동을 통해 점차 해외선교를 지향하게 되었다. 그러나 일각에서 부흥운동은 한국교회가 민족문제를 등한시 하는 비정치화 노선을 걷게 되었다고 비판한다.

4. 한국교회의 민족운동

1) 국권상실과 기독교의 수난

1907년 한국교회의 대부흥 운동은 한편 개교회 중심의 개인신앙운동으로 발전해 나가는 면이 있었으며, 다른 한편 신민회 활동과 같은 기독교 사회운동 내지 정치운동으로의 사회구원운동을 펼쳐나갔다. 기독교가 이렇게 민족운동을 전개하는데 큰 어려움이 없었던 원인은 당시 한국이 비기독교 국가인 일본에 의한 식민지화의 길을 걷고 있던 때에 기독교가 제국주의 세력에 저항하는 동력으로서의 기능을 발휘했기 때문이다. 이런 기독교의 신앙특성과 더불어 1905년

을사조약체결과 1907년 정미7조약 체결로 일본은 한층 한국 통치자로 군림하려는 의도를 더욱 노골화시켰다. 이런 분위기 하에서 기독교의 비정치화는 많은 한국인들의 질타를 받아야만 했다. 한편 민족운동의 노선을 걸은 기독교는 일제의 탄압을 겪어야 하는 외로운 저항을 이어가야만 했다.

1910년 일제는 한일합방을 공식화하면서 기독교인들의 독립운동을 저지하려고 105인 사건을 일으켰다. 일명 데라우찌 총독암살미수사건으로 일컬어지는 이 105인 사건은 평안도와 황해도 일대의 기독교와 이들이 주도하는 신민회 활동을 탄압하기 위해 일제가 날조한 사건이었다. 초대 조선총독 데라우찌가 압록강 철교의 개통식에 참석하러 가는 길에 선천에 잠시 들렀을 때, 기독교인들이 저를 암살하려고 했다는 날조로 해서(海西)지역의 많은 기독교 인사들을 체포했다. 제1심에서 유죄선고를 받은 사람이 105인에 달했다. 105인 사건은 대부분 허위로 조작된 사건으로 일제는 이 사건을 통해 비밀결사조직인 신민회의 실체를 포착하고 더욱 기독교를 탄압하는데 앞장섰다. 그러나 기독교는 이런 고난을 통해 신앙적으로 더욱 성숙해져 나갔을 뿐만 아니라 그 동안 일제강점에 대해 비정치적 노선을 택하려고 했던 선교사와 민족운동 진영 간에 다소간 야기되었던 불신과 괴리의 현상을 크게 회복시킬 수가 있었다.

2) 3 · 1운동과 기독교

이후 일제는 무단 정치와 사립학교령 등을 통해 기독교 학교의 교육을 질식시킬 뿐만 아니라 여러 탄압 등을 통해 민족의 생존을 위협하고 교회의 근간을 위협했다. 3 · 1독립운동은 한국의 교회와 민족이 지금껏 계발시켜 온 근대 국민의식과 민족 자결 그리고 민주주의에 대한 세계대전 이후의 조류에 합류하고자 한 결의로 거족적으로 일으킨 민족 운동이었다. 3 · 1운동의 독립선언문에 서명한 33인 중에 16명이 기독교인이었다. 일제는 이 운동의 진압 과정에서 박멸대상의 목표로 기독교를 지목했다. 진압 과정에서의 피해자가 18%에 이를 정도로 많은 수의 기독교인들이 체포 구금되었으며, 제암리 교회와 교인들이 일본군에 의해 방화, 학살당했다. 이외에도 많은 교회와 교회 지도자들이 투옥되어 핍박을 당했다. 이를 통해 한국 사람들은 기독교를 민족종교로 이해하기 시작했다.

한국기독교는 일본식민통치를 통해 한국민족과 함께 고난과 종교적 핍박을 받으면서 한국종교로 거듭날 수 있었다. 일본은 식민초기부터 기독교를 적대시했다. 한국 사람들이 교회로 모여들어 반일운동을 전개한다고 여겼다. 실제로 많은 사회 지도자들이 교회에서 국가의 독립과 국민 계몽을 모색했다.[6] 3 · 1운동은 1920–30년대 한국기독교의 신앙양태에도 중대한 영향을 미쳤다. 즉 한편 한국교회 부흥운동가들(김익두, 길선주, 이용도 등)은 초월적 신비주의 신앙운동을 전개해 한국기독교의 현실도피적 내세신앙이 정착되는 계기를 제공했으며, 다른 한편 3 · 1운동을 체험한 기독교 지식인들이 적극적인 항일투쟁보다는 민족계몽운동을 통해 민족의식을 고취하고 독립역량을 향상시키려고 했다. 토착화 운동 입장에서 보면 이와 같은 교회의 보수 또는 진보의 분열은 그 역사적 상황 하에서 만들어진 것이다. 다시 말해 기독교 신앙운동은 3 · 1운동 직후 허무주의적 패배주의적 사회 분위기를 극복하고 또한 기독교 정신을 통해 민족과 나라를 계몽, 개조하려는 노력을 나타내었다.

3) 신사참배 문제

일제는 만주사변(1931), 중일전쟁(1937), 그리고 대동아전쟁(1941–1945) 등을 거치면서 더욱 한국민의 일본화를 강요하면서 전쟁 협력과 황실에의 충성 그리고 그런 충성을 시험하기 위해 신사참배를 한국민에게 강요했다. 신사는 일본의 옛 천황이나 무사들의 영을 섬기는 것으로서, 종교적 차원에 일본 군국주의의 정신을 혼성하여 일본국민의 충성을 통일하는 방법으로 세워진 것이었다.

신사참배 강요는 처음 기독교 학교를 중점적으로 괴롭혀 그 불이행 시 폐교

6 1907년 안창호(安昌浩)와 전덕기(全德基)는 신민회(新民會)를 조직했는데 당시 대부분이 기독교인들로 구성되었다. 또한 전덕기 목사가 담임하는 상동(尙洞)교회는 민족해방운동의 요람 역할을 담당했다. 이 때문에 일본은 교회와 교인을 모두 정치성을 띤 종교단체로 간주했다. 김영재, 『한국교회사』(서울: 이레서원, 2004), 167–8.

의 위협까지 몰고 갔다. 일제가 이렇게 강경책을 쓴 이유는 한국교회와 선교사 간의 분열, 이간을 책동하고 기독교 학교에 대한 선교사들의 영향력을 배제시킴으로써 이를 식민지 교육체제에 완전히 편입시키려 한 것이었다. 평양 숭실전문학교를 포함해 장로교 학교가 신사참배를 거부해 결국 폐교조치 되었다. 황민화 운동이 더욱 고조되면서 신사참배는 교육계를 넘어 그 강요의 마수를 교회로 향했다. 천주교와 감리교는 신사참배를 교단적으로 이미 인정한 상황이었다. 장로교 총회는 결국 1938년 협박과 강제 속에서 이 신사참배 안을 가결시켰다.

일부 한국교회는 이 문제에 대해 신앙적 양심과 민족적 양심을 갖고 저항하기 시작했다. 신사참배는 우상숭배로 신앙 양심에 위배됨으로 절대로 응할 수 없다는 것이며 또한 민족 교육과 민족 교회로 거듭나야 할 한국 기독교 학교와 교회가 어떻게 신사참배를 할 수 있느냐는 것이다. 결국 이런 저항은 위에서 언급한 학교의 폐교뿐만 아니라 주기철을 비롯한 50여명의 교역자가 순교를 당했으며, 백여 개의 교회가 문을 닫아야 했고 2천여 신도가 투옥되었다. 선교사들도 한국교회를 지키려 했지만 대동아전쟁의 발발과 함께 1942년6월까지는 전부 추방되었다.

신사참배 문제는 한국교회에 엄청난 소용돌이를 일으켰다. 대부분의 교회와 학교가 이에 굴복해 한국교회의 변질을 급속히 진행시켰다. 그러나 신자들까지 모두가 이에 굴복한 것은 아니었다. 일부 기독교인들은 반일적 행동에 참여했으며 신사참배 거부운동을 전개했다. 이로써 신앙의 지조를 지켜나가려 했다. 신사참배 문제에 대해 한국교회는 일치된 의견을 내놓지 못했다. 일제의 강요와 탄압이 극심해 이에 굴복하여 더욱 민족과 교회의 변질을 가속시켰다. 반면 이런 강요와 탄압에도 불구하고 민족 정신과 순수 신앙을 지키기 위해 저항한 기독교가 있다. 이 소용돌이 속에서 한국교회의 변질과 분열을 막아낼 수 있는 방법이 무엇인지 다시 한 번 고민하게 된다. 이 문제는 과거만의 문제가 아니라 물질숭배를 추구하는 오늘날의 문제이기도 하다.

5. 결론

한국교회는 초기 한국전래부터 한국사회와 문화에 긍정적인 영향을 미쳤으며 근대화 과정에 큰 영향을 미쳤다. 의료, 교육, 문서, 청년, 여성 등 각계 영역에서 민족 계몽에 힘썼으며 이로써 일제수탈로 주권마저 빼앗긴 백성에게 희망을 주는 민족종교로 나아갈 수 있는 기틀을 형성했다. 1907년 대부흥운동을 통해 한국교회는 성장의 동력을 얻었다. 이 성장은 피선교지에서 선교국가로 나아가는 역량을 키워내기도 했다. 그러나 대부흥운동은 일제강점이 본격화되면서 한국교회의 비정치화를 조장시켰고 이로써 한국교회가 민족문제를 등한시한다는 평가를 받기도 했다. 결국 한국교회는 진보와 보수라는 교회의 분열, 신학 분열의 길로 나아갔다.

일제통치는 한국교회에 많은 고통을 가져왔다. 105인 사건을 통해 일제는 조직적으로 한국교회를 탄압했으며 이런 고난을 통해 한국교회는 다소간 비정치화 노선을 걸었던 선교사와 민족진영 간의 불신과 괴리를 회복할 수 있었다. 3·1운동을 통해 한국교회는 외래종교가 아니라 민족종교로 거듭날 수 있는 시간이었다. 그러나 일제강점이 장기화되면서 교회 안으로 모였던 민족독립의 열기는 차츰 식어졌으며 한국교회는 현실도피적인 내세신앙으로 또는 적극적인 투쟁보다 민족계몽의 길로 갈라지게 되었다. 이런 상황 속에서 신사참배 강요는 한국교회가 더욱 분열할 수 밖에 없는 길로 나아가게 만들었다. 언제 끝날지 모르는 일제강점 하에서 한국교회는 신앙의 순수성을 지켜내느냐 아니면 변질되느냐는 중요한 문제에 부딪히게 되었다. 이런 분열은 이후 신학적 갈등과 교회의 분열을 더욱 촉진시켰다. 특히 분단국가 상황에서 한국교회는 민족문제를 해결하지 못하고 사분오열하며 일치된 기독교의 역량을 사회에 보여주지 못했다.

Ⅳ. 질문과 대답

1. 개신교 이전의 천주교 한국전래는 어떤 특징이 있나요?

한국천주교의 전래는 선교사에 의한 것이 아니라 한국인들이 주도적으로 수용한 특징을 갖습니다. 주로 부경사(중국에 간 사신단)로 중국에 간 지식인들이 한역서학서인 〈천주실의〉와 〈교우론〉 등을 조선에 가지고 들어와 주체적으로 강독모임을 진행하며 서학과 천주교를 접했습니다. 당시 지식인들이 중화사상을 극복하고 서방 과학에 눈을 뜰 수 있는 기회였습니다. 특히 천주교의 보유론(補儒論:유교를 보완한다)적 관점을 지지해 그 주체적 수용의 관점을 확립했습니다. 그러나 1791년 진산사건을 통해 천주교는 조선사회의 거센 비판에 부딪혔습니다. 조상의 위폐를 패하는 제사 금지령은 조선사회 반상의 질서를 파괴하는 것으로 많은 천주교 신자들이 박해를 받았습니다. 이 때문에 문화적, 학문적 입장의 보유론적 신앙이 쇠퇴하고 중인과 서민을 중심으로 하는 내세의 복락과 영생을 추구하는 신앙이 증가했습니다.

2. 개신교 선교초기 한국의 종교에 대한 이해는 어떠했나요?

선교사들의 눈에 한국은 다종교 또는 무종교 상황으로 비춰졌습니다. 한국은 샤머니즘, 유교와 불교가 공존하는 종교상태였지만, 서방종교의 기준에 의하면 한국은 아예 종교가 없거나 있다 하더라도 퇴락해서 한국인의 마음을 붙잡지 못한다고 인식했습니다. 샤머니즘은 한국인의 오랜 종교행위이며 인구 4분의 3이 이것에 사로잡힐 정도로 한국인에게 큰 영향을 미칩니다. 특히 이것은 정령숭배의 특징이 있어 한국인의 신 관념이 다신론으로 흐를 수 있는 경향을 만들었습니다. 이 때문에 선교사들은 선교의 가장 심한 적으로 간주할 정도였습니다. 또한 선교사들은 조상숭배와 관계된 유교에도 관심을 가졌는데, 유교에 남아있는 유일한 종교적 요소로 인식했습니다. 그러나 이런 인식에는 반대의견도 있었다. 종교라기보다 효도에 기초한 하나의 윤리체계로 인식하려는 모습도 있었습니다. 선교사들은 한국의 종교상황을 마치 진공상태로 인식했습니다. 그러나 이런 인식들은 한국 종교와 문화에 대해 이해하면서 바뀌기 시작했습니다. 점차 한국인들 심성 속에 있는 고유한 종교적 정서를 이해하기 시작했습니다. 그리고 기독교가 이런 이해 위에 어떻게 기독교를 뿌리내릴지 그리고 사회적으로 한국인들에게 어떤 민족적인 자각을 불러 일으켜야 할지 모색하게 되었습니다.

Ⅴ. 토론주제 및 참고자료

1. 토론주제

1) 개신교가 한국에 전래될 때 의료, 교육, 문서, 청년, 여성 등 각계방면에서 긍정적인 작용을 일으키며 한국사회의 근대화 과정에 큰 영향을 미쳤다. 이런 한국교회의 성과가 오늘날에는 어떻게 반영되면 좋을지 함께 생각해 보자.
2) 1907년 대부흥운동은 한국교회 성장의 원동력이 되었을 뿐만 아니라 한국교회의 비정치화를 가져오는 원인이 되기도 했다. 이런 경험을 통해 오늘날 한국교회가 사회적 환경에서 어떤 길로 나아가는 것이 좋을지 함께 생각해 보자.

2. 참고자료

백낙준, 『한국개신교사』, 서울: 연세대출판부, 1973.
민경배, 『한국기독교회사』, 서울: 대한기독교출판사, 1982.
한국기독교역사연구소, 『한국기독교의 역사 I 』, 서울: 기독교문사, 2008.
이덕주, 『한국 토착교회 형성사 연구』, 서울: 한국기독교역사연구소, 2000.
주재용, 『한국 그리스도교 사상사』, 서울: 대한기독교서회, 1998.
김영재, 『한국교회사』, 서울: 이레서원, 2004.

숭실대학교 역사

– 평양과 서울을 잇는 기독교 민족대학 숭실[1]

Ⅰ. 문제제기

조선에서의 근대교육은 흔히 서울의 '배재학당'과 '경신학당'의 교육과 평양의 '숭실학당'의 교육이 비교 연구되어져 왔다. 1885년 조선에 들어온 언더우드와 아펜젤러는 복음전도의 자유가 허락되지 않았지만, 그해 곧바로 서울에서 교육사역을 시작하였다. 아펜젤러는 11월에 고종황제로부터 학교설립 인가를 얻어 근대교육의 효시인 '배재학당'을 시작하였고, 언더우드는 이듬해 5월 고아원 형태의 '경신학당'을 시작하였다. 평양에서는 청일전쟁이 끝나고, 1897년 10월에서야 베어드가 '평양학당'을 시작하였다. 이후 베어드의 평양학당은 1901년 '숭실학당', 1906년에는 '숭실대학'으로 발전하여 한국 최초의 근대대학이 되었다. 이 두 지역은 식민지 조선의 교회를 관통하고, 기독교 교육을 규정짓는 중심축이었다.

그런데, 이 두 지역 가운데 서울의 교육기관들은 조선총독부와 친화적 관계를 맺으며 학교를 존속시켰다. 반면, 평양의 교육기관은 일제의 신사참배에 저항하며 학교를 자진 폐교하는 아픔을 겪어야 했다. 이러한 차이는 학교의 교육이념으로 부터 비롯되었다. 서울은 사회지도자 육성을 목표로 한 '기독교사회교육론'으로 인해 세속적이며 현실 타협적이 되었고, 그에 반해 평양은 교회지

---

1 이 글은 필자가 본인의 저서『세계교회사 전통에 비추어 본 한국기독교사』(서울:북코리아, 2011)와 숭실대학교 100년사 편찬위원회의『숭실대학교 100년사』(서울:숭실대학교출판부, 2007), 그리고 숭실대학교 한국기독교문화연구원의 불휘 총서 1『윌리엄 베어드』(서울:숭실대학교출판부, 2016)를 기초로 2017학년도 2학기 〈숭실시보〉에 연재한 글을 그대로 옮기었음을 밝힌다.

도자 육성을 목표로 한 '토착적 기독교교육론'으로 인해 복음주의적이며 정치권력에 저항적이었다. 이러한 신학적, 기독교 교육학적 관점의 차이는 1930년대 일제가 태평양 전쟁을 일으키며 신사참배를 강요하였을 때, 평양은 저항, 서울은 타협이라는 구도로 나타나게 된다. 그러므로 이번 장에서는 숭실 설립자 윌리엄 베어드의 생애와 그의 교육이념, 그리고 평양과 서울 숭실의 역사를 종합적으로 살펴보자.

Ⅱ. 개념설명

1. 숭실의 설립자, 윌리엄 베어드(William Baird)

윌리엄 베어드는 1891년 내한하여 1931년 세상을 떠날 때까지 40년간 한국선교를 위해 헌신하였다. 그의 사역은 크게 세 시기로 나눌 수 있다. 첫째(1891-1896)는 부산과 대구에 선교지부를 설립하고, 한반도 남쪽의 선교를 담당한 시기이다. 둘째(1897-1915)는 조선선교부의 교육정책인 "우리의 교육정책"을 입안하고, 평양에 숭실학당(1897)과 숭실대학(1906)을 세운 시기이다. 이 시기 그는 숭실에서 '토착적 기독교교육론'에 입각한 교회와 사회 지도자 양성에 심혈을 기울였다. 셋째(1916-1931)는 1916년 '대학문제'로 숭실 교장 직에서 물러난 후, 1931년 사망할 때까지이다. 그는 이시기 주일학교 공과교재 번역 및 출판, 성경번역, 기독교 문서번역 등 문서선교사역에 전념하였다.

베어드는 한국선교초기 복음전도, 기독교교육, 문서선교에 있어서 탁월한 개척자였다. 특히 기독교교육 분야에서는 그만큼 탁월한 업적과 지대한 공헌을 한 선교사도 드물었다. 그러기에 미국 선교본부 총무 엘린우드는 베어드를 "언더우드와 마포삼열에 비견할 만한 인물"로 평가하였다.

2. 토착적 기독교교육론

한국선교회는 1897년 8월 연례모임에서 선교본부의 총무 스피어(Robert E. Speer) 박사가 참석한 가운데 이 문제를 논의하였고, 베어드가 입안한 〈우리의 교육정책〉(Our Educational Policy)이 채택하였다. 그는 〈우리의 교육정책〉에서 "미션스쿨의 설립 목적을 토착교회의 발전과 그 지도자를 육성하고 훈련시키기 위해 세워진 것"으로 정의하였다. 요컨대 이것은 네비우스 선교방법의 교육방면에 대한 적용으로 소위 '토착적 기독교교육론'이었다. 이 교육정책은 교육기관을 선교현장의 여왕의 자리에서 교회의 시녀로 끌어내렸기 때문에 혁명적이었으며, 그동안 표류해온 선교회의 교육정책의 확고한 방안이었다. 더 나아가 베어드는 미션스쿨의 설립의 목적은 학생들에게 철저히 복음주의적인 기독교 세계관과 가치관을 심어주는 것이라고 말하였다.

Ⅲ. 주제강의

1. 숭실학당의 설립: 중등교육반의 탄생

청일전쟁 후 평양지역에 초등학교 졸업생과 교회 수가 증가하자, 교회를 이끌어갈 지도자를 공급할 중등교육이 절실히 필요하였다. 조선선교회는 부산에서 교육경험을 있는 베어드를 조선선교회의 교육고문으로 임명하고, 1897년 평양에 파송하여 중등교육반을 시작하도록 하였다. 그러나 아무런 시설도 없고, 준비도 없었으므로 베어드는 우선 1897년 10월 초 그의 사랑방에서 중등교육반을 시작하였다. 이것이 '사랑방 학급'으로 불리는 숭실학당의 출발이었다.

1년이 지나면서 베어드는 중등교육의 제도화를 위해 1898년 가을 학기에 학생모집을 공고하였고, 약 60여명의 지원자 가운데 학력, 건강상태, 경제상황 등을 고려하여 13명을 선발했다. 교과목은 성서, 지리, 산수, 역사 등을 가르쳤는데, 주요 교과목은 성서였으며, 약 60여권의 중국과 조선의 각종 서적들을 비치한 도서관도 설치하였다. 베어드의 교육정책이 교회성장과 불가분의 관계에 있었기 때문에, 평양에서의 기독교인 수의 증가와 비례하여 숭실학당의 학생 수 또한 늘어났다. 학생과 학급 수가 증가하자, 베어드는 선교부지원금 700원과 스왈렌 선교사의 기부금 1,800원으로 1901년 4월 11일 신양리 39번지의 학교

부지에 7개의 큰 교실을 둔 첫 교사를 건립하였다.

교사가 완공된 후, 베어드는 자신의 교육철학을 반영하여 숭실학당의 교육언어를 조선어로 정하고, 부인과 함께 미국의 중등교육 교과서를 조선의 실상에 맞게 번역, 편찬하여 출판하였다. 베어드는 또한 숭실학당 내에 학생자조부를 설치 운영하였는데, 이는 선교부가 모든 교육비를 지출하는 예수교학당의 운영의 실패를 거울삼아, 학생의 반 정도는 등록금을 스스로 지불하면서 재학하고, 나머지 반 정도는 학생자조부를 통하여 스스로 노동하여 그 수입으로 등록해 공부하도록 하였다. 이처럼 베어드는 숭실학당의 초기 단계부터 명확한 교육이념과 확고한 방법론으로 중등교육의 확립을 위해 온 힘을 다하였다.

2. 숭실대학의 설립: 국내 고등교육의 효시

19세기말 뉴욕과 에딘버러에서 에큐메니칼 선교대회가 개최되었다. 이 선교대회는 피선교지에서 교파간 연합사업의 추진을 장려하였다. 한국에서도 선교사들 사이에 교파간 연합사업안이 공론화 되었고, 베어드는 1905년 6월 북감리교선교회 총회에 참석하여 한국 내 고등교육에 있어서 장로교와 감리교의 협동 방안을 제의하였다. 감리교가 이 제안을 받아들여 1906년 '숭실학당' 내에 '대학부'가 설치되었다. 이로써 국내최초의 근대대학, 고등교육의 효시인 '숭실대학'이 탄생하였다.

'숭실대학'이 출범하자, 장로교는 교수진으로 교장인 베어드 부부와 맥큔, 모우리, 맥머트리 등을 임명하였고, 감리교는 베커와 빌링스, 루퍼스 등 세 사람을 지원하였다. 장 · 감 선교회의 연합으로 학생 수가 급속히 증가하자, 교사 증축의 필요성이 대두되었다. 베어드는 평양 교인들과 주민들로부터 6,000원과 미국 제일감리교회로부터 2,500달러를 기부 받아 과학관을 건립하였다. 1912년에는 선교회의 기부금 7,000달러와 미국교회의 도움으로 3층 양옥의 대학본관 건물을 준공하였다. 이 밖에도 기상대, 박물관, 체육관, 기숙사, 기계창, 교수사택 등을 설치하여 당대 최고의 캠퍼스가 되었다.

한편, 베어드는 숭실대학의 수업연한을 4년으로 정하고, 초기 교과목으로 성서, 수학, 물리학, 자연과학, 역사학, 인문과학, 어학(영어), 변론, 음악 등을 가르쳤다. 1912년에는 물리, 생물, 화학, 농학, 임학, 지질학, 광물학 등 자연과학과 경제학, 경제사, 사회학, 민법 등 사회과학분야의 과목들을 개설하여 명실상부한 대학의 교과과정을 마련하였다. 이 같은 '숭실대학'의 설립은 에큐메니칼 운동에 근거한 교회연합사업의 이상적인 모델이었으며, 대학의 시설과 교과과정은 조선선교회 교육시스템의 최정점에 위치하고 있었다. 베어드는 10년이라는 짧은 기간에 초등학교로부터 대학부까지 일관한 기독교학교체제를 관서지방에 건립한 것이었다.

3. 대학문제의 발생: 숭실대학과 연희대학

에큐메니칼 흐름에 의해 '조선에 하나의 연합대학' 구상이 떠 오른 것이 1912년이었다. 하지만 그 설치 장소에 대해 평양이 좋은지 서울이 좋은지 여부가 초점이 되어 조선의 각 선교부에서 대 논쟁이 일어났다. 이른바 '대학문제'였다. 이 문제의 발단은 1912년 3월 감리교 선교부의 결의였다. '전 한국에 하나의 대학을 설립하여 운영하되 그 대학의 위치는 서울로 한다'는 이 결의는 평양 숭실대학의 폐교를 의미하는 것으로 선교부를 대표하는 교육위원회에 상정되었다. 교육위원회가 각 선교부의 의견을 조사하자, 북장로교, 남장로교, 호주장로교 선교부는 모두 평양 숭실대학을 폐교하고 서울에 다른 대학을 설립하려는 감리교의 주장을 극력 반대하였다. 그러나 감리교 측이 주장을 철회하지 않자, 교육위원회는 이 문제를 표결에 부쳤다. 표결결과 교육위원회는 대학위치로 평양을 지지하였고, 선교사들도 평양 63표 서울 37표로 평양을 지지하였다. 교육위원회는 그 결과를 미국의 합동위원회에 보고하고 이 문제의 결정을 위임하였다.

교육위원회로부터 위임을 받은 미국의 합동위원회는 이 문제를 검토하였다. 그러나 합동위원회는 대학의 위치로 서울을 정하였고, 미국 선교본부도 이를 승인했다. 한국선교부는 즉각 이를 거부하였고 길고도 격렬한 항의를 지속하였다. 1915년이 되면서 한국선교부는 대학문제의 최종해결책으로 미국 장로회 총회에 호소하였다. 총회는 이 문제에 대한 보고를 받고 또 많은 서신들을 검토한 후 평양 숭실대학의 존치와 서울에 새로운 대학의 설립을 허락하였다. 그리하여 감리교는 1914년 평양 숭실의 경영에서 탈퇴하고 1916년 서울에서 장로교 선교사 언더우드와 조선 기독교대학, 곧 연희대학을 발족시켰다.

대학문제의 후유증으로 베어드는 1916년 3월 31일 숭실대학 교장직을 사임하였고, 안타깝게도 언더우드는 암이 발병하여 1916년 미국에서 서거하였다. 이 대학문제는 대학의 설치 장소뿐아니라 교육이념과 성격에 관한 문제였다. 선교사들 사이에는 '평양이 복음적'이고 '서울은 세속적인 교육'을 중시한다는 이해가 있었다. 곧 숭실대학의 '토착적 기독교교육론'과 연희대학의 '기독교사회교육론'의 대립이었다.

4. 숭실전문학교 체제로 개편

1919년 3.1운동을 경험한 조선총독부는 사이토 마코토 총독의 교육방침에 따라 1921년 1월 임시교육조사위원회를 개최하여 일본 본토의 교육제도에 준거한 학제의 개혁을 심의케 했고, 1922년에는 교육령을 전면 개정하여 제 2차 〈조선교육령〉을 공포하였다. 그런데 일제는 1922년 〈조선교육령〉을 개정하면서 조선에 있는 전문학교나 대학도 일본의 '전문학교령'과 '대학령'을 따르도록 하였다. 이에 따라 숭실대학은 1925년 전문학교로의 개편을 강요당하였고, 기존의 문과와 이과 중 문과만 인가를 받아 숭실전문학교로 개편되었다. 비록 전문학교로 격하 개편되었지만 교육 내용은 더욱더 충실해졌다. 1934년 당시의 교과목은 성경, 수신, 국어, 국문학, 조선어, 문학개론, 영어, 영문해석, 동양사, 서양사, 논리학, 심리학, 윤리학, 동양철학, 철학사, 사회학, 교육심리학, 교수법, 경제원론, 법학통론, 정치학, 생물학, 천문학, 영국문학사, 미국문학사, 음악 체조 등 어학과 인문과학, 사회과학, 그리고 예체능에 이르기까지 다양한 교과목을 교수하였다.

한편, 1928년 교장을 취임한 윤산온은 기존에 교육해오던 이과의 전문부 인가와 농과의 신설을 위해 다양한 계획을 가지고 전문교육 수준의 제고에 노력하였다. 그는 이과의 인가를 위해 대강당과 기숙사를 신축하였고, 본관의 증축을 실시하였으며, 물리와 화학 실험실을 보강하였다. 또한 농과의 신설을 위해 교수진을 대폭강화하고, 농업실습관을 건축하여 양돈, 양잠, 과수 실습장을 확보하였다. 이러한 노력의 결과 1931년 3월 조선총독부로부터 농과의 정식인가를 받아 수원고등농림학교(서울농대 전신)와 어깨를 겨루는 농과 고등교육기관이 되었다. 윤산온은 농과설치 이외에도 기존의 기계창 안에 있는 목공과 철공 양부를 확장하여 공과를 설치하고자 하였으며, 여자 가정과를 설치하여 장차 명실상부한 종합대학의 면모를 갖추어 나가고자 하였다. 하지만 1930년대 중반 이후 일제의 신사참배 강요로 인하여 숭실전문학교는 학교를 자진 폐교하였고, 공과대학의 꿈은 서울 숭실에서 이루게 되었다. 이처럼 숭실전문학교는 1920-30년대 국내의 최고의 교육시설과 교수진을 갖추고 근대교육을 실시하였다.

5. 신사참배 거부와 숭실의 폐교

일제는 1931년 만주사변을 일으켜 대륙침략을 시작하면서 이를 뒷받침할 사상 통일을 이루기 위해 신사참배를 강요하기 시작하였다. 그리하여 평양에서는 1932년 9월 처음으로 '만주사변 1주년 기념 전몰자 위령제'를 개최하고 기독교계 학교도 참석하도록 하였다. 그러나 숭실전문학교를 위시한 10여개의 기독교학교는 신사참배는 종교적 의식으로 이해하고 행사참여를 거부하였고, 일제는 기독교학교에 대해 감시를 시작하였다.

일제가 신사참배 거부를 이유로 직접적 제제를 가한 것은 '평양 기독교계 사립학교장 신사참배거부사건'이었다. 1935년 11월 평남 도청에서 개최된 공·사립 중등학교 교장회의에서 도지사가 평양신사에 참배할 것을 요구하자, 숭실전문 교장 맥큔은 교리와 양심상 이에 응할 수 없다고 거부하였다. 이를 계기로 평남지사 야스다케는 금후 신사참배 불응 시에는 단호한 조치가 있을 것임을 경고하였다. 일제의 강경한 태도에 평양선교사회는 12월 교장 윤산온의 집에 모여 신사참배문제를 토의하여 종교적 이유를 들어 거부키로 결정하고 이를 도 당국에 전달하였다. 이에 평남지사는 윤산온과 마포삼열을 도청으로 조치하여 신사참배를 재차 강요하였고, 불응 시 교장의 사표 제출과 학교를 폐쇄하겠다고 협박하였다. 일제의 강압에도 불구하고 윤산온과 마포삼열은 평양선교사회를 소집하여 신사참배 문제를 재차 토의에 붙이고, 평양신학교 교수 박형룡과 산정현 교회 주기철 목사의 의견을 물은 후 신사참배 거부를 다시금 천명하였다. 이에 총독부는 1936년 1월 20일 윤산온의 숭실전문 교장직을 취소하였다.

북장로회 선교회는 한때 교회지도자들 사이에 역사 깊은 학교의 폐교는 삼가야 한다는 여론이 있어 숭실전문 교장에 모의리 선교사를 선임하고, 학교의 존속을 꾀하기도 하였다. 그러나 날이 갈수록 일제의 신사참배 강요가 노골화 되고, 남장로회가 신사참배는 종교행위라는 것을 엄격히 규명하고 폐교를 불사한다는 '풀톤성명'을 발표하자, 북장로회 선교회는 1937년 10월 29일 40년간 이어져 온 근대고등교육의 효시 숭실중학과 숭실전문의 자진 폐교를 결정하고 총독부에 폐교원을 제출하였다. 그리하여 1987년 창설된 숭실학당에서 발전한 숭실전문은 숭실중학, 숭의여학교와 함께 1938년 3월 자진폐교하였다.

6. 숭실대학의 재건: 서울 상도동 캠퍼스 시대의 개막

1945년 해방이 되자, 숭실동문들은 숭실대학 재건을 위해 기성회를 조직하였다. 그러나 북한에 소련군이 진주하고 김일성의 공산정권이 수립되자, 동문들은 숭실재건의 꿈을 접고 탄압을 피해 월남하지 않을 수 없었다. 월남한 동문들은 서울에서도 숭실대학의 재건을 꾀하였으나 1950년 한국전쟁이 발발하자 또 다시 꿈을 접게 되었다.

1953년 7월 한국전쟁이 끝나자, 그해 12월 17일 동문들은 영락교회에서 모임을 갖고 '제1회 숭실대학 재건 기성회'를 개최하여 숭실재건을 위한 재단을 구성하기로 하였다. 30일에는 '숭실대학 재건을 위한 재단이사회'를 조직하고, 이사장에 배민수, 학장에 한경직을 선임한 후 정부에 '재단법인 숭실대학'의 인가를 신청하였다. 숭실대학의 설립청원서가 제출되자, 정부의 중앙교육위원회는 1954년 4월 12일 숭실대학 설립청원서를 통과시키고, 15일에 문교부가 문학부(영문학과, 철학과, 사학과)와 법경학부(법학과 경제학과)로 이루어진 숭실대학 설립(정원 200명)을 인가하였다. 대학설립이 인가되자, 대학당국은 1954년 4

월 16일 '재단법인 숭실대학' 이사회를 개최하여 영락교회 교육관을 임시교사로 정하고, 이사회 등 학교 기구를 설치하였다. 그리고 자진폐교 한지 16년이 지난 1954년 5월 10일 '숭실재건 1회 개교식과 입학식'을 거행하여 서울에서 다시 대학교육을 실시하게 되었다.

그러나 서울 숭실대학은 아직 대학 부지도 교사도 없었다. 재단이사회는 교사 건축을 위한 기금조성위원을 선정하고 부지조성과 기금확보를 위해 노력을 경주하였다. 그 결과 1955년 4월 서울시로부터 상도동 1번지의 부지 3만 3,477평을 불하받았고, 이듬해 9월 8일 이 부지 위에 석조 2층 1,037평의 신축교사를 착공하였다. 신축교사 착공 후 1년이 지난 1957년 6월 마침내 석조본관을 비롯하여 기숙사 대운동장 조성공사를 마무리하고 입주함으로써 상도동 캠퍼스 시대의 막을 열었다. 초창기 상도동 캠퍼스는 교육환경이나 주변교통상황이 미비하였지만, 교육규모가 점차 확대되어가면서 대학으로서의 면모를 갖추어 가기 시작하였다.

7. 종합대학교 승격과 교명 환원: 숭전대학교와 숭실대학교

숭실대학 재건 된 후 1967년 제 3대 학장에 취임한 김형남은 공과대학 설립과 종합대학교로의 승격을 통해 숭실 중흥의 전기를 마련하였다. 그는 학장에 취임한 후 1968년 화학공학과와 섬유공학과, 1969년 전자공학과, 기계공학과를 신설하여 평양숭실대학의 숙원사업이었던 공학교육을 시작하였다. 이를 위해 제 1.2 공학관, 웨스트민스터 채플과 도서관 등 교육시설을 건립하여 대대적인 시설개선을 이루었고, 1967년에는 김양선 교수의 기증으로 대학부설 '한국기독교박물관'을 건립하기도 하였다.

한편, 1971년이 되면서 대학당국은 단과대학인 숭실대학을 명실상부한 종합대학으로 발전시키기 위해 '대전대학'과의 통합을 논의하였다. 그 결과 1971년 12월 문교부로부터 종합대학 인가를 받아 '숭전대학교'로 개명하였다. '숭전대학교'로의 개편으로 서울과 대전 두 캠퍼스에 대학원과 총 5개 단과대학(서울 3개, 대전 2개), 21개 학과의 종합대학으로 도약하였고, 인문교육의 강화, 과학

기술교육의 선도, 사회봉사활동의 강조 등으로 본교의 교육이념을 실천해 나갔다. 그러나 문교부의 지방소재대학 육성책에 의해 발전한 대전캠퍼스는 통합된지 12년만인 1982년 '한남대학교'로 분리 독립하였다. 분립 후 서울 숭전대학교는 6개 단과대학과 2부 대학에 34개 학과를 갖추고 새롭게 출발하였다. 대학원 석, 박사과정과 중소기업대학원, 산업대학원 등의 특수대학원을 설립하였고, 중앙도서관 신축과 전자계산원 증축을 통해 교육환경을 대폭 개선하였다.

1986년이 되면서 숭실의 역사적 전통과 정신을 되찾기 위해 교명환원운동이 일어나 11월에 교명을 다시 '숭실대학교'로 환원하였다. 이 때 정관도 변경되어 '학교법인 숭실재단'으로 바뀌었다. 교명환원을 계기로 정체성을 회복한 숭실은 시대적 요청에 부흥하여 대학구조를 대폭 개편하면서 질적, 양적으로 성장해 나갔다. 우수교원을 확충하여 연구의 내실을 다지는 한편, 학원의 팽창에 맞추어 교육시설을 정비하여 현대화하고 학생복지 공간을 확충해 나갔다. 특히 2000년대에 들어서면서 통일시대와 4차 산업혁명시대의 교육수요에 맞추어 형남공학관, 조만식기념관, 학생회관, 창의관 등을 신축하여 교육환경의 질적 변화를 이루었고, 기독교적 창의인재양성을 위해 숭실공동체 구성원 모두가 매진하고 있다.

Ⅳ. 질문과 대답

윌리엄 베어드 선교사의 선교활동과 기독교 교육이 조선의 근대교육과 숭실에 끼친 영향은 무엇인가요?

1. 한국근대교육사에 있어서 최초로 초등학교부터 대학교 까지를 총망라한 광범위한 교육시스템의 창출이었습니다.
2. 베어드는 평양 숭실에서 반식민지적 민족교육을 실시하였습니다. 특히 조선어를 중심한 토착적 교육체제와 숭실이라는 교육공간은 식민 지배를 받던 조선인들에게 조선총독부의 정책에 저항하는 하나의 대안으로

비쳐졌으며, 다수의 민족지도자들을 배출할 수 있었던 것이입니다.

3. 베어드의 토착적 교육론은 숭실이 한국기독교계에 한경직, 박형룡, 배민수, 손정도 같은 다수의 기독교지도자를 배출케 하였습니다.

Ⅴ. 토론주제 및 참고자료

1. 토론주제

1) 숭실대학교의 설립자 윌리엄 베어드의 교육사상인 토착적 기독교교육론은 무엇일까요?
2) 대학문제의 발생의 원인과 그 결과에 대해 토론해 보십시요!
3) 숭실대학교의 자진폐교의 원인이 무엇인지 토론해 보십시요!
4) 서울 숭실대학교의 재건의 의미에 대해 토론해 보십시요!

2. 참고문헌

김명배, 『세계교회사 전통에 비추어 본 한국기독교사』, 서울: 북코리아, 2011.

박정신, 『숭실과 기독교』, 서울: 숭실대학교출판부, 2013.

숭실대학교 100년사편찬위원회, 『숭실기독교 100년사』, 서울: 숭실대학교출판부, 2007.

리처드 베어드, 숭실대학교뿌리찾기위원회 역주 『윌리엄 베어드』, 서울: 숭실대학교출판부, 2017.

제2부

성서의 이해

성서란 어떤 책인가? 강종권

출애굽 사건과 시내산 언약 강아람

역사서 읽기 박지은

예언서 읽기 오지석

지혜서 읽기 박지은

예수 이야기 박규환

하나님 나라와 교회 이야기 이성조

십자가와 부활 이야기 최재성

바울 이야기 성신형

성서란 어떤 책인가?

– 현대인에게 성서는 어떤 의미가 있는가?

Ⅰ. 문제제기: 왜 성서인가?

세상에는 수많은 책들이 있다. 인류 역사에서 인쇄술이 발달되기 이전부터 사람들은 개인의 이야기나 사연, 그리고 그가 속한 사회의 역사와 종교에 관한 것들을 글을 쓰고 기록으로 남겼다. 그리고 수천 년이 지난 지금 우리는 그렇게 남겨진 기록의 모습인 책들을 통해 그 시대의 사회, 경제, 역사, 문화, 종교에 대하여 이해하고 그것에 터한 또 다른 형태의 글을 쓰고 가르치며 남긴다. 그러므로 인류의 역사는 글의 역사이며 기록의 역사이고 책의 역사라고 해도 문제가 없을 것이다. 기독교의 경전인 성서도 이러한 글과 기록과 책의 과정을 통해 남겨진 확실한 역사의 흔적 이다. 그리고 독자들은 성서에 기록되어진 글들을 통해서 수천 년 전 팔레스타인과 그 인근에 살았던 사람들의 삶의 형태였던 역사와 문화와 종교를 쉽게 접근하고 이해할 수 있다.

이 단원에서는 기독교의 경전인 성서가 어떤 사람들의 손에 의해서 기록되고 어떤 과정을 통해 현대에 사는 우리들에게 책으로 읽혀지게 하였는지, 그리고 이 성서가 오늘 우리들에게 말하려고 하는 것이 무엇인지를 살펴보려고 한다.

Ⅱ. 개념설명

1. '성서'란 어떤 책인가?

성서(Bible)라는 단어는 본래 히브리어 "하 세파림"(הא שפאלים, 히브리어는 오른쪽에서 왼쪽으로 쓴다)이라는 말에서 유래 되었다. 하지만 고대 오리엔트의 항구

도시 비블로스(biblos)에서 종이(파피루스)를 수입했다고 해서 그리스 사람들이 비블리온(biblion)이라고 부르게 되었으며, 그 비블리온의 묶음을 비블리아(biblia)로 불렀는데, 히브리어로 된 구약성서를 그리스어(칠십인역, LXX, Septuazint)로 번역되었을 때 '타 비블리아'(τα βιβλια, the books)로 부르면서 라틴어를 거쳐 영어로 '바이블(Bible)'이 된 것이다. 그래서 성서, 즉 바이블의 원래 의미는 '한 권의 책'이라는 뜻을 가지고 있다. 그러나 이 책이 생명을 주고, 삶의 지혜를 주고, 나아가서 구원을 주는 특별한 책으로 받아들이는 기독교인들에게는 단순한 한 권의 책이 아니라 다른 책과는 구분이 되는 책이라고 하여 '거룩한 책'(Holy Bible), 또는 정관사와 대문자를 붙여 '성서', 또는 '성경'(The Bible)이라고 부르게 되었다.

2. 성서가 지닌 영향력

성서가 지니는 영향력은 매우 크다. 인류 역사 전체를 통틀어 성서만큼 특별한 위치를 차지하고 있는 책은 없기 때문이다. 먼저 성서는 인간의 종교와 정신사에서 가장 큰 영향을 미친 책이다. 그래서 성서는 서양 세계의 정체성을 수립하고 규정하는데 절대적 영향력을 미쳤다. 또한 성서는 개인의 가치를 존중하고 존엄하게 여기는 인간존중사상을 가르친다.

다음으로 성서는 문학작품이다. 성서에는 역사이야기, 서사시, 서정시, 제의시, 격언, 편지, 법조문, 비극, 희극, 전설, 수필 등등의 다양한 문학 장르의 내용이 들어 있다. 이러한 문학적인 요소들은 서구 문학뿐만 아니라 우리나라와 일본 등 아시아의 문학에도 지대한 영향을 끼쳤다. 예를 들어 밀톤(John Milton, 1608–1674)의 『실락원』, 단테(Alighieri Dante, 1265–1321)의 『신곡』, 괴테(Johann Wolfgang Goethe, 1749–1832)의 『파우스트』, 셰익스피어(William Shakespeare, 1564–1616)의 『햄릿』, 도스토예프스키(Fyodor Mikhailovich Dostoevskii, 1821–1881)의 『카라마조프가의 형제』, 톨스토이(Leo Nikolayevich Tolstoy, 1828–1910)의 『부활』, 호손(Nathaniel Hawthorne, 1804–1864)의 『주홍글씨』 등과 김동리(1913–1995)의 『사반의 십자가』, 백도기(1939–)의 『청동의 뱀』, 이문열(1948–)의 『사람의 아들』, 엔도 슈샤

크(遠藤周作, 1923–1996)의 『침묵』, 미우라 아야꼬(三浦綾子, 1922–1999)의 『빙점』 등의 소설과 김현승(1913–1975)의 「이 어둠이 내게 와서」, 윤동주(1917–1945)의 「팔복」, 박두진(1916–1998)의 「인간 밀림」 등의 시들을 들 수 있다.

세 번째로 성서는 많은 사람들의 삶에 영향을 주었고 현재도 주고 있는 책이다. 이들은 성서를 읽음으로 자신의 삶을 새롭게 발견하거나 삶의 방향을 바꾸었다. 예를 들어 어거스틴(Aurelius Augustinus, 354–430)은 "또한 너희가 이 시기를 알거니와 자다가 깰 때가 벌써 되었으니 이는 이제 우리의 구원이 처음 믿은 때보다 가까웠음이라. 밤이 깊고 낮이 가까웠으니, 그러므로 우리가 어둠의 일을 벗고 빛의 갑옷을 입자. 낮에와 같이 단정히 행하고 방탕하거나 술 취하지 말며, 음란 하거나 호색하지 말며, 다투거나 시기하지 말고 오직 주 예수 그리스도로 옷 입고 정욕을 위하여 육신의 일을 도모하지 말라"(로마서 13:11–14)라는 말씀에서 깨달음을 얻어 방탕한 생활을 청산하고 성자(聖者)의 삶을 살았다. 또한 16세기 유럽의 종교개혁을 이끌었던 마르틴 루터(Martin Luther, 1483–1546)도 "복음에는 하나님의 의가 나타나서 믿음으로 믿음에 이르게 하나니 기록된 바 오직 나의 의인은 믿음으로 말미암아 살리라 함과 같으니라"(로마서 1:17)는 성서의 가르침에서 깨달음을 얻고 교회개혁을 부르짖었다. 뿐만 아니라 아브라함 링컨(Abraham Lincoin, 1861–1865)의 노예해방 정신과 안중근(1879–1910), 남강 이승훈(1864–1930), 함석헌(1901–1989) 선생 등의 민족사랑 정신도 성서로부터 영향을 받은 바 크다.

네 번째로 세계 3대 유일신 종교인 유대교, 기독교, 이슬람교는 모두 구약성서에 뿌리를 두고 있다. 다섯 번째로 성서는 지금까지 가장 많은 부수의 책이 출판되고 배포되었을 뿐만 아니라 가장 많은 언어로 번역되었다. 현재 지구상에 존재하는 언어는 약 8,000여개로 추산되고 있는 데 성서는 이 중에 이미 절반 이상의 언어로 번역되었고 지금도 번역이 활발하게 진행되고 있다. 여섯 번째로 과거 2000년 동안 성서만큼 집중적으로 연구되고 독서와 명상의 대상이 된 책은 없다. 성서는 오늘날에도 병상에 있는 사람들과 실의에 빠져 인생을 포기하려는 사람들에게 희망을 주고 있을 뿐만 아니라, 불의와 싸우거나 자유를 억압받는 사람들에게는 저항할 수 있는 힘과 용기를 주고 있다.

물론 성서를 거룩하고 귀하게 여기는 것은 개인적이고 주관적인 선택이다. 각기 신앙의 정도에 따라 어떤 이에게는 '거룩한 책'(The Holy Bible)일 수도, 또 어떤 이에게는 세상의 수많은 책 들 중의 '하나의 책'(a bible)일수도 있다. 중요한 것은 어떤 경우에라도 부인할 수 없는 객관적인 사실은 인류의 영원한 베스트셀러로서 성서는 모든 사람이 일생을 통해 한 번쯤은 탐독해야 할 가치가 있는 최고의 고전이라는 것이다.

Ⅲ. 주제강의

1. 성서의 구조

성서는 40여 명의 사람들에 의해 약 1600여년에 걸쳐 기록한 66권의 책들이 함께 묶여 이루어진 책이다. 구약성서는 기원전 1400년경부터 천년에 걸쳐 기록되었고, 신약성서는 기원후 50년경부터 약 60년에 걸쳐 비교적 짧은 기간 안에 기록되었다. 그런데 성서가 이처럼 오랜 기간 동안 수많은 사람들에 의해 기록되었음에도 불구하고 내용과 주제에 있어서 통일성과 조화를 이루고 있다는 것이다. 이것은 '하나의 약속(testament)의 책'으로서 하나님의 위대한 약속이 성서 전체를 통해 중요한 주제로 흐르고 있기 때문이다.

원래 성서는 구약성서뿐이었다. 예수 그리스도가 세상에 계실 때 사람들은 오늘날 구약성서라고 부르는 부분만을 가지고 있었다. 또한 예수도 구약성서를 하나님의 말씀으로 믿었고 구약성서를 배우고 그 말씀에 따라 살았다. 그래서 예수 당시만 하더라도 '구약'이라는 이름은 없었다. 오늘날 '구약'이라고 지칭하는 이름의 책을 예수는 '율법과 예언'이라 불렀다. 이와 같이 구약의 본래 이름이자 완전한 명칭인 '율법과 예언과 성문서'는 구약성서의 전체구조와 내용을 반영한다.

유대인들은 지금도 구약만을 경전으로 인정하며 그 머리말을 따서 이를 '타낙'(TaNaK)이라고 부른다. 먼저 '토라'(Torah)는 모세오경(Pentateuch)을 말하며 율법(律法, Law)이라고도 부른다. 다음으로 '네빔'(Neviim)은 예언서(預言書,

Prophet)라고 부르며 신명기 역사인 전기예언서와 후기예언서로 나뉜다. 마지막으로 '케투빔'(Kethubim)은 성문서(聖文書, Hagiographa)로서 시가서와 역대기 역사를 포함하고 있다.

그런데 예수 이후 새로운 문서들이 등장했고, 그 말씀들이 지금까지의 약속에 대한 새로운 해석을 주는 약속으로서, 기독교인이 믿고 따라야 할 말씀으로 여겨지자 기독교인들은 새로운 그 약속의 문서들을 새로운 약속, 즉 '신약'(新約, New Testament)이라고 불렀고, 자연스럽게 그때까지 사용되었던 성서인 옛 약속을 '구약'(舊約, Old Testament)이라고 구분해서 부르게 된 것이다.

기독교는 유대교로부터 떠나올 때 다른 것은 다 버리고 나왔지만 창세기로부터 말라기까지의 39권의 성서는 그대로 가지고 나왔다. 처음 교회의 교인들이 예수의 언행록과 사도들의 행적, 그리고 서신들과 계시록을 수집하여 27권 성서를 정경으로 삼을 무렵 지금 신약으로 부르는 새로운 성서의 이름을 무엇으로 부를까 하는 문제에 직면하게 되었다. 하지만 그 문제는 의외로 쉽게 해결되었다. 그들 스스로가 자신들을 새 계명을 받은 새 이스라엘, 새로운 계약 백성으로 이해하고 있었기 때문이다. 그래서 이전에 이미 기록된 성서를 구약성서, 그들 시대에 새롭게 기록된 성서를 신약성서라고 부르게 된 것이다. 이렇게 이름 지어진 구역성서와 신약성서는 일반적으로 아래의 표와 같은 구조로 이루어져 있다.

구약성서의 구조

구 분		성 서
모세오경(5권)		창세기, 출애굽기, 레위기, 민수기, 신명기
전기예언서(6권)		여호수아, 사사기, 사무엘기상, 사무엘기하, 열왕기상, 열왕기하
후기예언서(15권)	대예언서(3권)	이사야서, 예레미야서, 에스겔서
	소예언서(12권)	호세아서, 요엘서, 아모스서, 오바댜서, 요나서, 미가서, 나훔서, 하박국서, 스바냐서, 학개서, 스가랴서, 말라기서
성문서(13권)		역대기상, 역대기하, 시편, 욥기, 잠언, 전도서, 룻기, 아가서, 예레미야 애가, 에스더기, 다니엘서, 에스라기, 느헤미야기

신약성서의 구조

구 분	성 서	
복음서(4권)	마태복음, 마가복음, 누가복음, 요한복음	
역사서(1권)	사도행전	
서신(21권)	바울서신(13권)	로마서, 고린도전서, 고린도후서, 갈라디아서, 에베소서, 빌립보서, 골로새서, 빌레몬서, 데살로니가전서, 데살로니가후서, 디모데전서, 디모데후서, 디도서
	일반서신(8권)	히브리서, 야고보서, 베드로전서, 베드로후서, 요한1서, 요한2서, 요한3서, 유다서
묵시서(1권)	요한계시록	

2. 성서의 저자

성서의 저자는 누구일까? 기독교인들은 이 책을 의심할 여지없이 하나님의 말씀이라고 믿고 있지만 놀랍게도 이 책 가운데 하나님이 직접 쓴 글이나 예수가 직접 기록한 부분은 전혀 없다는 사실이다. 성서는 모두 사람들에 의해 기록되었다. 성서는 철저하게 구체적인 인류 역사 속에서 살아온 사람들을 통해서 기록되었고, 그 당시의 문화와 상상적 제약 속에서 그 당시의 언어로 기록되었다. 다시 말해서 하나님이 사람을 통해 당신의 메시지를 주실 때 사람이 전혀 알 수 없는 하늘의 언어로 기록하게 한 것이 아니라 인간 실존의 한 복판에서 당대의 사람들이 이해할 수 있는 언어로 기록하고 전달하게 하였다.

그렇다면 성서를 기록한 사람들은 어떤 사람들인가? 이들은 자기가 살아가는 현실을 외면한 이상주의자가 아니라 유랑자, 목동, 제사장, 예언자, 왕, 농부, 어부, 세리, 의사 등 현실에 충실한 땅의 사람들이었다. 하지만 그들은 의로운 사람들이어서 자신들의 문제와 자신들이 살았던 시대의 역사, 사회적인 문제를 왜곡됨이 없이 바르게 보고 증언할 수 있는 사람들이었다. 그런데 성서는 “의인은 없나니 하나도 없다”(로마서 3:10)고 했다. 무슨 말일까? 의인이 한 사람도 없다는 데 성서를 기록한 ‘의인’들은 도대체 어떤 사람들일까?

의인의 반대말은 죄인이다. 죄인은 바르게 보지도 못하고 바르게 증언하지도 못한다. 왜 그럴까? 그의 시각과 판단력이 비뚤어져 있기 때문이다. 죄라는 말은 본래 그리스어 '하마르티아'(ἁμαρτία)에서 나온 말로 과녁에서 화살이 빗나간 상태를 의미한다. 그래서 성서는 "모든 사람이 죄를 범하였으매 하나님의 영광에 이르지 못하더니"(로마서 3:21)라고 하였다. 즉 사람은 모두 죄인이어서 결코 하나님의 영광에 미칠 수 없는 처지에 놓여 있는 신세라는 말이다. 이와 같이 의인이 하나도 없고 모든 사람이 분명히 죄인인데 그렇다면 누가 성서의 증언자가 될 수 있을까?

우리 눈의 수정체가 왜곡되어 있어서 근시가 되고 난시가 되듯이 모든 사람의 시각은 비뚤어져 있다. 그런데 바르게 볼 수 없는 어떤 사람들의 눈에 하나님이 제조하신 온전한 안경을 씌워주셔서 그들의 시각을 바르게 하셨다. 즉 본래 인간은 죄악 된 시각을 가지고 있어서 역사를 바르게 보지 못했었지만 하나님의 의롭게 해 주셨다는 말이다. 이처럼 죄인이었던 어떤 사람들이 썼던 하나님께서 제조하신 안경을 신학적으로 '영감'(靈感, inspiration)이라고 부른다. 이와 같은 하나님의 영감이라는 안경을 쓴 성서의 저자들이 자신들에게 주어진 상황 속에서 역사를 기록하고, 시를 짓고, 편지를 쓰고, 예언을 하고, 교훈을 써서 남겼다. 그래서 그들이 본 역사 속에는 이 세상을 살아가는 사람들과 함께 하시는 하나님의 활동이 들어있다. 또한 그들은 하나님이 사람들과 함께 하시면서 사람들의 삶에 관여하고 계시는 것을 본 대로 증언한 것이다. 그리고 그들의 증언을 통해서 하나님의 본질이 나타났고, 하나님의 뜻과 의지와 좋아하고 싫어하시는 것이 무엇인지 드러낸 것이 성서이다. 이런 의미에서 성서는 하나님의 말씀을 담고 있는 책이다. 그래서 성서는 말씀하기를 "모든 성경은 하나님의 감동으로 된 것으로 교훈과 책망과 바르게 함과 의로 교육하기에 유익하니"(디모데후서 3:16)라고 증언하기도 하였다.

이처럼 성서의 저자들은 구체적인 역사의 사건 속에서 하나님을 대면하고 하나님의 뜻을 수행하였다. 그래서 그들은 흔히 "하나님께서 이렇게 말씀하셨다"라는 형식으로 말하였다. 그리고 하나님께서는 역사가운데서 당신의 뜻을 보여주실 때 구체적인 인물들을 택하시고 그들의 삶과 언어를 통해 말씀하게 하셨는데, 성서에 나오는 노아, 아브라함, 모세, 다윗과 같은 인물들과 엘리야, 이사야, 아모스와 같은 예언자들, 그리고 베드로와 요한이나 바울 같은 신약시대의 사도들이 그들이다.

3. 성서의 컨텍스트

성서의 저자들은 제 각기 자신들이 처한 사회 정치적 환경 속에서 하나님을 읽고 하나님을 보여주었다. 구약성서의 아모스와 호세아를 비교해 보면 둘 다 남북분열시대에 북방 이스라엘에서 예언자이고 활동 시기도 기원전 8세기 무렵 비슷한 시기의 예언자였다. 그러나 아모스는 돌 무화과를 가꾸는 농부였고 호세아는 가축을 사육하는 농부였는지, 제사장이었는지, 직업 예언자였는지 분명하지 않지만 아모스는 정의의 예언자로, 호세아는 사랑의 예언자로 불린다. 왜냐하면 아모스에 있어서 하나님은 불의를 그냥 두고 보지 못하시는 분이었던 반면에 호세아에게 있어서 하나님은 자신의 모든 것을 포기하면서까지 아내를 사랑하시는 사랑의 하나님으로 묘사하였다.

하지만 상반되어 보이는 이 두 모습의 하나님을 우리는 의심하지 않는다. 신앙의 눈으로 볼 때 모두 같은 하나님이기 때문이다. 마치 태양빛을 스펙트럼으로 나누어 보면 여러 가지 색깔로 나타나는 것과도 같은 이치이다. 초등학생이 그림을 그렸을 때 태양의 색깔을 어느 색으로 칠했어도 훌륭한 선생님이라면 틀린 그림이라고 말하지 않는 것과 같은 이치이다. 즉 어떤 상황 속에서 바라보든지 하나님은 그에게 구원자가 되시기에 부족함이 전혀 없으시다. 그래서 하나님의 영감에 의해 쓰인 성서는 그 삶의 환경이 바뀐 시대에도 여전히 하나님의 말씀으로 존재한다. 그렇기 때문에 2천 년 전에 쓰인 성서의 텍스트는 오늘날 그 양식은 바뀌었을지라도 내용은 바뀌지 않는다. 그래서 오늘 우리가 그 텍스트를 향해 "하나님, 오늘 제게 주시는 말씀이 무엇입니까?"라는 믿음을 가지고 질문하면 성서는 나의 상황에 맞는 '오늘의 말씀'을 제공해 준다.

일요일이 되면 이곳저곳에 있는 교회에서 다양하게 말씀이 선포된다. 말씀이 선포되는 곳마다 예배시간에 성서를 선정하여 읽을 때 인도자는 “오늘 우리에게 주시는 하나님의 말씀은……”이라고 말한다. 이 말의 의미는 설교자가 하나님을 향하여 “오늘 우리 교회에 주시는 말씀이 무엇입니까?” 질문을 하였고, 하나님은 그 교회의 형편과 환경에 적합한 말씀으로 응답하셨다는 것이다. 그래서 과거에도 그랬고 오늘날에도 그렇듯이 성서가 하나님께서 사람에게 주신 삶의 텍스트(text)라면 사람이 살아가는 삶의 자리는 하나님의 뜻을 발견하고 깨달을 수 있는 컨텍스트(context)이다. 하지만 성서를 이해하는 데 몇 가지 오해해서는 안 될 것이 있다.

첫 번째, 성서는 역사교과서가 아니라는 사실이다. 성서를 인물 중심의 역사를 기록한 것으로만 볼 때 여러 가지 오해와 오류가 생길 수밖에 없다. 성서에 분명히 역사 이야기가 나오지만 성서는 그 역사를 설명하기 위해 쓰인 것이 아니다. 신앙고백일 뿐이다. 인류의 역사를 성서에 나오는 대로 계산하면 6천 년에 불과하다. 창세기 1장부터 11장에 이르는 부분을 역사로 해석한다면 많은 문제가 생길 것은 불을 보듯이 뻔하다. 그러므로 성서는 설명의 기록이 아니라 고백의 기록이다.

두 번째, 성서는 과학 교과서가 아니라는 사실이다. 중세기까지 성서는 지식과 학문의 기준이었다. 그래서 천문학이나 인류학, 지질학까지 모든 학문이 그 근거를 성서에 두었다. 하늘은 둥글고 땅은 평평한 세상이 창세기의 우주관이다. 창세기는 기원전 11–12세기 무렵에 기록되었는데, 이때의 우주관이 중세기까지 지배해 온 것이다. 그러나 코페르니쿠스(Nicolaus Copernicus, 1473–1543)와 갈릴레이(Galileo Galilei, 1564–1642)의 등장은 창세기의 우주관에 큰 변화를 주었다. 지구는 둥글고 공전과 자전을 한다는 사실은 사람들의 사고에 대전환을 가져오게 되었다. 이러한 오류는 결국 성서가 과학 교과서로 잘못 인식한데서 비롯된 결과이다. 그러므로 성서는 과학을 설명하거나 증명하는 기록이 아니다.

세 번째, 성서는 거룩한 내용만 기록하고 있지 않다는 것이다. 성서에는 추악한 이야기들이 많이 포함되어 있다. 형이 동생을 쳐 죽인 최초의 살인자 가인의 이야기, 노아가 술에 취해 발가벗고 실수한 이야기, 아브라함이 저 살겠다고 아내를 누이라 속이다가 낭패당한 이야기, 호모섹스에 빠진 소돔 성 사람들이 천사까지 겁탈하려고 한 이야기, 룻의 두 딸이 아버지를 술 취하게 한 후 아버지의 씨를 받아 자식을 낳게 된 이야기 등 낯 뜨거운 이야기들이 들어 있다.

네 번째, 성서는 결코 도덕적이거나 윤리적인 교훈집이거나 명언들만 모아 놓은 책도 아니다. 그럼에도 불구하고 성서가 거룩한 경전이 될 수 있었던 이유는 인간의 불완전하고 타락한 모습을 끝까지 사랑하는 하나님의 사랑 이야기가 성서 전체에 녹아 있기 때문이다. 인간이 끊임없이 실수하고 돌이킬 수 없는 죄악으로 인해 도무지 회복 불가능한 상황에 처했더라도 끝까지 놓지 않고 다시 회복시키시는 하나님의 역동적인 사랑의 이야기가 성서에 면면히 스며들어 있기 때문이다. 그런 점에서 성서의 주제는 인간의 불순종에도 불구하고 그러한 인간들을 지속적으로 사랑하시는 하나님의 신실한 사랑이야기이다. 또한 이러한 사랑이야기는 성서를 대하는 우리에게 희망을 준다. 왜 그럴까? 하나님의 살아있는 말씀은 우리의 현실적인 삶 속에서 일어날 수 있는 파란만장한 사건들과 이야기를 통해 하나님의 말씀으로 전달되며 우리의 삶을 역동적으로 새롭게 함과 동시에 행복하고 풍성하게 이끌기 때문이다.

Ⅳ. 질문과 대답

1. 성서의 저자는 어떤 사람들인가요?

하나님의 말씀이라고 믿고 있는 성서는 하나님이 직접 썼거나 예수가 직접 기록한 부분은 전혀 없고, 40여 명의 사람들에 의해 약 1600여년에 걸쳐 기록되었습니다. 이 중에 구약성서는 기원 전 1400년경부터 천년에 걸쳐 기록되었고, 신약석서는 기원 후 50년경부터 약 60년에 걸쳐 비교적 짧은 기간 안에 기록되었습니다. 특히 성서를 기록한 사람들은 이상주의자들이 아니라 자기가 살아가던 시대의 유랑자, 목동, 제사장, 예언자, 왕, 농부, 어부, 세리, 의사 등 다양한 직업군에 속하여 현실에 충실했던 사람들이었습니다.

2. 성서는 어떤 구조로 구성되어 있나요?

'약속의 책'으로서 성서는 크게 구약성서와 신약성서로 나누어져 있습니다. 원래 '율법과 예언과 성문서'이라고 불리었던 구약성서는 모세오경이라고 불리는 5권의 율법인 '토라'(Torah)와 전기예언서와 후기예언서로 나뉜 21권의 예언서인 '네빔'(Neviim)과 13권의 성문서인 '케투빔'(Kethubim) 등 39권의 책으로 구성되어 있습니다. 그런데 예수 이후 새로운 문서들이 등장하자 기독교인들은 새로운 약속의 문서들인 그 책을 '신약'(新約, New Testament)이라고 부르면서 자연스럽게 그때까지 사용했던 성서인 옛 약속을 '구약'(舊約, Old Testament)이라 부르게 된 것입니다. 신약성서는 예수의 언행록인 4권의 '복음서'와 사도들의 행적을 기록한 1권의 '역사서' 그리고 사도들이 각 교회에 보내어 회람했던 21권의 '서신'과 1권의 '묵시서' 등 27권의 책으로 구성되어져 있습니다.

Ⅴ. 토론주제 및 참고자료

1. 토론주제

1) 성서가 인류 역사에 미친 영향력에 대하여 서로 이야기 해 보시오.
2) 성서를 이해하는 데 오해해서는 안 될 것에 대하여 서로 이야기 해 보시오.

2. 참고자료

계재광 외 6인, 『현대인과 성경』, 대전: 도서출판 글누리, 2011.
김은혜 외 4인, 『성서 다시보기』, 서울: 숭실대학교 출판부, 2010.
류순하, 『성경의 이해』, 서울: 숭실대학교 출판부, 2002.
이경숙 외, 『기독교와 세계』, 서울: 이화여자대학교출판부, 2009.

출애굽 사건과 시내산 언약

– 하나님의 백성—이스라엘의 기원 [1]

Ⅰ. 문제제기: 하나님의 백성의 기원은 언제인가?

만일 누군가를 알고자 한다면 그가 살아온 과거 내력을 알아야 한다. 개인의 역사가 그의 특이성을 규정하기 때문이다. 혈연 · 지연의 자연적 요소보다 공동체험에 의해 뭉쳐진 백성의 경우는 더욱 그렇다. 그 백성 특유의 자아의식은 그들이 함께 겪어왔고 그들의 정체성과 운명을 자각하게 해준 사건들을 기억하면서 표현된다. 예를 들어 한 우주인이 미국 땅에 내려와 왜 이 나라를 혼합된 군중이라 안 부르고 미합중국(United States of America)이라 부르느냐고 묻는다 해보자. 그러면 미국인들은 순례자들의 신세계로의 이민, 독립전쟁, 남북전쟁, 신천지 개척, 그리고 세계무대의 중심적 위치를 차지하게 된 최근의 사건 등 미국의 역사를 이야기하면서 미국인이 무엇을 뜻하는지 설명할 것이다. 미국인이란 대대로 과거의 경험을 되새길 수 있고 또 반복해서 이야기할 수 있는 그들 고유의 역사를 함께 공유한다는 뜻이다.

만일 자서전을 쓴다면 보통 유아기부터 시작하겠지만, 개인의 삶의 의미를 찾으려 할 때는 기억이 깊이 박힌 경험에서 시작해 유아기를 돌아본다. 구약성서도 천지창조나 아브라함부터 시작되지만, 이스라엘의 진정한 역사는 역사적 공동체로서의 자의식을 갖게 한 결정적 체험, 즉 초기뿐 아니라 후대 여

1 본 글은 아래의 자료를 참고하여서 작성한 것입니다. Bernard Anderson, 강성열 · 노항규 역, 『구약성서 이해』. 서울: 크리스챤 다이제스트, 1997. 계재광 외 『현대인과 성서』. 대전: 한남대출판부, 2011. Christopher Wright, 정옥배/한화룡 역, 『하나님의 선교』. 서울: IVP, 2010.

러 사건까지도 비춰볼 수 있는 중대한 사건에서 시작한다. 이스라엘 역사에서 중대한 분기점에 있는 결정적 사건은 바로 '출애굽'—이집트에서의 탈출—이다.

Ⅱ. 개념설명

1. 모세오경

유대전승에서 가장 권위를 가진 히브리 성경의 5권—창세기, 출애굽기, 레위기, 민수기, 신명기—은 히브리어 토라(Torah), 흔히 율법으로 번역되는데, 사실상 토라는 율법이라기보다 이스라엘 백성의 삶을 지도하는 '가르침'이다. 학자들은 이 5권을 모세오경(Pentateuch)이라 하는데 5개의 두루마리라는 그리스어에서 나왔다. 모세오경은 출애굽 사건의 장황한 서문인 천지창조(창 1–11장)와 이스라엘 백성의 조상인 족장들에 대한 이야기(창 12–50장)로 시작된다.

2. 출애굽 이야기: 소극적 자유(freedom from) vs. 적극적 자유(freedom for)

바로(Pharaoh)에게서 풀려난 이야기와 광야를 통과해 약속의 땅으로 들어간 이야기는, 신세계를 찾아 대서양을 건넌 순례자들이나 오늘날의 압제당하는 이들에게까지도 종교적 상상력을 불러일으킬 만큼 강한 호소력을 지니고 있다. 구약성서 속의 멸망에서 구원된 또 다른 이야기들에 불구하고, 출애굽 이야기는 다른 모든 해방체험에 적용될 만큼 기본적인 구원유형을 띠고 있다. 출애굽은 하나님 백성들이 자신들이 체험한 해방에 대한 보답으로 사회 안에서 어떻게 정의를 구현해야 하는지에 대한 모델까지도 제시했다(미가 6:1–8).

출애굽은 구약 이스라엘 역사의 독특한 사건이었지만, 궁극적으로 창조세계를 위한 하나님의 행동방식을 보여주는 모범적 모델이다. 정치적 측면에서, 이집트(애굽)에서 이스라엘은 이민자요 소수인종이며 기아 난민으로 이집트에 와서 환대받아 피난처를 얻었지만, 왕조교체로 정책이 변화되자 정치적 음모와 부당한 차별의 표적이 되어 취약한 상태에 있었다(출 1:8–10). 그들은 수가 불어

나면서 이집트인의 적대감을 샀다. 출애굽과 그 결과에 대한 이야기에서 하나님은 이스라엘을 정치적으로 부당한 대우를 받는 처지에서 해방시킨 후 독립국가를 세우기 위해 행동하셨다. 경제적 측면에서, 이스라엘은 자신들이 사는 땅을 그들의 유익을 위해 사용하기는커녕 이집트의 경제적 이익을 위해 강제노동으로 착취당했다(출 1:11-14). 그들은 이스라엘인들을 이용해 농사짓고 건설공사를 했다. 소수인종이 이집트 왕을 위해 더럽고 힘든 일을 한 것이다. 현대사회에도 이런 일이 많다. 출애굽에 앞서 하나님의 약속 중 하나는 이스라엘에게 땅을 주시겠다는 것이다(출 6:8). 그들을 노예노동으로부터 구출하는 것은 출애굽 구속의 핵심이었다.

사회적 측면에서, 출애굽기 1장 나머지 부분은 야만적인 이집트 정부가 이스라엘을 향해 국가폭력을 행사하는 장면을 보여준다. 산파들이 기지를 발휘해 용기 있게 불순종함으로 이스라엘을 내부로부터 무너뜨리려는 계획에 실패한 바로는, 국가가 후원하는 학살을 시도하여 모든 백성을 선동해 이스라엘 남아들을 죽이도록 한다. 이스라엘은 기본인권을 크게 침해당하고 또 가정생활에 훼방을 받는다. 유월절은 이스라엘에게 하나님의 구속의 사회적 · 가정적 본질과 광적인 악에서 구출받은 사실을 계속 상기시킨다. 이스라엘이 하나님과 언약관계를 맺고 새 사회를 건설할 때 생명의 신성함과 사회정의가 사회적 · 법적 구조에서 핵심요소를 차지할 수밖에 없다.

영적 측면에서, 출애굽기 1-2장은 이스라엘의 정치 · 경제 · 사회적 궁지에 초점을 맞추지만, 하나님이 등장하면서 다른 한 측면이 인식된다. 이스라엘의 운명은 하나님을 섬기고 예배하는 것이었지만, 바로의 노예로 붙잡혀있는 한 가능치 않았다(Freedom from). 하나님이 그 뜻을 거역했던 모든 세력에 대해 결정적인 승리를 이루신 결과, 이스라엘은 야훼가 하나님이시며 다른 신은 없다는 사실을 알고(신 4:35,39) 경축하게(출 15:18) 된다. 출애굽 과정에 대한 하나님의 목적은 살아계신 하나님을 알고 섬기고 예배하도록 이끄는 것이었다(Freedom for).

출애굽에 앞서 모세에게 하신 말씀은 포괄적 구속을 다룬다. 출애굽기 6:6-7

은 이스라엘을 정치 · 경제적 노예상태(사회적 학대와 불의 등)에서 구출하여 땅을 주고 언약관계를 맺게 하시려는 하나님의 의도를 보여준다. 하나님의 기념비적 구속행위는 이스라엘을 정치 · 경제 · 사회적 억압으로부터 구출해놓고는 그들 마음대로 예배하게 놔두지 않으셨다. 그들은 잘못된 주인에게 사로잡힌 노예들이었으므로 올바른 주 하나님께 돌아와서 섬길 필요가 있었다. 한편 역사적 조건의 변화 없이 하늘 위 본향의 밝은 미래만 약속하는 영적위로만 주지도 않으셨다. 출애굽은 사람들의 역사적 상황을 변화시키며 동시에 살아계신 하나님과의 새로운 관계로 불러내셨다.

3. 십계명

이집트에서 해방된 이스라엘 백성이 시내산에 가까이 왔을 때 하나님은 모세를 통해 그들과 계약을 체결하신다. 이 계약으로써 히브리인들은 비로소 하나님의 백성으로서의 정체의식을 가진 역사적 공동체로 형성된다. 이 시내산 계약의 주요내용이 십계명이다(출 20:1-17).

Ⅲ. 주제강의

1. 이스라엘의 기원

1) 출애굽기 서문

출애굽기 앞부분에 나오는 이야기는 이스라엘 조상들의 시대—창세기 12장~50장 사이의 시기—의 역사 및 종교와 밀접히 관련된다. 즉 야곱의 12아들 중 하나인 요셉의 사후에 일어난 사건(출 1:8)과 '불타는 떨기나무'에서 하나님의 현현(顯現)을 생생히 드러낸 이야기에 잘 나타난다. 모세에게 "나는 네 조상의 하나님이니 아브라함의 하나님, 이삭의 하나님, 야곱의 하나님이니라."(출 3:6)고 소개하시는 하나님이 바로 조상들에게 나타났던 그 하나님이라는 사실과 이런 이스라엘 조상들의 시기가 출애굽 해방사건의 서막이라는 사실을 전제하고 있다. 우리가 창세기를 읽고 출애굽기를 읽으면 거꾸로 읽는 격이다. 모세 이전 시대는 모세시대에 이르러서야 이스라엘 백성을 탄생시킨 사건에 비추어 회상되고 해석되기 때문이다. 미국인이 독립전쟁이라는 중대한 사건을 치른 후에야 콜럼버스의 항해와 신천지로의 이주를 되돌아보는 것과 같다. 이스라엘은 후대에 신학적 반성을 한 이후에야 출애굽 이전의 첫 히브리인 아브라함에게서 역사의 기원을 찾았고, 아브라함이 약속의 땅으로 이주했다는 이야기에서 그들의 소명을 발견했다. 그들은 출애굽에서 한 백성으로 태어났고 이후 모든 역사와 자연이 하나님의 계획 속에 있음을 깨닫는 결정적 계기도 이 사건이다. 그들의 뇌리에 깊이 새겨진 체험인 출애굽을 역사적으로 재해석하고 새로이 경험함으로써 그들의 신앙이 성숙하게 되었다.

2) 이스라엘 조상들의 하나님

창세기 12장~50장의 조상들의 이야기는 함무라비 이후 계속된 주전 2000년대 문화배경을 반영한다. 조상들의 하나님을 경배하는 것은 모세 이전에 행해지고 있었다. 이스라엘 조상들의 종교가 무엇이었는지 정확히 말하긴 어렵지만, 후에 여호수아는 세겜 대집회에서 이스라엘 백성에게 "너희의 열조가 강(유프라테스) 저편과 애굽에서 섬기던 신들을 제하여 버리라"(여호수아 24:14b)고 촉구하는데, 이스라엘 조상들이 메소포타미아와 이집트까지 뻗어있던 '비옥한 초승달 지대'(Fertile Crescent)의 종교의 영향 아래 있었음을 알 수 있다. 출애굽은 단순한 정치적 압박에서만 아니라, 고대세계의 종교로부터 민족의 대탈출인 것이다. 즉 인간사회의 질서와 신들의 세계와의 관계를 묘사하는 신화로부터의 탈출이다. 아브라함이 하나님을 따라 메소포타미아를 떠난 것처럼, 모세도 이스라엘 백성에게 이러한 종류의 탈출을 하게 한 것이다.

3) 이집트로의 이주 및 압제

창세기 후반부는 이집트에서 권력을 잡은 요셉이 대기근 때 야곱의 가족을 델타지역(고센 땅)에서 살게 했다는 이야기가 나온다. 이스라엘 조상들은 힉소스(Hyksos)족 통치초기부터 몇 번의 이주를 거쳐 이집트에 들어갔을 것이다. 성경 전승은 이야기를 생생히 전하고자 오랫동안 일어난 사건을 단축하고 매우 복잡한 사건을 단순화시켜 전했을 것이다. 요셉 사후에 이집트 행정변화로 야곱의 후손들은 신망을 잃었고(출 1:8) 히브리인들은 국가노예로 전락하여 곡식저장소인 비돔(Pithom)과 라암셋(Rameses)을 건설하는 데 동원된다. 출애굽기 서장의 배경은 이집트 제19왕조, 특히 세토스 1세와 라암세스 2세의 치하에 일어난 상황으로 추정된다. 성경 이야기는 정치 상황을 그대로 반영하지만, 이스라엘인들의 신앙의 눈으로 해석된 것들이므로 출애굽의 중요성은 연대기에 있지 않고 인간역사에서 하나님이 뜻이 펼쳐졌다는 데 있다.

2. 억압에서의 해방

출애굽 이야기의 주요 소재는 다음과 같다: ① 애굽에서 야곱의 후손들이 압제받음(출 1장); ② 모세 등장: 유년기, 애굽과 미디안에서의 생활, 소명과 사명(2:1–7:7); ③ 바로와의 투쟁(7:8–10:29), 장자를 죽이는 마지막 재앙과 유월절 거행(11:1–13:16); ④ 애굽 탈출과 홍해에서의 승리(13:17–14:31); ⑤ 승리의 노래들: 바다의 노래(15:1–18)와 미리암의 노래(15:19–21).

1) 모세의 역할

출애굽 이야기는 해방자로서 모세의 업적을 기린 영웅적 서사시가 아니며, 강한 손과 편 팔로 바로와 그 군대를 무찌르신 하나님을 기리는 것이다. 그럼에도 하나님이 모세를 그분의 뜻을 위한 대행자로 삼았다는 데서 모세의 역할은 매우 중요하다. 모세가 하나님의 산에서 '조상들의 하나님'을 만나는 장면과 하나님이 주신 소명으로 마음속에 큰 갈등이 일어났다는 이야기는 구약성서의 가장 뛰어난 걸작 중 하나다(출 3:4–17).

불이 붙었으나 타지 않는 떨기나무 앞에서 하나님은 "내가 내 백성의 고통을 정녕히 보고 ...... 그들의 부르짖음을 듣고 ...... 그 우고를 알고, 내가 내려와서 그들을 건져내고 ...... (출 3:7-8)라고 말씀하신다. 사변가들의 신(神)과 달리, 모세의 하나님은 인간의 고통을 외면하는 신이 아니라 '연민의 하나님'으로서 구원하는 능력으로 인간역사에 참여하신다. 하나님은 그 의도를 이루기 위한 약속의 말뿐만 아니라 직접 행동을 통해 자신을 드러내신다. 이것이 이스라엘의 역사적 신앙의 핵심이다. 모세는 하나님과 만남으로써 자신의 개성(소명)을 인식하게 되고, 역사적 상황의 요구에 민감하게 되었다. '나와 너'의 대화에서 사명을 받고 역사적인 사건에 하나님과 함께 동참하도록 촉구 받는다: "내가 이제 너를 바로에게 보낼 터이니 … "(출 3:16).

2) 하나님의 이름이 드러남

출애굽기 3:14의 불가사의한 말("나는 스스로 있는 자니라.")은 하나님이 자신의 이름을 밝히는 데 신중하셨음을 보인다. 모세는 하나님의 본성(이름)의 신비를 물었지만, 하나님은 인간이 하나님의 이름을 알게 됨으로써 하나님을 소유하거나 조종하려는 것(창 32:29; 삿 13:27-28)을 피하시려고 질문의 정곡을 벗어나신다. 모세에게 말씀하신 분은 주님이시며 인간들의 마음대로 부릴 수 있는 종이 아니다. '하나님은 누구신가?'라는 질문은 하나님의 은혜와 요구(명령)의 의미가 잘 나타나는 미래의 사건, 특히 출애굽(출 20:2)에서 그 답을 확실히 얻게 된다.

야훼라는 이름이 어디서 왔고 문자적 의미가 무엇이냐를 아는 것보다는, 이 이름이 모세시대로부터 이스라엘의 신앙에서 어떤 위치를 차지하고 있었느냐가 중요하다. 만일 이 이름이 아모리족이나 족장시대, 미디안족 또는 다른 민족에게 기원을 두고 있더라도 '야훼'(YHWH)는 이집트에서 모세를 따랐던 히브리인의 체험에서 근본적으로 새로운 성격을 얻는다! 이스라엘 백성은 하나님을 압제에서 부르짖는 소리를 듣고 그들을 위해 활동하고 마침내 약속된 미래로 인도하시는 유일한 분으로 알고 경배하였다. 야훼라는 말 자체에 의미가 있든지 없든지 간에 이 백성에게는 이 이름이 의미를 띤다: "나는 너를 애굽 땅, 종 되었던 집에서 인도하여 낸 너의 하나님 야훼로라"(출 20:2). 야훼를 섬긴다는 것은 계시적 사건을 회상하고 그 사건의 요구를 받아들이고 그 사건의 약속을 믿으며 사는 것이다.

3) 바로와의 투쟁 및 바다에서의 승리

강퍅한 바로와의 투쟁 이야기의 목적은 그들 가운데 표징(Sign)을 보임으로써 야훼가 이집트인들을 어떻게 '장난감처럼 다루었던가'를 미래의 이스라엘인들에게 가르치고자 함이었다("너희가 나를 야훼인줄 알리라"/ 출 10:2). 출애굽 이야기에서 애굽의 장자를 죽인 마지막 재앙 이후에 일어난 사건들 중 절정을 이룬 것은 바다를 건넌 사건이다. 물 가운데로 길이 열렸다는 기적적 사건(출 14:15–31)은 신앙의 시(詩)다. 이 사건은 '뿌리체험'이 되어 오늘날에도 역사 안에서 구원하시는 하나님의 현존을 나타내는 표징으로 유월절 행사에서 기념된다. 완전한 허구는 아니지만 신앙의 언어로 표현된 이 사건의 이면을 파헤치기란 거의 불가능하다. 시적묘사로써 출애굽 사건은 단순한 해방사건을 넘어선다. 이 사건으로 한 백성이 탄생한 것이며, 신화적 요소로 역사적 사건을 고양함으로써 경이로운 사건을 전달하려는 시도이다. 야훼의 승리는 바로의 세력에 대한 것이 아니라, 창조를 위협하는 카오스와 악의 신화적 상징인 바다에 대한 승리이다(시 74:12–17; 77:16–20; 114편; 하박국 3장).

3. 광야에서의 계약

히브리인들은 산에서 하나님을 섬기고 자유를 찾기 위해 시내광야로 출발했다(출 15:22~19:2). 이 여정은 많은 고난과 불안정으로 가득 차 있었다. 사막에서의 자유란 이집트에서의 노예생활보다 조금도 나을 바가 없어 보였고 '이집트의 고기 가마'(16:3)를 그리워한 적도 많았다. 식량과 물도 귀했다. 자연환경도 나빴고 사막에 거주하는 사나운 부족들이 히브리인들의 침입을 달가워하지 않았다. 그들은 광야에서도 은혜를 입었으나 불평하고 반목하며 모세에게 반항하였고 신앙이 부족하였다. 홍해를 기적같이 건넌 사건을 비롯해 여러 이적이 있었음에도 그들은 "야훼께서 우리 가운데 계신가 안 계신가?"(17:7) 회의(

懷疑)하며 불평했다.

1) 시내산에서의 계약

적들의 공격, 식량과 물의 부족, 백성들의 불평에도 불구하고 모세는 마침내 백성들을 시내의 오아시스로 이끌고 갔다. 여기서 그들은 자신들을 결합시켰던 체험을 반성할 기회를 가졌고 부름받은 공동체라는 사실을 깊이 이해하게 되었다. 이 공동체의 특징은 야훼와 백성이 맺은 계약 관계로서 이 관계는 법과 제도에 의해 잘 나타난다. 모세가 계약을 맺은 장소는 '하나님의 산'(출 24:13, 3:1)으로 불리는 호렙 (또는 시내)였다. 수세대를 거치면서 시내산 계약은 한 백성으로서 이스라엘을 형성하는 바탕이 되었음이 점점 더 분명해진다.

출애굽기 1–24장의 이야기는 긴밀히 연관된 2가지 에피소드인데, 이집트에서 해방되어 광야로 인도되었다는 것과, 시내산에 하나님이 나타나셔서 율법을 주고 계약을 맺었다는 것이다. 전자는 후자의 준비이고 후자는 전자의 신학적 바탕이다. 시내산 계약이 '영원한 계약'(창 17:7–8)이라는 표징은 안식일이다(출 31:12–17). 야훼가 이스라엘을 출애굽 시킨 것도 아브라함과 이삭과 야곱과 맺은 계약(출 2:24)을 '회상'했기 때문이고, 시내산에서 제사의식의 제정도 야훼가 이스라엘 백성 중에 거하셔서(출 29:45–46) 이들의 하나님이 되기로 하신 서약이행이다.

2) 계약과 율법, 그리고 계약의 위반

모세오경에 나오는 법률은 판례법(조건적)과 필연법(절대적)이다. 조건법은 만약에 이것이 생기면 그때는 저것이 법적인 결과를 초래한다는 특징을 갖는다. 절대법은 이스라엘의 고유한 법 유형이며 계약의 무조건적 요구를 나타낸다. 이 유형의 법은 광야시대에서 유래하는 것 같다. 십계명은 출애굽기 21–23장의 명령적 법규들과 달리, 농경사회를 전제로 하지 않음이 특징이다.

법은 계약으로 맺어진 유대를 사회적으로 표현한 것인데 '계약'이라는 말은 오늘날처럼 정치적 조약에 많이 쓰였다. 모세의 계약은 상호 평등계약은 아니었고 하나님과 인간의 관계였다. 하나님의 거룩과 위엄은 두려운 번개와 천둥으로 표현되었다. 계약은 하나님에 의해 체결되었고 하나님과 인간의 관계도 주권자인 하나님에 의해서였다. 이스라엘의 복종 계약은 야훼의 크신 은혜에 감사하는 것이었다. '해방체험'(출애굽)과 '명령체험'(시내산)은 그분의 은총과 요구, 복음과 율법이 이스라엘인들의 체험에서부터 뗄 수 없이 관련되어 있었음을 보여준다.

출애굽기 32-24장의 금송아지 이야기는 야훼께서 다시 계명을 내리고 이스라엘과의 계약을 재확인하는 데서 절정을 이룬다. 이 이야기는 이스라엘도 도덕적 종교적으로 다른 민족보다 나을 바가 없다는 냉정한 사실주의를 띤다. 다른 점이라면 그들이 하나의 공동체가 되어 하나님을 섬기도록 부름받게 된 특별한 체험뿐이다(출 33:16의 모세의 고백 참조). 백성들이 미래에 대처했던 것도 그들의 영도자이신 야훼께서 앞장서 행하신다는 확신 때문이었다. 우리는 후대 예언자들의 선언, 즉 인간의 불순종으로 깨진 계약은 오직 하나님의 용서에 의해서만 갱신될 수 있고, 이로써 미래에 대한 새로운 소망이 생기게 된다는(렘 31:34) 사실을 깨닫게 된다.

3) 모세시대의 신앙

십계명 서문이 보여주듯 야훼는 역사적 · 정치적 사건인 출애굽(백성들에게 영원히 기억될 결정적 사건)에서 나타내신 구원활동을 행하시는 위대한 하나님이다. 당시 고대세계의 민족들도 자연이 순조롭게 돌아가는 것과 정치적 · 우주적 질서의 유지가 신들의 가호(加護) 덕이라 믿었으나, 한 민족 역사의 중심이 되고 그들과 관계를 맺고 예배의식과 역사적 기록의 이야기에 표현되는 하나님의 활동을 갖지는 못했다. 야훼는 광야에서 백성들에게 물과 식량을 주는 분이었지만, 태양신 · 폭풍신 · 풍요의 신 같은 자연신은 아니었다. 모세시대의 신앙은 자연과 역사를 초월한 하나님의 활동을 역사 속에서 직접 체험했던 '뿌리체험'에 입각하였다.

이스라엘은 홍해를 건넌 사건을 통해 야훼께서 주도권을 잡고 자기백성과 친밀한 관계를 맺었다고 믿었다. 이는 하나님과 백성 간에 전혀 거리가 없다는 뜻이 아니다. 야훼가 중재자로 삼은 모세조차도 야훼의 얼굴(또는 현존)을 볼 수 없었고 그분을 보고 살자가 없다(출 33:20)고 경고하셨다. 이스라엘은 하나님을 먼 분이면서도(초월적) 가까이 계신 분(내재적)으로 믿었고, 하나님의 주도권으로 백성과 관계를 맺으셨고 이스라엘의 하나님이 되셨다고 생각하였다. 그들은 구원에 대한 감사의 신앙으로 응답하며, 이 신앙은 계약의 율법을 잘 지키고 야훼께서 백성과 함께 하시리라는 확신으로 미래에 대처하는 것으로 표현되었다.

이스라엘 백성에게는 야훼라는 한 분 하나님뿐이었다. 십계명의 첫째가 만일 다른 신의 존재를 인정하는 것일지라도, 다른 신들은 이스라엘에게 충성을 요구할 수 없고 야훼의 영광 앞에 무의미해진다는 뜻이다. 야훼는 이스라엘 백성에게 완전하고 절대적인 헌신을 요구하였다. 야훼의 이름은 질투하는 신이다(출 34:14). 이 때의 이스라엘 신앙이 수원지(水源池)라면, 세월이 지날수록 다른 물줄기들이 합류되면서 강물은 넓어지고 강바닥은 깊어졌지만, 진정한 예배와 예언자의 통찰은 '출애굽 사건'과 '시내산 계약'의 수원지로 되돌아가려는 움직임이었다.

Ⅳ. 질문과 대답

1. 구약성경의 이야기, 특히 이 장에서 다루는 출애굽 이야기는 역사(history)인가요, 이야기(story)인가요?

   역사적 소설처럼, 구약성서는 실제 역사적 경험을 바탕으로 합니다. 구약의 이야기들은 무미건조하게 쓰인 게 아니라 예배를 위한 신앙고백의 언어로 쓰였으며, 목적은 신앙공동체가 경험하고 기념하는 역사적 사건의 의미를 전달하는 것으로 '이야기 같은 역사', '역사 같은 이야기'입니다. 출애굽 이야기는 출애굽 사건에 대한 하나의 해석이므로 다른 관점에서 보았다면 현재의 내용과 판이하게 달라졌을 수도 있습니다. 하나님이 직접 주인공이 되어 역사 무대에서 활동하셨다는 이야기(하나님의 역사적 현존과 인간 삶에의 개입)는 일반적으로 알고 있는 역사와는 다릅니다. 출애굽을 단지 바로의 압제에서 일단의 노예들이 해방된 정치적 사건으로도 볼 수 있지만, 신앙공동체에게는 이것이 신성한 '하나님의 이야기'(god-spel / gospel, 복음)를 의미합니다. 그들의 관심사는 단지 노예상태에서 해방시킨 것만 아니라 억압받는 노예들을 하나님이 구원했고 그들을 혼돈과 무질서 속에서 하나님 백성으로 삼았다는 것입니다.

V. 토론주제 및 참고자료

1. 토론주제

1) 다신론(polytheism), 단일신론(henotheism), 유일신론(monotheism)은 무엇인가요?
2) 기독교는 어떤 신관을 가지고 있나요? 구약 이스라엘 백성의 신관은 역사적으로 어떻게 발전했나요?
3) 위의 각각의 신관을 가지고 있는 종교들은 무엇이 있을까요?
4) 기독교가 유일신론을 전제하면서도 무례한 복음, 무례한 기독교를 표방하지 않을 수 있는 방안을 함께 고민해봅시다.
5) 구약의 출애굽 사건이 이스라엘의 정치 · 경제 · 사회 · 영적 측면의 필요에 대한 총체적 구원행위였다면, 오늘날의 상황에서 교회가 취할 접근은 어떤 것들인지 논의해봅시다.

2. 참고자료

Bernard Anderson, 강성열 · 노항규 역, 『구약성서 이해』, 서울: 크리스찬 다이제스트, 1997.

계재광 외, 『현대인과 성서』, 대전: 한남대출판부, 2011.

Christopher Wright, 정옥배/한화룡 역, 『하나님의 선교』, 서울: IVP, 2010.

역사서 읽기

– 정의를 실현하는 지도자

Ⅰ. 문제제기: 참 지도자는 누구인가?

서울 광화문광장에는 두 개의 동상이 있다. 이순신 장군과 세종대왕 동상이다. 이들은 우리 역사에서 지도자로서의 역할을 잘 수행한 인물들 중 널리 알려진 이들이다. 한 나라의 운명은 어떤 지도자를 선택하느냐에 따라 달라진다. 국민의 아픔을 공감하고 이들의 목소리를 듣는 지도자. 억울한 일을 당하지 않도록 정의를 구현하는 지도자. 참 지도자에 대한 다양한 묘사가 있겠지만, 참 지도자란 한 마디로 권력욕이나 사리사욕을 위해 자신의 지위를 이용하지 않는 사람일 것이다. 사람을 사람답게 여기고, 국민들을 섬기는 사람일 것이다. 두 동상이 내려다보는 광화문광장에서 2016년 겨울, 우리 역사의 한 획을 긋는 사건이 일어났다. 부패한 지도자를 탄핵하려는 시민들의 촛불혁명이다. 참 지도자를 열망하는, 정의를 갈망하는 시민들의 목소리는 결국 정권 교체를 이루게 되었다. 자신과 자녀들에게 부끄럽지 않기 위해 역사의 현장에 참여한 시민들의 모습은 전 세계에 잔잔한 감동을 주기도 했다. 깨어있는 시민의식이 역사의 흐름을 바꾸는 한 순간이었다.

성서, 특히 첫 번째 성서인 구약성서에도 다양한 지도자들의 모습이 방대한 분량의 책 속에 묘사되고 있다. 왕들에 대한 이야기다. 특이한 것은 왕을 평가하는 성서의 기준이다. 왕들은 정치, 경제적 업적이 아니라, 종교적인 기준으로 평가를 받았다. 유대인들이 믿었던 신, 야훼(한글성서에서는 '여호와' 혹은 '주님'으로 번역) 하나님의 뜻을 잘 헤아렸는지 아닌지에 따라 후대에 좋은 왕 혹은 악한 왕으로 평가된다. 그렇다면 성서에 묘사된 야훼의 뜻을 잘 헤아렸다는 것은 무슨 의미일까? 성서와 무관한 사람들에게 유대인들 왕의 이야기는 오늘날 어떤 의미가 있을까? 이러한 질문과 함께 고대 유대인들의 왕의 이야기, 왕제도/왕조가 설립된 이야기 속으로 들어가 보도록 하자.

Ⅱ. 개념설명

1. 왕/왕조 수립 이전 고대 이스라엘의 간략한 역사

고대 유대인들은 어떻게 나라를 세우고 왕 제도를 수립하게 되었을까? 이들의 이야기는 이집트에서 노예였던 사람들의 이야기로 시작된다. 이집트에서 탈출한 노예들은 가나안(현 팔레스타인)에 정착한다. 가나안에서 각 부족들(12 지파들)은 동맹을 통해 어려운 문제를 해결하면서 한 민족으로 성장한다. 왕은 없었지만 주변 민족들과 전쟁이 벌어지거나 공동체에 갈등이 생기면 부족에서 카리스마 있는 지도자들(성서의 사사들)이 등장한다. 이들은 하나님의 부르심을 받고 세워진 지도자로 묘사된다. 아마 군사적/종교적인 지도력이 뛰어나거나 공동체의 갈등을 해소하는 지혜를 가진 사람들이었다.

하지만 주변 민족들의 위협이 지속되면서 백성들은 다른 민족처럼 왕이 있었으면 좋겠다고 생각한다. 고대 이스라엘의 왕/왕조의 필요성이 대두된 것이다. 특히 블레셋(현재 가자지구에 거주하던 민족)의 끊임없는 위협과 압박 속에서 결국 이스라엘은 '사울'이라는 첫 번째 왕을 세웠다. 사울 이후 이스라엘의 왕권은 '다윗'과 그의 아들, '솔로몬'으로 세습되면서 발전한다. 그러나 솔로몬 사후 권력쟁탈전이 벌어지고, 하나였던 나라는 남과 북으로 갈라진다. 남쪽의 유다 왕국은 다윗 가문의 왕권이 세습되면서 예루살렘을 중심으로 비교적 안정적인 왕국으로 발전했다. 반면, 북쪽의 이스라엘 왕국은 남유다에 비해 정치적으로 불안정했다. 예루살렘이 남쪽으로 들어가면서, 예루살렘에 있던 성전과 같은 종교적 구심점이 부재하였기 때문이다. 또한 남과 북이 분리될 때 12부족 중 10부족이 북쪽 영토에 들어감으로 권력이 분산되었기 때문이다. 북이스라엘은 결국 기원전 722년에 당시 고대 중동에서 위세를 떨쳤던 아시리아에 의해 멸망당했다. 불안한 국제 정세 속에서 남유다도 아시리아의 뒤를 이어 강대국으로 등장한 바빌론에 의해 기원전 587년경에 멸망했다. 남유다의 왕을 포함하여 지배계층은 거의 다 바빌론의 포로로 끌려가고 남유다 땅에는 가난한 백성들만 남았다.

2. 왕조전승과 두 역사서: 신명기 역사서와 역대기 역사서

우리나라의 삼국사기와 삼국유사를 보면 흥미로운 부분들이 등장한다. 알에서 깨어나 왕이 된 인물이나 고조선의 신화적인 이야기들이 역사라는 이름으로 기록되어 있다. 국가의 공식적인 역사책이건 특정 종교인에 의해 기록된 책이건, 이 두 책에는 전해져 내려오던 많은 이야기들이 얽히고설켜서 하나의 흐름 속에 의미를 가지고 기술되었다. 구약성서의 왕들 이야기도 구전/혹은 기록으로 전해진 이야기들이 중심을 이루어 후대에 기록/편집되었다. 이것을 '전승'이라고 부르며, 왕/왕조에 대한 이야기들을 '왕조전승'이라고 부른다.

포로생활을 경험하면서 백성들은 자신들에게 왜 이렇게 비참한 일이 일어났는지를 자문했다. 그리고 하나님의 말씀을 듣지 않았기 때문이라고 성찰하면서, 전해져오던 전승들을 기록/편찬했다. 그 중 하나가 신명기 역사서다. 물론 신명기 역사서라는 명칭은 성서를 연구하는 학자들이 붙인 이름이다. 신명기 역사서는 여호수아(인물의 이름)라고 불리는 책으로부터 사사기(왕이 있기 이전 지도자들), 사무엘상/하(사무엘은 예언자의 이름), 열왕기상/하(왕의 책들이라는 뜻)권이 포함되었다.

한편 바빌론에 이어 페르시아가 고대 중동지역을 평정하면서, 페르시아의 고레스 왕은 포로들이 고향으로 되돌아갈 수 있도록 칙령을 선포했다. 고향으로 돌아왔지만 유대인들은 경제적, 종교적 문제로부터 정체성 회복 등 다양한 문제들에 직면했다. 그리고 이 시기에 역대기 역사서가 기록/편집되었다. 역대기 역사서에는 역대기상/하(그날의 일들이라는 뜻)권과 에스라, 느헤미야(에스라와 느헤미야는 인물의 이름)가 포함되었다. 역대기 역사서는 포로후기의 혼란스러운 상황에서 최초의 인간으로 성서에 기록된 아담으로부터 시작되는 족보를 기록했다. 이것은 자신들의 정체성에 대한 관심이 반영되었다고 볼 수 있다.

어려운 시대를 겪으면서 기록된 두 역사서의 특징은 모두 남유다 왕국의 관점으로 기록되었다는 점이다. 남유다의 다윗 왕조와 남유다의 수도였던 예루살렘 중심의 종교적 역사관으로 기록/편찬되었기 때문에, 대부분 북이스라엘 왕들은 악한 왕으로 기록되었다. 역대기 역사서는 북이스라엘의 역사를 언급조차 하지 않았다. 이렇게 이 두 역사서는 약간의 시기적 차이는 있지만 모두 고대 이스라엘이 멸망한 후 포로로 잡혀간 경험을 바탕으로, 종교적인 사관으로 기록된 종교적인 역사서다. 신명기 역사서와 역대기 역사서 이외에 왕/왕조에 대한 이야기들은 다른 곳에도 등장하는데 대표적인 예가 시편(시들을 모아놓은 책)이라는 책이다.

Ⅲ. 주제강의

1. 고대 근동의 왕에 대한 이해

어느 나라도 독자적으로 존재할 수 없다. 주변국들과 정치, 종교, 문화적인 교류를 통해 발전해왔다. 성서시대에도 가나안을 둘러싸고 있던 주변국들은 유대인들에게 많은 영향을 주었다. 성서에 등장하는 왕/왕조에 대한 이해도 고대 이집트나 메소포타미아의 왕에 대한 기본적인 이해를 반영하고 있다. 대부분 고대사회에서 왕권은 신으로부터 부여받은 것으로 이해했다. 당연히 왕은 백성과 다른 존재로 인식되었다. 이집트의 경우에는 한걸음 더 나아가 왕을 신과 동일시하면서, 왕은 신이자 신의 아들이라고 생각하였다. 왕은 인간의 몸으로 이 세상에 내려와 신이 창조한 세상을 통치하는 존재였다는 것이었다. 당연히 왕은 죽은 후에도 신이 된다고 사람들은 믿었다.

메소포타미아에서도 왕은 신의 아들이다. 하지만 이집트처럼 왕이 신과 동일한 존재는 아니었다. 단지 상징적인 차원에서만 신의 아들로서의 역할을 할 뿐이었다. 이집트나 메소포타미아의 왕/왕권에 대한 신적 기원은 고대인들의 자연에 대한 믿음과 관련이 있다. 자연 배후에는 "신적인 힘이 숨겨져 있고 자연 속의 신적인 힘과 그들의 삶이 항상 조화를 이루어야 한다고 생각하였다." 그리고 이 일을 할 수 있는 사람이 바로 "신으로부터 그 임무를 부여받은 왕을 통해서 가능하다고 여겨졌다."는 것이다.[1] 자연과의 조화를 통해 풍성한 삶을 살아가도록 하는 임무뿐 아니라, 신적인 능력을 가진 왕은 주변국으로부터의 위협 속에서 백성을 보호하는 역할도 하였다. 특히 메소포타미아에서 왕은 "목자"라고 불리기도 했다. 전쟁이 있을 때는 군사 지도자로서의 역할을 하면서 백성들에게 정의로운 세상을 만들어주는 목자의 임무를 수행했다는 것이다. 그리고 이것은 신으로부터 내려오는 힘에 의해서 가능하다고 인식하였다. 자연과 주변 나라들의 위협으로부터 자신들을 지켜줄 누군가는 자신들과 달라야 한다는 생각이 고대 근동의 왕 사상에 반영된 것이다. 당연히 왕은 신과 관계가 깊은 사람으로 이해되었다. 그리고 성서에 등장하는 왕들에 대한 이해는 이러한 사상과 연관되어 발전했다.

2. 인간의 권력욕에 대한 비판[2]

이집트나 메소포타미아와 마찬가지로 고대 이스라엘의 왕권도 신과의 관계 속에서 이해되었다. 그러나 이집트처럼 왕은 신이 아니며, 단지 신으로부터 백성들을 정의롭게 통치할 책임을 부여받은 존재로 인식되었다. 이러한 측면에서는 메소포타미아의 왕권이해와 유사했다. 그러나 신명기 역사서 중에 왕

1 노세영, "고대근동의 왕권사상," 노세영, 박종수, 『고대근동의 역사와 종교』, (서울: 대한기독교서회, 2000), 108. 이후 직접 인용을 제외하고는 각주를 달지 않지만, 이집트와 메소포타미아의 왕권 이해는 이 논문으로부터 인용했음을 밝힌다.

2 본론1과 2는 모두 다음의 책을 참고하였다. 노세영, "고대근동의 왕권사상," 95–114. 임태수, "왕조전승과 예언자전승," 월요신학서당 편, 『새롭게 열리는 구약성서의 세계』 (서울: 한국신학연수소, 1986), 71–96.

제도의 설립을 기록한 사무엘상이라는 책(8-12장)의 이야기를 살펴보면 왕/왕권 설립에 대한 갈등이 있었던 듯하다. 왕제도를 요구하는 사람들의 목소리가 등장하는 반면, 비록 현실적인 필요에 의해 왕제도를 설립하지만 왕/왕제도에 대한 부정적인 측면들도 열거되었다. 왕제도는 사람들 사이의 불평등을 불러올 것이며 또한 왕은 오직 하나님이기 때문에 어떤 인간적인 왕도 필요하지 않다는 것이 왕/왕제도에 대한 비판의 핵심이다. 그리고 이것은 백성들이 하나님을 버렸다는 표현으로도 묘사될 만큼 왕권에 대해 부정적이었다.

신명기 역사서 중의 한 권의 책인 사사기에서도 왕을 요구하는 백성들에게 그들을 통치하실 분은 오직 하나님뿐임을 강조했다(사사기 8:23). 왕이 세워지기 이전에 다른 나라들로부터 압제를 받을 때마다 카리스마적인 지도자들이 계속 등장하지만, 이들은 단지 일시적으로 지도자의 역할을 하였을 뿐이었다. 카리스마적인 지도자들의 권력은 역할이 끝났을 때 사라졌다. 이들의 권력은 세습되지 않았다. 필요할 때마다 하나님은 백성들을 위해 지도자들을 보냈고, 이들은 단지 주어진 역할에만 충실할 뿐이었다. 이것이 하나님만이 그들을 통치한다는 사상을 예증하고 있다.

그러나 카리스마적 지도자들(사사들)이 일시적으로 통치권을 행사했을 때에도 권력에 대한 욕망을 보여주는 사건의 실마리를 찾을 수 있는 기록이 사사기에 등장한다. '기드온'이라는 지도자의 아들 '아비멜렉'은 권력욕으로 무참히 형제들을 살해하여 정권을 잡았다. 이러한 권력욕은 비유를 통해(사사기 9:8-15) 비판을 받기도 했다. 하나님만이 인간의 유일한 통치자라는 왕권 사상은 인간의 욕망을 경계하며 권력에 눈이 멀었을 때 벌어지는 참상을 오늘날에도 우리에게 일깨워준다고 할 수 있다. 물론 왕/왕조에 대한 부정적인 측면은 대부분 왕제도를 경험한 이후의 사상을 반영한 것이기도 하다. 이것이 대부분 모든 왕들을 악한 왕으로 혹은 부정적인 왕으로 평가한 이유다. 특히 신명기 역사서는 우리나라의 세종대왕만큼이나 유대인들의 영웅으로 간주되는 다윗 왕이나 그의 아들 솔로몬 왕의 잘못에 대해서도 신랄하게 비판한다.

3. 하나님에 의해 선택받은 왕조를 통해 본 왕의 기능

왕/왕제도에 대한 부정적인 시각과 달리 왕은 또한 하나님의 대리자이자, 하나님에 의해 선택된 특별한 사람이라는 사상도 존재한다. 유대인들의 시를 모아놓은 시편에서 왕은 하나님에 의해 세워졌고, 상징적이긴 하지만 하나님의 아들이라고도 표현했다(시편 2:6). 왕은 사회의 질서를 보존하도록 하나님에 의해 선택되었을 뿐 아니라, 하나님은 직접 이들의 아버지가 된다는 것이었다. 특히 다윗 왕과 왕의 후손, 즉 다윗왕조를 하나님이 선택했다는 사상은 남유다에서 중요한 역할을 했다. 하나님과 왕의 친밀한 관계는 왕의 수여식에서 기름부음을 받음으로 표현되었다. 이는 하나님으로부터 왕의 역할을 위임받는다는 의미를 가지며 동시에 왕으로서의 역할을 수행할 수 있는 권위를 받았음을 상징한다.

이렇듯 왕과 하나님과의 친밀한 관계에도 불구하고, 왕은 오직 하나님을 대신하여 백성들에게 정의로운 세상을 만들어줄 책임을 가진 존재로 이해되었다. 왕은 백성들을 위한 사람이라는 것이다. 이것은 왕의 역할에서 잘 드러난다. 왕/왕제도의 설립이 기본적으로 이웃나라들로부터 백성들을 보호하기 위한 필요성에서 시작되었다는 점이 시사하듯, 왕은 백성들을 보호하고 정의롭게 나라를 돌보아야 할 책임을 지닌 존재다. 이것이 하나님으로부터 받은 왕의 책임이자, 대리인으로서의 역할이다. 왕의 개인적인 욕심이나 자신을 신처럼 생각하여 왕의 본분을 망각할 때, 이것은 자신을 왕으로 선택한 하나님에게 죄를 짓는 것이다. 또한 왕의 불의한 통치는 나라를 멸망시키는 원인으로 간주되었다. 왕은 항상 백성들의 편에서 정의로운 통치를 통해 억압자들로부터 이들을 보호해야 했다. 이것이 왕의 기본적인 역할이었다.

예를 들어 시편에서는 다음과 같이 말한다. "왕이 주님의 백성을 정의로 판결할 수 있게 하시고, 주님의 불쌍한 백성을 공의로 판결할 수 있게 해 주십시오… 왕이 불쌍한 백성을 공정하게 판결하게 해 주시며, 가난한 백성을 구하게 해주시며 억압하는 자들을 꺾게 해주십시오"(시편 72:2-4절, 새번역). 물론 성서 곳곳에서 선택받은 다윗왕조의 위대함이 찬양되기도 한다. 하지만 앞서 보았듯이 왕에 대한 신랄한 비판도 함께 등장한다. 다윗왕이 남의 아내를 취한 것에 대해 신명기 역사서는 가차 없이 비판했다(사무엘하 12장). 이것은 왕은 오직 하나님뿐이며 인간은 대리자의 역할을 할 뿐이라는 사상을 잘 보여주고 있으며, 자신의 욕망을 채움으로 왕의 역할을 망각할 때 그 왕은 비판을 받을 수밖에 없다는 것을 강조한 것이다. 즉 하나님의 뜻을 따르는 왕이란 자신에게 부여된 대리자의 임무를 잘 수행하여, 세상을 정의롭게 만듦으로 부정과 불의로 아픔을 겪는 백성들이 없도록 하는 것이다. 왕에게 맡겨진 백성들은 왕의 백성이기에 앞서 하나님의 백성이다. 누구나 존중받고 불의로 고통 받지 않는 세상을 만드는 것이 왕의 책임이라는 것이다. 또한 선량한 백성들을 억압하고 착취하는 자들의 편에 서지 않고, 오히려 압제자들을 물리치는 것이 왕의 역할이기도 하다. 이것이 왕을 세운 하나님의 뜻을 따르는 것이며, 이를 수행하지 않을 때 왕 또한 벌을 받을 수밖에 없다고 성서는 말한다. 물론 역대기 역사서에서는 다윗의 부정적인 측면이 완전히 제거되고, 모범적인 왕의 전형이 되었다. 그러나 역대기 역사서가 포로기 이후 고향으로 돌아와 자신들의 정체성을 확립하는 시기에 기록/편찬되었다는 사실을 기억해야 한다. 역대기 역사서의 완벽한 다윗왕에 대한 기록은 왕이 부재한 상황에서 왕조의 부흥을 꿈꾸며 이상적인 왕을 희망하던 그들의 이념을 반영하고 있을 뿐이다.

4. 약한 자를 왕으로 선택한 하나님

우리 모두가 지도자의 역할을 하면서 사회에 정의를 구현한다면 참으로 이상적인 나라가 만들어질 것이다. 그러나 한 공동체가 구성되는 한, 공동체를 이끌 지도자의 필요성은 부정할 수 없는 현실이다. 문제는 권력욕과 사리사욕으로 지도자가 되려는 사람, 지도자의 위치를 마치 신의 위치로 착각하여 권력을 오용하는 사람이 있다는 슬픈 현실이다. 그러나 성서는 단호하게 말한다. 왕 즉 지도자는 정의로 백성들을 통치하고 억압자를 꺾어야 할 책임이 있다. 이것이 하나님의 뜻이다. 이러한 하나님의 뜻을 헤아리지 못할 때 그런 왕/지도자는 악한 왕으로 평가를 받게 되었다. 또한 권력이 하나님으로부터 왔다는 것도 왕의 대리자적인 역할을 상징적으로 보여줄 뿐이다.

이태리 피렌체 대성당에는 다윗왕의 조각상이 있다. 미켈란젤로는 왕관을 쓰고(황금화관이 원래 있었으나 사라졌다고 하기도 함) 화려한 왕복을 입은 다윗을 조각하지 않았다는 것이 문득 필자에게 흥미롭게 다가왔다. 왜 나체의 모습으로 다윗을 조각했을까? 문득 필자는 다윗이 왕으로 선택받을 때를 묘사한 성서의 이야기가 떠올랐다. 우람한 다윗의 형들을 제치고 보잘것없는 양치기 목동 다윗을 하나님은 왕으로 선택했다는 이야기 말이다. 그리고 성서는 묘사한다. 하나님은 중심을 보시는 분이란 것을. 왕/지도자에게 필요한 것은 화려한 외형도, 뛰어난 언변도, 명문대학의 학벌도 아니다. 중심이 바로 서 있는 지도자, 마음이 따뜻한 지도자, 백성/인간을 있는 그대로 사랑하는 지도자, 슬픔을 함께 공감하며 정의로 백성들의 아픔을 씻겨주는 지도자. 2016년 겨울 광화문 광장에서 우리가 갈망한 지도자의 모습이 아닐까?

Ⅳ. 질문과 대답

1. 역대기 역사서의 기록/편집시기가 포로기 이후의 어려운 상황 속에서 나온 책이라고 해도 왕을 미화하면서 왕의 부정적인 측면을 삭제했다는 것은 이해할 수 없습니다. 어떻게 이해해야 하나요?

신명기 역사서와 역대기 역사서는 모두 현대 성서학자들에 의해 붙여진 이름입니다. 이스라엘의 역사를 기록하고 있다는 측면에서 역사서라고 부르지만, 유대인들은 이 책을 역사서로 이해하지 않습니다. 또한 오늘날의 역사 개념과는 다른 측면에서 고대 이스라엘의 역사를 기술하고 있습니다. 객관적인 측면이라기보다는 종교적인 시각으로 왕들을 평가한 책입니다. 또한 이 책을 기록한 저자(들)의 이념이 그대로 반영되었다고 볼 수도 있습니다. 마치 오늘날 공식적인 역사 기록들이 거의 지배층들에 의해, 그들의 시각으로 기록되면서 주변부 이야기들이나 서민들의 이야기들이 누락, 삭제된 것과 유사합니다. 따라서 성서도 기록자의 관점이 많이 반영되었다는 것을 이해하는 것은 중요합니다. 그러나 성서에는 또 다른 목소리도 공존합니다. 앞서 살펴보았듯이, 왕들의 잘못을 신랄하게 비판하고 있는 목소리도 함께 있다는 것은 중요한 측면입니다.

2. 왕/지도자가 하나님에게 선택받았다는 사상은 위험해보입니다. 오늘날 개신교가 비판을 받는 이유 중 하나가 종교지도자들이 하나님으로부터 선택받았기 때문에 특별한 존재로 취급되어야 한다는 믿음 때문이라고 생각합니다. 또한 왕조세습처럼 자신의 자녀에게 지도자의 자리를 세습하면서 문제가 되고 있습니다. 어떻게 이해해야 할까요?
좋은 지적입니다. 분명 성서에는 왕을 하나님이 선택했다는 사상이 있습니다. 그러나 성서는 철저하게 왕과 하나님을 동일시하지 않으며, 특별한 존재라기보다는 대리자의 역할을 왕에게 부여했을 뿐입니다. 그리고 성서는 고대 유대인들의 사상이 반영된 것이기 때문에 오늘날 재해석이 필요합니다. 왕처럼 선택받았다고 하여 종교지도자들이 특권의식을 갖고 있거나 특별한 대우를 받으려고 한다면 잘못된 것입니다. 개신교에서는 역할이 다를 뿐 우리 모두 하나님으로부터 선택받았다고 생각합니다. 또한 종교지도자의 역할을 자녀들에게 세습하는 것도 자신들의 욕심이 반영된 것이라고 생각합니다. 과연 하나님이 이 모습에 통탄하지 않을까 생각합니다. 여러분들의 건설적인 비판이 계속된다면 언젠가 서서히 개신교의 모습도 바뀌지 않을까 생각합니다.

Ⅴ. 토론주제 및 참고자료

1. 토론주제

1) 오늘 우리에게 전달되는 많은 이야기들이 누구의 시각으로 기록되고, 전달되고 있을까요? 또한 비판적인 시각과 목소리가 왜 필요할까요?
2) 우리 시대의 올바른 지도자의 모습을 토의하고, 참 지도자가 아니라고 생

각할 때 내가 할 수 있는 일들은 무엇이 있을지 의견을 나누어보세요.

(3) 내가 지도자라는 생각을 갖고 살아간다는 것은 어떤 의미일까요?

2. 참고자료

노세영, "고대근동의 왕권사상," 노세영, 박종수, 『고대근동의 역사와 종교』, 서울: 대한기독교서회, 2000.

임태수, "왕조전승과 예언자전승," 월요신학서당 편, 『새롭게 열리는 구약성서의 세계』, 서울: 한국신학연구소, 1994.

예언서 읽기

– 그 날, 그날을 이야기 하자!

Ⅰ. 문제제기: 성서에서는 그날과 오늘 우리의 그날?

우리에게는 '그날'과 '새날'을 무수히 기다리며 묵묵히 때로는 큰 소리내고 행동으로 옮겨 온 전통이 있다. 일제 강점기 심훈은 두개골이 깨어져 산산조각이 나도 육조 앞 넓은 길을 울며 뛰며 뒹굴어도 그 간절한 마음으로 '그 날', 해방의 그날을 그리며 "그날이 오면"을 지었다. 또 유신 독재로 제대로 신음조차 내지 못할 때 김민기는 "그날"(1972년)이라는 노래를 지으며 "그 끝을 알 수 없는 독재에 지치지 말라."고 격려하였고, 그 공포의 시대, 독재가 심해질 때 "금관의 예수"라는 노래로 얼어붙은 이 산하에서 종교적 구원이 삶의 구원이 아니냐고 우리 스스로에게 묻고 그 답을 찾게 했다.

1980년 5월 광주에서 군부가 저지른 일로 끝없이 절망 속에 빠져있을 때 1987년 6월 10일 시민들의 항쟁으로 대통령선거를 간선제에서 직선제로 헌법을 바꾸고 대통령선거를 했지만 그 꿈을 보지 못해 허망해 있던 그 때 노찾사는 '한밤의 꿈은 아니리 … 고된 땀방울 함께 흘러 드넓은 평화의 바다에 정의의 물결 넘치는 꿈 … 아 피맺힌 그 기다림도 헛된 꿈이 아니었으리 그날이 오면 그날이 오면'("그날이 오면" 1989년, 문승현 시)라고 노래 부르며 그 날을 꿈꾸었다. 그 후 곡절이 있었지만, 그 날, 새날은 오지 않고 긴 암흑의 세월이 흐르던 2016년 가을에서 겨울로 넘어가는 자리에서 광화문 광장과 방방곡곡 사람들이 모일 수 있는 곳이면 어디나 토요일마다 모여 촛불을 켜고, 거리를 행진하며, 우리는 혹독한 추위에도 새로운 세상, 새날이 올 것을 기대하고 다가올 그 날을 이야기하거나 소리를 외쳤다.

그러면서 종교들이 제 역할을 해주기를 바라기도 했다. 때로는 휘몰아치듯

때로는 엄정하게 정치지도자들을 꾸짖고, 언제 깨질지 모르는 남북 관계 속 전쟁의 소문이 들리는 때 평화를 빌어주기를 염원했다. 성서에 나오는 선지자 또는 예언자들처럼 "너는 가서 이 말을 전하라!"로 시작되는 말들을 권력자들에게 사자후를 내뿜는 종교 지도자들을 만나고 싶었다. 하지만 우리사회에서는 일반 시민들이 때론 성난 소리로, 때론 눈물로 호소하는 모습으로 차가운 광장에서 서로서로 부둥키고 격려하며 그 소리를 대신하는 것 같았다. 그렇다면 성서에서는 그 날, 새 날에 대해 무엇이라고 하고 있을까?

Ⅱ. 개념설명

1. 예언이란 무엇인가?

예나 지금이나 동서고금 사람은 자신의 앞날이나 국가의 운명에 대해 궁금한 것은 인지상정인지 모르겠다. 그래서인지 예언이라고 하면 연말연시 · 대학입시 · 승진 · 선거철 때 무속인에게 운명을 감정하거나 사주팔자 운운하면서 앞날의 일들을 점치는 것으로 생각하기 쉽다. 아마도 그렇게 생각하는 데는 우리말 사전인 국립국어원의 국어대사전에서 예언을 정의한 것을 살펴보면 어느 정도 이유를 알 수 있다. 사전에서는 예언, 01例言, 02預言, 03譽言으로 나누어 설명하고 있는 데, 그 가운데 우리의 관심사와 일치하는 항목은 예언02預言(명사 1. 앞으로 다가올 일을 미리 알거나 짐작하여 말함 2. 『기독교』신탁(神託)을 받은 사람에 의해 하나님으로부터 직접 계시된 진리를 사람들에게 전하는 일, 또는 그런 말)이다. 그런데 이 정의로 충분한 것인가? 예언02.의 1정의와 비슷한 말로 한국인들은 전통적으로 앞일의 길흉화복에 대하여 예언하는 말을 뜻하는 참언(讖言)을 사용하기도 했다. 아무튼 국어대사전의 정의로는 성서 또는 기독교에서 말하는 예언을 다 설명하기에는 뭔가 부족하다.

구약성서에서 사용되는 예언을 한자로 표기할 때는 미리 예(豫)와 말씀(言)을 붙여서 '미래에 일어날 일을 미리 헤아려 말하는 것'이라는 말도 사용되지만 '신의 말씀을 위탁을 받은 사람이 신의 뜻을 그대로 사람들에게 전하는 일이나 그 내용'을 담은 예언(預言:맡길 예, 말씀 언)이 더 어울린다. 그래서 구약성서가 말하는 예언은 특정한 시기에, 특정한 나라에서, 특정한 예언자를 통해서, 특정한 백성에게 한 말이라는 이해가 무엇보다 더 우선해야 한다. 이제 이런 이해를 가지고 예언자가 누구인지, 예언서란 어떤 책인지를 알아보자.

2. 예언자, 그들이 궁금하다?

구약성서에서 예언자 또는 선지자로 불리는 이들은 누구인가? 구약성서에 나오는 "예언자"라는 말은 히브리어 "나비(navi)"에서 왔다. 그렇다면 "나비"라는 말은 어원적으로 어떤 뜻이 있었을까? 아마도 "부름받은 자" 혹은 "알리는 자"의 뜻이라고 생각할 수 있는 실마리는 모세와 아론의 관계를 이야기하는 출애굽기에서 찾아 볼 수 있다. 모세는 말을 잘하지 못해 모세와 바로(이집트왕)사이에서 아론이 대신 말을 전하였는데 이 때 아론이 한 역할이 '나비'였다. 그러니 예언자란 앞날의 일을 미리 알고 이야기하는 사람이 아니라 대신 말을 전하는 '대언자(代言者)'라고 이해하는 것이 우선이다.

그 이외의 역할이 무엇이었을까? 혹시 다른 의미가 있다면 어떤 것이 있을까? 하나님의 뜻을 전하다 보면 어떤 때는 미래의 일도 알려주어야하기 때문에 예언02의 1번 정의가 완전히 배제된 것은 아니다. 그렇다고 해서 구약성서 속에서 우리와 이야기하는 예언자는 단순히 미래의 길흉화복 등을 맞히는 요술쟁이나 점술사가 아닌 것은 분명한 것 같다. 예언 현상은 이집트, 메소포타미아, 가나안 등 고대 근동 지방에서 널리 존재했다. 그러기 때문에 초기 예언자들의 활동 가운데 점술가적인 종교운동에 영향을 받은 것들이 있어서 문서예언자들의 활동을 구분해서 선견자(선견자라는 말은 히브리어의 '로에-본다' 또는 '호쨰-환상을 본다'를 번역한 말이다)와 예언자(혹은 선지자)라 부르기도 했다.

예언자는 구약시대 이스라엘의 종교가 그 본분의 역할을 잊지 않도록 수행했다. 예언자들은 자신들의 뜻이 아니라 자신을 보내신 분, 즉 하나님의 말씀의 뜻을 선포했다. 특히 이스라엘 백성이 하나님과 맺은 언약을 지키지 않고 하나님의 뜻에서 멀어질 때, 예언자들은 백성을 올바른 길로 인도하기 위해 죽음을 불사하며 하나님의 목소리가 되어 진리를 선포했다. 요약해보면 구약의 예언자는 하나님께 부르심을 받았다는 철저한 소명의식이 있고, 늘 하나님께 영감을 받으며, 하나님의 대언자로서 인간에게 하나님의 말씀을 자기들과 동시대 사람들에게 하나님을 대신해 이야기한 사람들이었다.

3. 예언서 알아보기

자, 이제 39권의 구약성서 가운데 가장 많은 부분을 차지하고 있는 예언서에 대해 살펴보자. 구약성서에서 예언서는 오경, 역사서, 성문서 다음에 놓인 책 묶음이다. 구약성서 39권 가운데 17권으로 가장 많은 분량을 차지하는 부분이기도 한다. 예언서의 내용이 메시아사상과 더불어 구약성서에서 신약성서로 넘어가는 다리 역할을 하기 때문에 구약성서의 끝부분에 자리하고 있다.

히브리어 구약성서는 오경, 예언서, 성문서로 그 배치 순서를 삼았습니다. 이에 따르면 예언서는 '전기 예언서(신명기계 역사서로 분류되는 여호수아서, 사사기, 사무엘 상하, 열왕기 상하에도 예언자들이 등장하고 예언 활동의 중요성이 강조 되어서)'와 '후기 예언서(대大 예언서-이사야, 예레미야, 에스겔과 소小 예언서 호세아~말라기, 다니엘서 제외)'로 분류된다. 개신교에서는 예언서를 대예언서(4권 이사야, 예레미야, 에스겔, 다니엘)과 소예언서(예레미야 애가, 호세아, 요엘, 아모스, 오바댜, 요나, 미가, 나훔, 하박국, 스바냐, 학개, 스가랴, 말라기)로 나눈다. 그렇게 한 이유 특히 예언서를 대(大) · 소(小)로 분류한 것은 다름이 아니라 예언서 분량 때문이다. 그 예언자의 지명도, 예언 내용의 중요성 등이 고려된 것이 아니라 책의 분량이 그 기준이 된 것이라는 점을 기억하자.

Ⅲ. 주제강의 – 그 날, 그 날을 이야기하자!

"예언자들은 이스라엘 역사의 한복판에서 저들의 민족과 함께 희비애락에 참여했다. 그러나 그들은 역사 속에 함께 살면서도 그 거점을 역사 자체 안에 두지 않았다. 따라서 저들의 판단은 역사적인 사실을 기록한 일반 역사서의 구절들과 전혀 일치하지 않는다. 저들의 판단의 거점은 역사 안에서 역사를 초월한 데 있었다." – 안병무, 『역사와 해석』 중에서

1. 예언서의 기록[1]

이스라엘의 예언자들은 구체적인 대상을 향해서 하나님의 말씀을 전달했다. 그들은 추상적으로 시공간을 초월한 진공상태에서 존재한 사람들은 더욱이 아니었다. 그렇기에 예언은 아무 때 아무 곳 아무나 아무에게 전한 말이 아니라 특정한 시기에, 특정한 나라에서, 특정한 예언자를 통해서, 특정한 백성들에게 한 말이었다. 예언자들은 예언을 할 때 다음과 같은 패턴으로 하였다. 하나님의 말씀, 구체적인 역사적 상황, 그리고 예언자 자신들의 말씀에 대한 이해, 이 세 가지가 서로에게 작용하면서 예언은 전달되었다.

그렇다면 예언서는 어떻게 기록되었을까? 성서 대부분이 그렇듯 예언서 역시 오랜 기간 편집 과정을 거쳐 오늘 우리가 접할 수 있게 되었다. 예언서에 있는 예언들 가운데 구전으로 전해지던 것이 많지만, 처음부터 글로 기록된 것도 적잖이 있다. 현대 예언자 연구에 따르면, 예언서 가운데 그 이름을 딴 예언자가 직접 저술하였다는 것에는 회의적이다.

왕조 시대의 초기 예언자들은 메시지를 글로 남기지 않았다. 기원전 8세기 이후 왕실이나 성소에 소속의 예언자가 아닌, 하나님의 부름을 받은 예언자의 메시지가 예언서를 이루었다. 이렇게 자신의 이름이 예언서 제목으로 남은 예언자를 '문서 예언자'라 한다. 이들이 직접 쓴 것이든 아니든 상관없이 이들이 전한 하나님의 말씀이 글로 남았기 때문이다. 이들의 메시지를 하나님의 말씀으

1 이 부분은 『성서와 함께』 2013년 5월호 "성경 첫걸음 – 예언서에 대해 알아볼까요"의 내용을 바탕삼아 기술했다.

로 확신하면서 보존 · 전승하고 기록했다. 또 이 메시지의 계승자들은 예언 활동을 하기도 했다. 예언이 문서화단계에서 다른 여러 예언자의 신탁이 유명 예언자의 이름 아래 비슷한 주제로 끼어 들어가 합쳐지는 현상도 생겼다. 또 최종 편집 단계에서 단편적 예언 문서들이 당대의 상황과 필요에 따라 재해석되고 수정 · 보완되기도 했다.

그렇다면 언제 예언서가 발간되었을까? 포로기(유배시대)와 그 후에 이뤄졌다. 포로기 이전의 예언자들이 징벌과 재앙을 강한 어조로 메시지를 선포하여 이스라엘 백성의 회개를 촉구한 데 반해, 포로기와 그 후의 예언자들의 예언은 회복과 희망, 위로의 메시지를 주로 담고 있었다. 왜 그랬을까? 예언서를 최종 편집할 당시 종교가 지향하는 바, 사회적 바람이 어떤 영향을 미쳤는지 미루어 짐작할 수 있다.

2. 예언자들과 그들의 그날들[2]

자 ~ 이제 예언자들이 활동하던 시대를 알아보자. BC 922년 솔로몬이 죽자 짧은 통일왕국시대는 끝나고 남북으로 나뉘었다. 남쪽은 유다 왕국으로 북쪽은 이스라엘 왕국으로 각자의 길을 걸어갔다. 이 분열왕국시대에 문서 예언자가 처음 등장했다. 성서는 그를 아모스라 불렀다. 아모스는 남 유다 왕국 출신이며, BC 760년 북 이스라엘에서 활동했다. 예언자 대부분이 남 유다 왕국출신인데 반해 호세아는 유일한 북 이스라엘 출신으로 BC 750~725년 자신의 조국에서 활약했다. 아모스, 호세아만 북 이스라엘에서 활동했고 그 밖 대부분의 예언자들의 활동무대는 남 유다 왕국이었다.

남북분열 후 분열체제가 오래 유지되지 않았다. BC 722년 북 이스라엘은 종말을 고하고, 20여년이 지난 BC 701년에는 아시리아의 왕 센나체리

2 이 부분은 『예언서 바로 읽기』(차준희, 성서유니온, 2013) 가운데 '예언서 들어가기'의 내용을 발췌하고 윤문하기도 했다.

브(산헤립)이 예루살렘을 침공했다. 이 때 예언자 이사야와 미가가 활동했다. 이사야는 BC 740~701년까지 주로 예루살렘에서 활동하고 미가는 BC 740(?)~700년까지 자신의 출생지인 모레셋이라는 지역에서 예언했다. 아모스, 호세아, 이사야, 미가 이 네 명의 예언자를 BC '8세기의 예언자'라 부른다.

BC 600년대 활동한 예언자들은 당연히 BC '7세기의 예언자'다. 나훔은 BC 650년경, 스바냐는 BC 630년경, 하바국은 BC 600년경에 활동했다. 예언자 스바냐와 하바국이 활동하던 때인 BC 622년 남 유다의 16대 왕으로 즉위한 요시야는 종교개혁을 단행했다. 예레미야는 BC 587년 남 유다가 멸망할 때 그 현장에 있던 유일한 예언자였다. 그의 활동기간은 BC 627/6~585년이었다. 불행한 예언자 예레미야는 말년에 자기의 의사나 의지와 상관없이 이집트로 끌려갔다.

북 이스라엘은 아시리아에게 망하고 남 유다는 바빌로니아의 침공 받아 멸망당했다. BC 722~585년 이 시대를 '아시리아의 통치기'라 한다. 유다의 멸망 후 유다의 포로민들이 귀환하기 직전인 BC 587~539년까지를 '바빌로니아 포로기'라 한다. 포로로 끌려간 바빌로니아에서 예언자로 부름 받아 활동한 이가 바로 에스겔이었다. 그는 BC 597년 예루살렘 제1차 침공 때 끌려가 BC 593년부터 예언자로 활동했다. 오바댜는 예루살렘에서 BC 587년 남 유다가 바빌로니아에게 함락될 때 바빌로니아를 도와 노략질한 에돔 사람들에게 가혹한 심판이 있을 것이라는 강한 메시지를 선포했다.

BC 539년, 고대근동의 패권을 가졌던 바빌로니아가 페르시아 고레스왕에게 합병되었다. 이때부터 마케도니아의 알렉산더 대왕이 등장하기 직전까지, BC 539~333년 약 200년 동안을 '페르시아 통치기'라 한다. 고레스가 왕이 되자 BC 538년 칙령을 반포해 바빌론에서 포로생활을 하는 유다인들을 본국으로 돌려보냈다. 귀환 후 BC 520년에 학개, BC 520~518년 스가랴가 예루살렘에서 활동했다. 그들이 주로 전한 메시지는 성전건축과 관련이 있다. BC 515년 유다인들의 꿈인 성전이 재건되었다. 유다들의 제1성전을 '솔로몬 성전'이라 하고, 귀환 후 재건한 성전을 제2성전 또는 '스룹바벨 성전'이라 한다. 그 다음 BC 400년대 중반 혹은 후반에 활동한 마지막 예언자 말라기는 귀환이후 이스라엘의 영적 해

이와 제사장들의 업무 태만에 대해 개탄하고 규탄했다.

요약해보면 문서 예언자들은 BC 8세기에서 BC 5세기까지 등장해서 활동한 것으로 볼 수 있다. 그리고 알렉산더가 BC 333년에 등장한 후 로마가 지중해 패권을 차지하고 통치하기 시작한 BC 64년까지가 '그리스 통치기'다. 그 이후 예수님의 탄생을 0년(혹은 BC 4년)으로 본다면 예수께서 활동하던 시기는 '로마 통치기'다.

활동시기가 불분명한 예언자는 요나와 요엘 두 사람이다. 요나 이야기는 Q&A시간에 다루겠다. 요엘은 스바냐와 거의 동시대에 활동한 것 같다. 그는 '여호와(야훼)의 날'은 심판의 날이자 위로의 날이 될 것이라는 메시지를 선포했다. 더 이상의 문서 예언자들이 등장하지 않던 시기(BC 333 ~ 64년) 가운데 우리가 주목해야 할 사건이 BC 164년에 발생했다. 달리 말해 예루살렘 성전 정화 사건이었다. 이것을 배경으로 한 책이 다니엘서입니다. 다니엘서에 관한 이야기도 Q&A시간에 말하죠.

3. 그 날, 그 날을 이야기하자![3]

예언자들의 역사를 보는 전통은 안병무 선생이 『역사와 해석』에서 이야기했듯이 "예언자들은 과거의 전통과 앞으로 올 새것 사이에서 이스라엘 안에서 이스라엘과 마주서는 것"이다. 그들은 과거, 현재, 미래를 이어가며 긴장 속에서 이스라엘에게 현재의 설 자리를 마련하고자 했다. 예언자들이 관심을 가지고 있는 것은 오고 있는 약속의 성취에 있었다. 이 약속은 이미 이집트에서 떠날 때, 다윗이 등장할 때 주어진 것이었다. 그렇기 때문에 과거를 이야기할 때 단순히 회고하는 것이 아니라 오늘 지금 여기에서 하나님에 대한 강한 신뢰를 확인하고, 또한 늘 배반하는 것이 일상화된 현재를 고발하는 것이다. 예언자들은 약속

3 이 부분은 김재성의 『민들레 성서이야기』(민들레성서마을, 2002) "8. 그날이 오면"의 내용과 생각을 일부 따오기도 하고, 윤문하기도 했습니다.

의 성취되는 그 날을 너무나 분명하게 확신했다. 그날은 반드시 온다고…… 이스라엘 전체가 배신하면 아주 적은 수의 모임을 통해서 그것도 안 되면 한 사람만이라도 있으면, 그도 안 되면 새 계약을 통해서라도 그 날은 온다는 것이었다. 예언 전통은 제사의식의 확산에 따라 발전된 것이 아니라 기득권으로 자리매김하는 권리남용에 대한 바로잡음이라는 것이었다. 그래서 예언전통을 이야기할 때 우리는 '정의를 강물처럼 흐르게 하라'는 명령을 잊을 수 없는 것이다. 그렇다면 성서가 아니 예언자가 말하고 있는 그 날은 어떤 날인가?

첫째로, 그 날은 주의 평화가 이루어지는 날이다. 이사야서 2장 4절을 보면 주께서 민족들 사이의 분쟁을 판결하시고, 뭇 백성 사이의 갈등을 해결해 주시며, 그들이 칼을 쳐서 보습을 만들고 창을 쳐서 낫을 만들며, 나라와 나라가 칼을 들고 서로를 치지 않으며, 군사훈련조차 하지 않는 날이라 한다. 또 이사야는 11장 6절에서 8절에 이르러 주님의 평화가 어떤 모습인지 환상적이면서도 구체적으로 묘사한다. 사자가 풀을 뜯고, 젖먹이가 독사 굴에 손을 넣어도 아무런 해를 입지 않는 그런 일들이 벌어지는 날이 그 날이라 할 수 있다.

둘째로, 그 날은 새로운 창조가 이루어지는 날이다. 이사야서 65장 17절을 보면 "보아라, 내가 새 하늘과 새 땅을 창조할 것이니, 이전 것들은 기억되거나 마음에 떠오르거나 하지 않을 것이다"라고 되어 있다. 새 하늘과 새 땅은 무엇을 이야기하고 있을까? 이 세상과는 전혀 별개의 세계일까? 이사야는 계속해서 이렇게 이야기한다. 그 곳에서는 다시는 울음소리, 울부짖는 소리가 들리지 않고, 몇 날을 살지 못하고 죽는 아이, 수명을 다 채우지 못하는 노인도 없을 거라고…… 자기가 지은 집에서 살고, 자기가 기른 포도나무의 열매를 먹는다고…… 달리 말해 이 땅에서 자기 생명을 건강하게 누리면서, 자기가 수고한 대로 먹고 자기가 지은 집에서 사는 삶을 이야기하는 것이다. 예레미야는 하나님은 정의의 하나님이시고 가난한 자와 거절당한 자의 편에서 행동하시는 하나님이시다고 선포한다. 성서에서는 정의와 사랑을 나누어 이것은 정의와 평화가 이루어질 때만 올 수 있는 세상이라고 한다.

셋째로 그 날은 새로운 출애굽이 이루어지는 날이다. 예레미야는 그 날이 오면 주님이 이스라엘과 새 언약을 맺을 것이라고 이야기했다. 이 언약은 이집트에서 자기 백성을 이끌고 나오던 때 맺은 언약과는 다른 것이다. 이스라엘 사람들은 주님과 맺은 언약을 깨뜨려버렸고 돌판에 새겨진 계명은 쓸데없이 되었다. 그래서 예레미야를 통해 이렇게 메시지를 전한 것이다. "그러나 그 시절이 지난 뒤에, 내가 이스라엘 가문과 언약을 세울 것이니, 나는 나의 율법을 그들의 가슴 속에 넣어주며, 그들의 마음 판에 새겨 기록하여, 나는 그들의 하나님이 되고, 그들은 나의 백성이 될 것이다. 나 주의 말이다"(렘 31:33). 출애굽 전통에 서 있는 예언자들은, 그 날이 오면 무엇보다도 진정한 의미의 출애굽이 새롭게 이뤄질 것이고 굳게 믿었다. 그 날에는 돌판에 새기는 것이 아니라 그들의 마음 판에 하나님의 계명을 새기며, 영원히 깨지지 않는 새 언약을 맺게 된다.

넷째로 그 날은 자연이 기뻐 춤추는 날이다. 자연이 파괴되어가는 오늘날 우리에게 큰 울림이 있다. 우리는 자연의 신음소리를 들을 귀가 없어서 자연의 목소리나 노래도 듣지 못한다. 이사야는 그 날을 이렇게 우리에게 전했다. "참으로 너희는 기뻐하면서 바빌론을 떠날 것이며, 평안히 인도받아 나아올 것이다. 산과 언덕이 너희 앞에서 소리 높여 노래하며, 들의 모든 나무가 손뼉을 칠 것이다"(사55:12). "레바논의 자랑인 잣나무와 소나무와 회양목이 함께 너에게로 올 것이다"(사60:13). 예언자는 그 날을 자연이 노래하고 뛰며 춤추는 날로 그리고 있었다. 우리가 자연의 노래 소리와 손뼉 치는 소리를 들을 수 있고 자연이 달리고 춤추는 것을 볼 수 있다면, 우린 자연의 신음소리와 통곡 소리를 들을 수 있을 것이며, 자연이 비틀거리고 저는 모습도 볼 수 있겠다. 그러면 이 세상은 지금보다 훨씬 더 아름다고 살기 좋은 곳이 될 것이다.

4. 예언 운동, 오늘에도 필요할까?!

예언자들의 메시지 선포와 활동은 잠시 잠깐 동안 나타났다가 사라지는 것이 아니라, 마치 화산맥처럼 맥을 이어 흐르다가, 새로운 역사의 마당에서 다시 분출한다. 허언(虛言), 감언(甘言), 교언(巧言) 홍수 속에서 거짓 예언자들이 판치는 이 때 무엇이 이 땅에 하나님 나라를 가져오는 말인지 구분할 수 있어야 한다. 예언자들은 때때로 하나님의 가르침을 떠난 정책 결정에 대해 혹독하게 비판하고, 정의를 행하는 데는 굼뜨고 부도덕한 권력에 야합하는 데는 번개와 같은 종교지도자층이었던 제사장세력과 세속 권력자와 충돌하거나 그들의 탄압으로 망명을 떠나거나 더 이상 역사의 전면에 나서지 못하게 되었지만, 또 다른 예언자가 메시지를 전할 때 예언운동에서 벗어나지 않고 이어지는 것을 보게 된다. 이런 예언전통과 예언운동에서 세워진 기독교는 불의한 사회제도와 권력에 맞서 칼날 같은 비판으로 시대의 파수군의 역할을 해왔고, 이 전통을 계속 이어가야 한다. 자신이 속한 사회, 더 나아가 인류에 대한 관심이 사라지거나 상실할 때 기독교는 사적인 종교(a private religion)로 전락할 것이다. 미국의 정치평론가이면서 소저너스(sojourners)를 세운 짐 윌리스(Jim Wallis)가 기독교 신앙은 "개인적(personal)하지만 결코 사적(private)이지 않다."고 힘주어 말한 것에 주목할 필요가 있다. 그러기 위해서 우리는 예언서가 전해주는 지혜를 잃지 말고 우리의 삶의 자리에서 실천하여야 한다.

Ⅳ. 질문과 대답

1. 예언자들 가운데 하나님의 명령이 자기의 뜻과 다르다고 반항한 예언자는 없었나요?

   요나입니다. 요나를 모르는 사람은 없지 않을까 싶어요. 성서를 한 번도 읽어보지 않은 사람도 '고래'와 관련해 이야기 할 정도지요. 그 정도로 요나이야기는 친숙하지요. 하나님의 부르심을 받은 요나지만 하나님의 뜻을 따르지 않지요. 그는 니느웨로 가서 시민들의 회개를 선포하도록 파견을 받았지만 니느웨로 가기는커녕 배를 타고 다른 방향인 다시스로 도망갑니다. 그는 하나님에게서 최대한 멀리 달아나려고 했지요. 예언자 요나는 위대한 영웅적 행동을 한 것도 아니고 대단한 일을 한 사람도 아니죠. 그를 보면 예언자도 역시 우리와 똑같은 인간이구나 하게 됩니다. 그렇다면 요나는 왜 그렇게 니느웨로 가지 않으려고 했을까요? 요나가 생각하기에는 니느웨는 악의 대명사이고 민족적 원수이거든요. 근데 하나님은 그런 니느웨 사람들에게 사랑을 베푸신다는 거지요. 그러자 요나는 편협한 선민의식을 드러내놓고 하나님께 따져 묻습니다. 하지만 하나님은 요나와 함께 일하시면서 하나님의 사랑이 이스라엘 민족에게만 국한되어 있지 않고, 유대인들에게 너무 고통을 주었기 때문에 마주하기조차 싫은 이방민족에게 미친다는 것을 보여줍니다. 다시 말해 하나님은 나뿐만 아니라 나의 원수와 이방민족까지도 다 사랑하십니다.

2. 히브리어 성서에서는 성문서로 분류되어 있는데 우리 말 성서에서는 예언서로 분류되어 있는 성서는 어떤 것이 있나요?

다니엘서입니다. 다니엘은 BC 7세기와 6세기에 걸쳐 활동한 예언자요, 묵시가입니다. 다니엘서가 다루는 상황은 신구약 중간시대이므로 학개, 스가랴, 말라기와 함께 읽는 게 좋습니다. 다니엘서는 유대 묵시문학 가운데 하나입니다. 믿음은 회피가 아니라 역사 현장에 적극 참여하는 것이라고 강조합니다. 다니엘서는 이야기 부분(여섯 개의 이야기, 1~6장)과 환상 부분(네 개의 환상, 7~12장)으로 구성되어 있습니다. 이 책에서 이야기하고자 하는 것은 하나님께서는 역사를 주관하시기 때문에 모든 것은 하나님의 계획 속에 들어 있다고 믿으며 악에 대한 하나님의 궁극적인 승리입니다. 우리 가운데 어떤 이들은 영혼문제에 붙잡혀서 그것만 이야기 하고자 합니다. 또 어떤 이들은 역사의 큰 이슈를 다루기 좋아합니다. 다니엘서는 개인적 것과 정치적인 것, 현재 일과 장차 다가올 미래의 일, 영혼 문제와 사회 문제 모두를 하나로 담아놓은 책입니다.

Ⅴ. 토론주제 및 참고자료

1. 토론주제

1) 한국사회에 예언 운동이 필요할까요?

2) 한국교회의 참 예언자와 거짓 예언자를 어떻게 구분할수 있을까요?

2. 참고자료

안병무, 『역사와 해석』, 한국신학연구소, 1998.

유진 피터슨, 『메시지 예언서』, 이종태 옮김, 복있는 사람, 2017.

차준희 편저, 『구약 예언서 이해』, 한국신학연구소, 1997.

차준희, 『예언서 바로읽기』, 성서유니온선교회, 2013.

지혜서 읽기

– 어떻게 살 것인가?

Ⅰ. 문제제기

우리 모두는 행복하게 살기를 소망한다. 잘 살기를 소망한다. 그러나 어떻게 해야/어떤 삶이 행복한, 잘 사는 삶인지에 대한 답은 사람마다 다르다. 각자 인생에서 무엇을 최고의 가치로 삼느냐에 따라 행복한 삶에 대한 관점은 다를 수밖에 없기 때문이다. 그런데 언제부터인가 행복한 삶이란 이런 것이어야만 한다는 모범답안이 우리사회에 생겨나기 시작했다. 명문 대학에 들어가는 것, 고액의 연봉을 받는 직장에서 일을 하면서 물질적인 풍요를 누리며 살아가는 것. 좋은 대학, 좋은 직장에 들어가 경제적으로 풍족하게 살아가는 것이 물론 잘못되었다는 것은 아니다. 문제는 우리가 무엇이 되기를, 무엇을 하기를 원하는 가에 대한 질문이 더 이상 중요하지 않게 되었다는 것이다. 빠르게 돌아가는 일상 속에서 어느 순간부터 우리는 인생을 살아가면서 꼭 해야 할 삶의 중요한 질문들을 잃어가고 있다. 어딘가를 향해 열심히, 바쁘게 뛰고 있는데, 왜/무엇을 위해서 뛰고 있는지 묻지 않는다. 사회가 정해준 행복의 기준에 도달하기 위하여 우리가 정말 하고 싶은 일들, 누군가와 함께 나누고 싶은 시간들을 과감히 버렸다. 이렇게 사는 것이 잘 사는 것인지 때로 회의가 들기도 하지만, 원하는 삶을 선택하여 나만의 길을 간다는 것이 무모해 보여 곧 포기하곤 한다. 그래야만 사회에서 인생의 실패자로 취급받지 않기 때문이다. 어떻게 살아야 할까? 짧은 인생을 잘 살아간다는 것은 무엇일까?

Ⅱ. 개념설명

1. 지혜문학과 지혜[1]

어떻게 사는 것이 행복하게 잘 사는 것인지에 대한 물음은 시간과 공간을 초월하여 인류가 직면했던 하나의 문제였던 듯하다. 고대 이집트나 메소포타미아에서 발견된 다양한 문서들은 지혜롭게 살아가는 방법을 기록하고 있다. 첫 번째 성서인 구약성서에서도 성공적인 삶에 대해, 또한 인생을 살아가면서 풀리지 않는 실존적인 문제들에 고민한 흔적이 일부 책들의 주요 주제로 등장했다. 성서를 연구하는 학자들은 이렇게 인생과 인간사회의 질문들을 다루고 있는 책들을 지혜문학(wisdom literature)이라고 부른다. 구약성서 대부분의 책은 하나님이 누구시며, 하나님은 이스라엘 백성들을 어떻게 고난 가운데에서 구하셨는가를 묘사하고있다. 반면, 지혜문학은 하나님에 대한 이야기나 이스라엘 백성의 역사에 대해 거의 언급하지 않았다. 이집트의 노예생활에서 탈출한 이야기, 시내산에서 율법을 받은 이야기처럼 이스라엘 역사에서 중요한 사건들이 거의 등장하지 않는다. 지혜문학은 이스라엘 백성 전체가 아닌 인간 개개인의 삶의 문제에 집중한다. 인간의 경험과 성찰을 통해 세상을 바라보고, 자연의 이치를 통해 인생을 조망한다.

개신교에서 지혜문학으로 간주하는 책은 이러한 공통점 이외에도 '지혜'라는 단어와 관련된 히브리어(구약성서는 히브리어로 기록됨) 어근이 빈번하게 등장하는 세 권을 지칭한다. 짧은 격언, 속담, 가르침들의 모음집인 잠언(Proverbs), 의롭고 선한 욥이라는 한 인물이 고난을 겪으며 인생의 의미를 찾아가는 욥기서, 어떻게 사는 것이 잘 사는 것인지를 자신의 경험을 통해 자서전적으로 젊은

1 이 단락과 주제강의는 다음의 책을 참고하였다. 장일선, 『삶을 위한 지혜: 히브리 지혜문학 연구』 (서울: 대한기독교서회, 2000). 제임스 L. 크렌쇼/강성열 옮김, 『구약 지혜문학의 이해』 (서울: 한국장로교출판사, 1993). 천사무엘, 『지혜전승과 지혜문학』 (서울: 동연, 2009).

이들에게 가르치는 전도서. 대부분 이 세 권의 책을 지혜문학으로 분류하지만, 때로 노래 중의 최고의 노래라고 알려진 아가서(Song of Songs)도 지혜문학으로 간주된다. 남,녀 간의 사랑시로 유명한 아가서를 지혜문학 속에 포함시키는 이유는 아가서가 솔로몬이라는 왕에게 헌정되었기 때문이다. 솔로몬은 이스라엘 역사에서 지혜로운 왕으로 명성을 얻었다. 한 아기를 두고 서로 자신이 아기의 어머니라고 주장하는 두 여성을 지혜롭게 재판하여 아기의 친어머니를 찾아준 유명한 재판 때문이다. 솔로몬은 특히 고대 이스라엘 왕국이 틀을 잡아가면서 궁정에서 관료들과 왕족의 자녀들을 교육하는 궁정지혜와도 관련되었다고 보는 견해도 있다.

그렇다면 구약 성서에서 지혜는 어떻게 정의할 수 있을까? 일반적으로 지식은 교육을 통해 습득하는 것이며, 지혜는 교육과는 무관한 삶의 경험을 통해 축적되는 것으로 말한다. 그런데 궁정지혜를 교육한다는 것은 어떤 의미일까? 구약성서 전반에서 지혜는 일을 행하는 일반적인 능력과 관련되어 나타난다. 태어날 때부터 가진 재능을 통해 얻은 기술이나 능력을 포함하여, 전문적으로 익히고 배운 실제적인 기술을 의미한다. 예를 들어 예술적인 행위로부터 정치행위, 성전을 건축하는 일, 베를 짜는 기술이나 곡하는 일, 배를 만드는 일처럼 특수한 분야에서 사용되는 실질적이고 전문적인 기술, 지식을 의미한다. 그리고 이러한 기술을 가진 모든 사람들을 '지혜로운 사람'으로 간주했다. 한편, 지혜문학에서 '지혜'는 좀 더 협소한 의미로 정의할 수 있는데 조화롭고 올바른 삶을 살아가는 "개인의 태도와 능력, 즉 자신의 삶을 지휘하는 기술"이다. 세상의 이치를 깨닫고 우주의 질서를 배우며 경험을 통해 행복하고 성공적인 삶을 살아가는 능력이라고 할 수 있다.

2. 현자(sage) 집단

지혜로운/행복한 삶의 실제적인 방법을 가르치는 지혜문학은 어떻게 구약성서에 수집/기록되었을까? '현자,' 즉 지혜자 집단이 따로 존재했을까? 고대 이집트에서는 파라오의 자녀들이나 궁중의 관료들이 지켜야 할 예의범절이나 인간관계, 적절한 말과 행동을 교육시키는 전문적인 '현자'집단과 지혜학교의 존재 가능성을 추정하기도 한다. 그러나 구약성서에서는 특별히 지혜학교에 대한 언급이 나타나지 않는다. 아마도 구약의 지혜는 초창기 가정에서 부모가 자녀에게 혹은 씨족/부족의 어르신들이 다음 세대에게 가르친 교훈들이 전승되어 형성된 것으로 보인다. 이것을 민간지혜라고 부른다. 따라서 지혜문학에 등장하는 많은 가르침들은 인간관계나 공동체에 보편적으로 적용할 수 있는 특성이 있으며, 이러한 측면에서 이스라엘 지혜문학에 등장하는 가르침들은 주변국들과 형식이나 내용상 유사하다. 물론 구약의 지혜문학이 주변국들로부터 영향을 받았을 가능성도 농후하다. 한편, 점차 민간에서 전승되어온 지혜들이 축적되면서 전문적인 현자 집단이 형성되었을 가능성도 배제할 수 없다. 이들은 아마도 궁정에서 젊은이들을(젊은 남자들) 가르치면서, 전승되어 널리 통용되었던 지혜를 정리/수집/편집했을 것으로 추정할 수 있다. 그렇다면 잠언, 욥기, 전도서의 핵심주제는 무엇일까?

Ⅲ. 주제강의

1. 잠언(Proverbs, 箴言)

1) 짧은 격언들의 모음집(10–30장)

우리나라의 잘 알려진 속담들 중 하나로 "말 한마디로 천냥빚을 갚는다"는 표현이 있다. 살아가면서 말이 얼마나 중요한가를 사람들이 기억하기 쉽게 간략히 표현한 것을 격언 혹은 속담이라고 한다. 잠언이란 용어자체도 격언, 속담 혹은 지혜로운 사람들의 가르침을 의미한다. 잠언의 내용 중 10–30장은 짧은 격언들의 모음집으로, 사회에서 혹은 사람들과의 관계에서 지혜롭게 살아가는 방법을 소개하고 있다. "부드러운 대답은 화를 가라앉히지만, 과격한 말은 노를 일으킨다"(15:1, 모든 성서는 새번역을 사용함)는 격언이 대표적인 예이다. 이 격언 또한 우리나라의 속담처럼 조화로운 관계를 이루는데 필수적인 말의 중요성을 강조하고 있다. 말 이외에도 성실한 생활 태도, 도덕적인 행위에 대한 다양한 격언들을 통해 잠언은 사람들이 사회에서 올바르게 살아갈 수 있는 지침서 역할을 한다. "적은 재물로 의롭게 사는 것이, 부정하게 얻은 재물을 쌓아놓고 사는 것보다 낫다"(16:8), "가난한 자의 부르짖음에 귀를 막으면, 자기가 부르짖을 때에 응답을 받지 못할 것이다"(21:13)와 같은 격언은 공동체에서 불의한 행동을 자제하고, 사회질서를 유지하며 이웃의 아픔을 돌아보고 의로움을 실천하도록 요청하는 격언이기도 하다. 다양한 삶의 상황들 속에서 모든 인과응보의 논리가 적용되지 않는 모순을 발견하면서, 상반되는 격언들이 함께 등장하기도 하지만 대부분의 격언들은 인과응보의 논리를 뒷받침한다. 즉 착하게 살면 상을 받고, 악하고 게으르게 살면 벌을 받는다는 기본논리가 잠언에 드리워져 있다.

2) 여성지혜(1-9장, 31장)

잠언에서 흥미로운 부분은 서론(1-9장)과 결론(31장)을 구성하는 긴 가르침이다. 서론에서 지혜는 여성으로 의인화되며, 하나님의 창조에 동참하는 존재로 신격화되어 표현되었다. 여성지혜는 광장에서 젊은 남성을 부르며 생명을 주는 지혜의 화신으로, 정의를 실현하도록 돕는 역할을 한다. 여성지혜와 대조적으로 우매하고 낯선, 이상한 여성이 여성지혜와 경쟁한다. 이상한 여성도 젊은 남성의 시선을 끌기 위하여 여성지혜처럼 목소리를 높인다. 그러나 이상한 여성을 선택하는 남성의 종말은 죽음이다. 31장의 결론에서는 가정에서나 사회에서 능력을 발휘하여 한 집안을 세우는 유능한 여성이 등장한다. 이렇듯 여성의 능력이 칭송되고 여성으로 인격화된 지혜는 당시 사회나 가정에서 비교적 높았던 여성의 지위를 추정할 수 있는 중요한 단서가 되기도 한다. 만약 이 본문이 포로기 이후 고향에 돌아와 가정과 사회를 재건하는 상황에서 형성된 이야기라면 사회, 경제적인 기여를 통해 사회재건에 공헌한 여성들의 실제모습을 재현할 수도 있는 귀중한 자료가 될 것이다. 그러나 문제는 여성이 착한 여성과 나쁜 여성, 이분법적으로 표현되면서 여성의 긍정적인 측면은 남성을 유혹하여 가정과 사회를 무너뜨리는 이상한 여자에 의해 축소된다. 또한 유능한 여성도 그녀 자신보다는 자녀와 남편을 위해서 헌신하는 여성으로 묘사되고 있다. 따라서 잠언의 여성지혜와 유능한 여성을 오늘날 어떻게 재해석할 것인가라는 과제를 우리에게 남겨놓았다. 서민들 사이에서 널리 알려졌던 초기 가르침들은 점차 후대로 갈수록 종교성이 첨가되었다. 그리고 결국 지혜의 기본은 하나님을 두려워하는(경외)하는 것으로 발전했다.

2. 욥기: 착한 사람이 왜 고난을 받을까?

욥기는 논쟁과 대화를 통해서 선한 사람들이 이유없이 당하는 고난의 문제를 다루었다. 인과응보의 논리대로라면 선한 사람은 복을 받아야 하는데, 현실은 그렇지 않은 경우가 빈번하다. 착하고 의롭게 살면 오히려 손해를 보고 바보 취급을 당하는 것이 현실일 때도 있다. 하나님이 정의롭다면 왜 악한 사람들이 잘되는 것을 보고 계실까? 이유없는 고통의 문제는 결국 하나님은 정의로운 분인가라는 문제와도 관련된 질문이다. 경건하고 의로우며 부유했던 욥도 하루아침에 자녀를 포함하여, 그가 가진 모든 것을 잃었다. 책을 읽는 우리는 욥이 왜 고난을 받는지 알 수 있다. 하늘에서 하나님과 사탄이 내기를 했기 때문이었다. 여기에서 사탄은 악마가 아니라, 세상을 돌아다니며 인간의 일을 하나님께 보고하는 역할을 하는 천사와 같은 존재다. 과연 모든 것을 잃어도 욥은 하나님께 신실할 것인가? 이것이 하나님과 사탄의 내기였다. 이유를 모른 체 욥은 인내하며 고통을 감내하는 듯 보인다. 그러나 곧 욥은 자신이 왜 이유없이 고통을 받아야하는지 하나님께 질문하며 항변하기 시작한다. 그리고 하나님을 만나기까지 길고 긴 논쟁과 대화가 전개된다. 우리는 욥의 고난의 경험을 통해서 세 가지 측면을 생각해볼 수 있다.

첫째는 고통을 경험하는 욥을 찾아온 친구들의 모습이다. 욥을 위로한다고 찾아온 친구들은 오히려 욥의 고통의 원인을 자신들의 논리와 지식으로 분석하면서, 욥에게 잘못을 뉘우치라고 재촉했다. 욥은 우리사회에서 이유없이 고난을 받는 모든 사람들을 대변한다. 고난을 경험하는 이웃들이 가장 크게 상처받을 때는 그들에게 무언가 잘못이 있다는 논리, 혹은 하나님의 뜻이 있으니 인내하라는 주위 사람들, 우리들의 말이다. 그저 함께 곁에 있어주는 것, 그들이 항변할 때 들어주는 것은 어떨까?

둘째로 욥은 고난의 경험을 통해 자신의 주변을 돌아보기 시작한다. 욥은 비로소 깨닫게 되었다. 사회구조적인 불의로 인해 희생되는 사람들이 생기며, 압제자들에 의해 억울하게 고통을 받는 사람들이 있다는 사실을. 마지막으로, 욥은 결국 폭풍가운데서 나타나신 하나님을 만나고 하나님과 대화를 한다. 그리고 욥은 자신의 눈으로만 세상을 바라보고, 인과응보의 논리에서 자신도 벗어나지 못했음을 깨닫게 된다. 우주를 창조하고 인간이 알지 못하는 야생동물까지도 돌보는 하나님의 자유 앞에 인간의 지혜로는 헤아릴 수 없는 많은 일들이 이 세상에 일어나고 있다는 것도 욥은 깨달았다. 욥은 자신이 왜 고통을 당해야 하는지 직접적으로 답변을 듣지는 못했다. 하나님도 욥에게 고통의 원인에 대해 말하지 않았다. 욥기는 우리에게 열려있는 결론으로 끝난다. 다양한 인간의 고통에 대해 '이렇다'라는 명확한 답변을 제시하지 않았다. 어쩌면 인생을 살아가면서 우리가 풀어야 할 또다른 과제인지도 모르겠다. 그러나 욥은 고통의 경험을 통해서 이전에 돌아보지 못했던 이웃의 고난을 돌아보는 계기가 되었고, 인간의 이치로 설명할 수 없는 많은 일들이 세상에 존재한다는 것을 새롭게 인식한다. 욥기의 열려있는 결론은 어찌보면 착하고 선한 사람들의 이유없는 고통에 대한 해결책은 아닐 수 있다. 그러나 이것은 이해할 수 없는 다양한 삶속에서 우리가 할 일을 일깨우는 결론인지도 모른다. 세상의 불의에 눈을 뜨는데 그치지 않고, 억울한 사람들의 이야기를 들어주며 함께 하면서 세상을 변혁하라는 책임을 우리에게 깨우치는 과정의 이야기가 욥의 이야기는 아닐까?

3. 전도서: 지금 이 순간을 행복하게 사는 삶

한글 제목 전도서는 가르침을 주기 위하여 사람들을 모으는 직책을 갖고 있는 사람으로 추정된다. 지혜교사는 이제껏 살아온 인생을 되돌아보며, 자신의 경험을 바탕으로 "내가 보니"라는 자서전적인 표현을 통해 어떻게 사는 것이 지혜로운 삶인지를 독자에게 들려준다. 흥미로운 것은 "모든 것이 헛되다"라는 허무적인 사고가 반복적으로 책에 등장한다는 점이다. '안개' '수증기' '숨처럼 금방 없어지는 것'으로 표현될 수 있는 '헛되다'라는 용어는 다양한 의미로 해석될 수 있다. 인간이 이해할 수 없는 불합리한 일들로도 해석될 수 있고 또한 덧없이 짧은 인생에 대한 표현으로도 이해할 수 있다. 때로는 수고하며 열심히 노동하는 것도 헛되다고 전도서는 한탄하기도 한다. 그렇다면 전도서는 덧없는 인생에 대한 허무주의로 끝나는 책일까?

지혜교사는 아마도 권력, 명예, 쾌락처럼 인간이 누릴 수 있는 많은 것을 경험해 본지도 모른다. 그러나 돌아보니 그 모든 것이 '덧없다'라는 것이다. 전도자의 인생무상, 허무적인 사고는 오히려 그렇다면 인생을 어떻게 살아야하는지를 성찰하는 계기가 되었다. 부조리한 일들이 한없이 일어나는 인생이지만, 인간사에는 항상 때가 있다고 말한다. 기쁜 일만 지속되는 것도 아니며, 기쁠 때가 있으면 슬플 때도 있는 것이 인생이다. 이런 가운데서 때로는 불공평한 세상을 만나기도 하지만, 때가 되면 의인과 악인 모두 심판을 받는다. 또한 덧없이 짧은 인생이지만, 순간을 기쁘게 살라고 권고한다. 왜냐하면 인간의 삶은 하나님이 주신 선물이기에 즐겁게 보내야 한다는 것이다. 전도자는 사회구조적인 폭력의 현장에서 억눌린 사람들의 억울함을 위로해 주는 사람이 없다는 것도 알고 있다. 그리고 경쟁사회에서 많이 가지려는 것도 얼마나 허무한 노력인지도 상기시킨다. 결국 가장 최선의 삶은 매 순간 자신의 일을 즐기며 먹고, 마시면서 행복한 삶을 살라는 것이다: "자기 일을 즐겨라. 내가 관찰해보니 하나님께서 주신 자신의 생애동안 먹고, 마시며, 자신이 하는 일에서 보람을 느끼는 것이 행복이요, 적절한 일이다"(5:18). 경쟁 사회속에서 '출세와 권력도 헛되다'(4:13)고 말하며, 우리 모두는 죽음을 피할 수 없는 존재이기에 우리가 원하는 일을 하며 행복하게 살라고 격려한다. 그러나 이러한 삶은 이웃과의 나눔이 동반되는 삶이다. "한 사람이 넘어지면 다른 사람이 일으켜준다...... 둘이 함께 누우면 따뜻해진다. 하지만 혼자라면 어떻게 따뜻해질 수 있을까?...... 세 겹으로 꼰 줄은 쉽게 끊어지지 않는 법이다"(4:10-12). 이웃과 더불어 지금 이 순간을 즐기며 먹고 마시는 것에 집중하라는 것은 삶을 적극적으로 받아들이라는 것이다. 삶의 허무함과 죽음을 인식하되 지금 나에게 주어진 삶에 충실한 삶, 이것이 전도서가 들려주는 행복한 삶의 비결이다.

4. 결론

삶이 피곤하고 지칠 때 어릴 적 읽었던 책 중에 『꽃들에게 희망을』이라는, 삽화가 그려진 책이 가끔 생각나곤 한다. 애벌레 한 마리가 나비가 되는 내용이다. 애벌레는 모든 다른 애벌레들이 올라가는 커다란 기둥을 본다. 기둥위에 무엇이 있을까 호기심을 가지고, 주인공 애벌레도 기둥을 오르기 시작한다. 때로는 오르기 위해서 동료 애벌레를 밀치기도 하고, 그러다 다른 애벌레가 기둥에서 떨어지기도 한다. 그러나 기둥위에는 아무 것도 없었다. 단지 애벌레들이 올라가며 만든 기둥만 있을 뿐이다. 애벌레는 내려와 다른 길을 찾고 결국 나비가 되면서 이야기는 끝이 난다.

어떻게 살아야 할 것인가? 글을 시작하며 던진 질문이었다. '헬조선'이라고 불리우는 우리 사회구조 속에서 행복을 운운하는 것, 어떻게 살아야 할까라는 물음을 던지는 것조차 하루의 생존이 버거운 이웃들에게는 배부른 질문일 수도 있다. 모두가 가는 길에서 낙오할 까 두려워 용기있게 자신을 돌아보지 못하는 질문일 수도 있다. 그러나 아직 다가오지 않은 미래를 위해서 지금 이 순간을 사회가 규정한 행복에 맞추어 산다는 것은 아무 것도 없는 기둥을 오르는 애벌레의 모습은 아닐까라는 생각을 해본다. 어떻게 살 것인가? 우리에게 지금 이 순간 묻는 질문이다.

Ⅳ. 질문과 대답

1. 지혜문학에는 하나님에 대한 이야기가 거의 등장하지 않는다고 했는데, 어떻게 성서에 포함이 되었을까요?

고대사회는 현재 사회처럼 종교와 일상이 분리되지 않은 사회입니다. 일상생활에서의 삶 자체가 종교생활이라는 의미입니다. 어떻게 삶을 사느냐는 것이 곧 종교적인 삶이라는 것입니다. 또한 일상적인 삶속에서 인간의 경험과 사색을 통해 형성된 지혜는 시간이 흐르면서 하나님과 연결되어 하나님을 두려워하는 것이 지혜를 알 수 있는 지름길이라는 경건성이 덧붙여집니다. 이런 과정을 거치면서 다양한 가르침들이 성서에 포함된 것으로 보입니다. 성서는 또한 서로 모순처럼 보이는 대조적인 목소리들도 함께 섞여 있습니다. 어떤 이유로 이러한 이야기들이나 나란히 성서에 들어갔는지 현재는 정확하게 밝히기 어렵습니다. 그러나 이러한 다양성 때문에 성서를 다양한 현 상황에 적용하여 재해석할 수 있는 가능성이 열려있기도 합니다.

2. 잠언에 등장하는 여성 이외에 욥기나 전도서에도 여성들이 등장합니까? 그렇다면 어떤 모습으로 묘사되는지 궁금합니다. 또한 지혜문학은 사회질서와 조화를 중요시한다고 했는데, 그렇다면 불의한 사회구조 개혁에 대해서는 소극적인가요?

욥기나 전도서에도 여성들에 대한 언급은 있습니다. 그러나 부수적으로 등장하거나 폄하되어 묘사됩니다. 예를 들어 욥의 아내도 똑같이 자녀를 잃고 가진 것을 모두 잃지만, 욥의 고통만이 부각됩니다. 욥의 아내는 오히려 하나님을 저주하라고 욥에게 도전하는 여성으로 등장합니다. 전도서에서는 "죽음보다 무서운 여인"(7:26)이라는 표현을 통해 여성혐오적인 시각이 드러나기도 합니다. 성서가 남성중심적인 사회에서 형성되었다는 것을 인식하는 것은 중요합니다. 또한 지혜문학의 형성/편집에 관여한 사람들도 엘리트 남성이었으며, 당시 청중도 젊은 남성이었을 것으로 추정됩니다. 따라서 현대에 여성의 시각으로 재해석하여 읽어야 합니다. 사회구조도 마찬가지입니다. 가난하고 억울하게 고통받는 사람들에 대한 인식과 나눔에 대한 요청은 있을 수 있지만, 기본적으로 사회구조 자체에 대한 개혁은 나타나지 않는 것으로 보입니다.

Ⅴ. 토론주제 및 참고자료

1. 토론주제

1) 우리사회가 규정한 행복의 조건을 거부하고 다른 방식의 삶을 찾아가는 사람들(대학생들/ 동료들)의 이야기를 나누어볼까요? 다양한 삶의 길이 있다는 것이 여러분에게는 어떤 의미로 다가오나요?
2) 누군가 여러분에게 어떻게 살아야하는지 고민을 토로합니다. 이들에게 여러분의 삶의 지혜를 나누어준다면 어떤 답을 해줄 수 있을까요?
3) 전도서에서 "억울함을 위로해주는 사람이 없다"는 구절을 우리 현실에 적용하여 볼까요? 또한 잠언의 여성지혜와 유능한 여성을 오늘날 어떻게 해석할 수 있을까요?

2. 참고자료

장일선.『삶을 위한 지혜: 히브리 지혜문학 연구』, 서울: 대한기독교서회, 2000.
천사무엘.『지혜전승과 지혜문학』, 서울: 동연, 2009.
크렌쇼, 제임스 L./강성열 옮김.『구약 지혜문학의 이해』, 서울: 한국장로교출판사, 1993.

예수 이야기

– 사람에게 오신 하나님, 예수

Ⅰ. 문제제기 : 왜 '예수'인가?

왜 '예수'인가? 그 이유는 기독교를 옹호하고 변증하든 반대하고 비난하든, 예수를 빼고서는 기독교를 말할 수 없고, 예수교 또는 기독교는 말 그대로 그리스도(Christ, 기독)라 불리는 예수의 가르침이자, 그에 터한 실천이며 그를 따르는 공동체인 까닭이다. 기독교는 처음부터 자신의 바탕을 그 무슨 원리나 이념 혹은 세계관이 아니라 메시아, 그리스도로 불리는 실재 인물 '예수'에 두고, 예수 사건을 통해 드러난 하나님의 구원 행위에서 자기 근거를 찾았다. '예수 그리스도'야말로 신약성서를 하나로 엮고 여러 모양의 그리스도인 공동체를 함께 묶는 중심이다. 그런 점에서 기독교와 성서를 드러내는 궁극의 표지는 어디까지나 '예수'다! 기독교는 바로 그 예수를 하나님의 아들로, 구원자로 선포하고 있다. 그러므로 예수를 모르고 기독교를 논할 수 없다.

왜 '예수'인가? 오늘 우리 현실은 결코 희망적이지 않다. 둘러보건대 삶이 고달프다고, 사는 게 힘들다고, 아프다고 여기저기서 아우성이다. 글로벌 자본주의의 탐욕적 패권 추구는 우리 사회를 '만인 대 만인의 투쟁'이 펼쳐지는 정글로 바꾸어 놓았고, 대다수 사람들은 이 참담한 무한경쟁의 질곡에서 허덕이며 패배자로, 낙오자로 살아간다. 오직 1퍼센트 '금수저'를 위한 세상, 그 세상에서 인간으로서 존엄성은커녕 생존마저 염려해야 하는 사람들과 파괴되는 지구. 이 모든 문제들을 어떻게 풀 것인가? 이 사회를, 체제를 떠받드는 제도와 이념, 정서까지 송두리째 뜯어고치지 않고서는 희망이 없다.

그때도 그랬다. '로마의 평화'(Pax Romana)로 표현되는 번영의 시대지만 식민지 이스라엘의 청년 예수와 그의 이웃들은 제국의 폭정과 학정에 노출된 채

생존의 위협을 겪으며 하루하루를 살아내야만 했다. 예수 시대 또한 근본적으로 우리와 같은 처지, 같은 과제와 맞닥뜨렸고, 예수는 바로 그 시대를 돌파해 낸 '그리스도'였다. 그렇다면 우리 또한 예수를 통해서 무언가 새로운 전망을 찾을 수 있지 않을까?

Ⅱ. 개념설명

1. 예수 · 메시아 · 그리스도

'예수'(Ιησους)는 히브리 이름 '예수아'를 그리스 말로 옮긴 것으로 "여호와께서 구해 주신다"는 뜻을 지니고 있다. 복음서에 따르면 예수의 출생 시기는 기원전 4년에서 9년 사이로 추정된다. 서른 살 즈음부터 3년 동안 하나님 나라 운동을 펼쳤고, 예루살렘에서 로마 군대와 유대교 지도자들에게 체포되어 십자가에서 처형되었지만 사흘 만에 부활하였다. '메시아'는 본디 "기름 부음 받은 이"를 뜻하는 히브리어로 "기름 부음"을 받아서 임금이 된 사람을 가리켰는데, 괴로운 현재를 구원할 이상적인 인물을 가리키는 말로 뜻이 넓혀졌다. 메시아를 그리스 말로 번역한 것이 '크리스토스'(Χριστός)이고 이를 한글로 표현한 것이 '그리스도'다.

2. 복음 · 복음서

'복음'을 가리키는 그리스 말 '유앙겔리온'(εὐαγγέλιον)은 승전보나 황제의 등극 소식, 대사령(大赦令)과 같은 좋은 소식을 뜻한다. 신약성서에서는 이 낱말을 예수의 말과 행적에 연결 짓는데, 특히 그의 죽음과 부활을 통해 열린 구원의 소식을 표현하는 데 사용하고 있다. '복음서'는 예수의 생애, 그의 활동, 수난과 죽음, 부활 등을 다루고 있는 책으로 마태복음 · 마가복음 · 누가복음 · 요한복음이 있다. 이 가운데 앞의 세 복음서에는 병행하는 본문이 많고 예수 그리스도의 삶과 죽음을 비슷하게 다루고 있기 때문에 요한복음과 구별하여 공관복음서(共觀福音書, synoptic Gospels)라고 부르기도 한다. 성서학자들은 대개 기원 60년대 말에 최초의 복음서인 마가복음이 쓰였고 마태복음과 누가복음은 70년대 중 · 후반으로부터 80년대에, 요한복음은 90년대 이후에 쓰인 것으로 추정한다.

3. 하나님 나라 · 하늘나라

'하나님 나라'는 예수의 모든 가르침과 행위의 주제이자 목적이다. 하나님 나라는 헬라어 '바실레이아 투 테우'(βασιλεία τού θεύ)의 번역으로 바실레이아(βασιλεία)라는 낱말은 동사 '다스리다'(βασιλεύω)와 명사 '왕'(βασιλεύς) 등과 연결되는 개념으로 '나라'보다는 '왕권', '주권'이 정확한 번역이다. 그러므로 공간 개념이기보다 통치 개념으로 보는 것이 적당하며, '하나님의 다스림'이라는 뜻으로 이해하는 것이 맞다. 마태복음에서는 '하늘나라'(βασιλεία τών ούρανών)라고 표현하고 있는데, 이것은 '하나님'을 직접 언급하기를 꺼리는 유대 전통에 따른 것으로 하나님 나라와 같은 뜻이다.

Ⅲ. 주제강의

1. 예수의 시대, 예수의 고장

예수 시대는 아우구스투스(BC63–AD14)로부터 시작해서 마르쿠스 아우렐리우스(161–180)에 이르는 약 2백년에 걸친 이른바 '로마의 평화'가 시작되는 시기이다. 바야흐로 로마는 스코틀랜드 국경에서부터 페르시아 국경에 이르기까지 경쟁 세력이라고는 없는 단일 지배권을 확립하였다. 아우구스투스에 의해 정정(政情)이 안정되면서 로마에는 지속적인 경제 번영기가 도래하는데, 무역은 아라비아 · 인도 · 중국에까지 이르러 그 당시에 알려진 전(全) 세계로 확대되었고, 농업 및 제조업 부문에서도 생산력이 크게 신장되고 있었다. 그러나 이런 발전에도 불구하고 사회 · 경제 질서는 결코 견실하지 못했다. 번영은 골고

루 분배되지 못하고 상류 계급에만 집중되면서, 특히 농촌의 소작농과 속주의 하층민들은 '로마의 평화'로부터 얻는 것보다는 오히려 잃는 것이 더 많았다. 분명히 전란이 종식되면서 찾아온 안정된 생업의 효과가 있었지만, 그것은 이중의 착취, 즉 지주들의 강도 높은 착취 구조와 생산량의 ⅓ 이상에 달하게 된 납세 의무로 모두 증발해 버렸고, 그들의 생활 조건은 점점 악화되고 있었다. 이렇듯 '로마의 평화'로 상징되는 이 시대는 한편에서는 제국의 점진적 통합으로 인한 번영을 구가하지만, 다른 한편에서는 사회가 뚜렷하게 유산층과 빈민층의 이원 구조로 재편되고 극심한 양극화가 나타나면서 빈민층의 삶의 불안정성이 극도에 달하는 시기였다. 특히 빈민 여성의 사회 · 경제적 지위는 최악의 상태였다.

이러한 상황은 예수의 고장 이스라엘에서도 마찬가지였다. 이스라엘은 로마의 다른 식민지들과 비슷하게 농민 노동의 철저한 수탈을 바탕으로 삼는 농업 위주의 사회이지만, 대체로 박토(薄土)인데다가 그나마 농지도 모자라 농민의 대다수가 소작농이었다. 게다가 과중한 세금으로 당시 농민들의 수입은 수확량의 50%를 넘지 못하는 실정으로 언제든지 노예로 전락할 수 있는 비참한 상황이었다. 특히 로마 제국의 청부 징세 정책 탓에 제국의 필요량마저 훨씬 초과하는 과중한 조세 부담이 생겨 사회 불안의 요소가 되고 있었다.

이와 같이 국가 체제가 민중의 삶을 억압하는 상황에서 이스라엘 사람들은 다양한 양상으로 이에 대응하였다. 젤롯당처럼 무장투쟁에 나서는 사람들도 있었고, 엣세네파나 쿰란공동체처럼 세속으로부터 은거하여 집단 종교 생활에 몰두하기도 하고, 역사적 위기와 민족적 불운의 이유를 종교적 불성실에서 찾고 전통적 종교 계율(모세 율법)에 대한 엄격한 준수를 통해 이스라엘의 회복을 추구하는 바리새파 같은 유형, 식민지 권력에 협력하면서 종교 귀족으로서 사회적 특권을 누리는 사두개인 같은 부류도 있었다. 이런 와중에 보통의 가난한 사람들은 식민지 종교권력과 그에 부역하는 종교 전문가들로부터 율법을 위반하는 '종교적 죄인'으로 낙인찍히고, 나아가 민족과 역사의 위기를 불러온 '민족적 죄인'으로까지 취급당하였다. 가해자와 부역자들이 '의인' 행세하고 피해자가 되레 박해를 받으니, 이 얼마나 기막힌 현실이었겠는가! 정치도, 경제도, 심지어 종교까지도 힘없는 이를 차별하고 배제하는 시대, 이야말로 파국(破局)이요 난국(亂局)이었다! 바야흐로 "때"가 찼던 것이다!

2. 예수 사건, 예수 이야기

기독교인이 아니라고 하더라도 '예수'를 모르는 이는 거의 없을 것이다. 그런데 우리는 어떻게 저 멀리 팔레스타인에 살았던 그 옛날 이스라엘 사람 예수를 알게 되었을까? 물론 '성서'와 '교회'를 통해서다. 신약성서가 예수에 대한 증언을 담고 있고, 기독교회가 성서와 예수 이야기를 꾸준히 전파해 왔으니까 말이다. 교회가 설립되기에 앞서 예수와 그를 둘러싼 일련의 사건 곧 '예수 사건'이 있었고, 그에 대한 목격자들의 증언이 구전되다가 어느 시점에 다양한 형식의 문서로 기록되었으며, 이런 문서들이 교회에 의해 '복음서'로 집성되어 오늘 우리에게 전해오고 있다. 초기 교회에서 생산된 여러 편지들도 신앙고백 등 예수에 대한 증언을 많이 싣고 있지만 예수의 활동상을 직접 다루고 있지는 않아 예수의 생애 전모를 파악하는 데는 어려움이 있다. 그래서 '복음서'가 필수적이다.

복음서는 말 그대로 '복음'을 기록한 책이다. 마가복음이 "하나님의 아들 예수 그리스도의 복음의 시작"이라는 머리글로 시작하는 데서 알 수 있듯이 복음서 전부, 즉 예수 사건과 그에 대한 모든 이야기가 복음 곧 기쁜 소식이다. 그 시대 사람들이 예수 이야기를 고스란히 온갖 구원의 갈망을 채워 주는 복된 소식으로 받아들였다는 말이다. 이렇듯 복음서는 예수의 출생과 성장, 그의 활동, 수난과 죽음, 그리고 부활에 이르는 생애는 물론이고 예수 사건의 의미에 대한 당대 사람들의 성찰까지, 말 그대로 '예수 이야기'를 오롯이 제공하고 있다. 복음서의 예수 이야기를 통해서 예수는 하나님의 아들이자 구원자 곧 그리스도로 조명되어 오늘 우리에게까지 이르고 있는 것이다.

신약성서에 포함된 네 권의 복음서는 그 복음서가 기술 · 집성된 삶의 자리에서 저마다 예수 이야기를 전하고 있다. 그러므로 예수 사건에 대한 의미 성찰과 해석, 예수에 대한 그들의 신앙이 복음서가 담고자 하는 예수 이야기의 내용과 기조를 규정하기도 하는데, 그러다 보니 서로 비슷하거나 중복되기도 하지만 갈은 사건을 다르게 기술하기도 하고, 다른 복음서에는 없는 고유한 내용을 다루기도 한다. 그래서 네 복음서의 관련성, 즉 상이성과 유사성에 대한 다양한 논의가 있어 왔지만, 한 가지 확실한 것은 네 개의 이야기가 결국 하나의 '예수 이야기'를 더욱 풍성하게 한다는 사실이다. 우리는 네 복음서를 통해 구원자에 얽힌 이런저런 이야기, 그의 진면모에 한 걸음 더 다가설 수 있게 되었다.

3. 예수, 갈릴리에서 예루살렘까지

예수는 평화로운 세상에 태어나지 않았다. 그의 주변에는 살인과 폭력, 통치자와 기득권자들의 음모, 추방과 재난 같은 어두운 사건들이 널려 있었다. 예수는 볼품없는 집안에서 태어나 어릴 적을 도망자로 지내야 했고, 후미진 변두리 마을에서 가난하고 힘없는 이들과 더불어 살아야 했다. 바로 '이방인의 땅'이라고 불릴 만큼 멸시받고 수탈당하던 곳, '갈릴리'다. 사회 · 정치적으로 억압받고, 경제적으로 착취당하고, 종교적으로 경멸받던 곳, 가히 절망의 땅이라 할 만한 곳, 더 이상 기대할 것이 없는 곳, 그야말로 삶의 바닥이 드러난 곳, 그곳에서 '예수의 때'가, '예수 운동'이 시작되었다. 예수는 삶의 무게, 시대의 무게에 짓눌려 지칠 대로 지쳐 있는 곤고한 사람들, "어둠에 앉아 있는 백성", "그늘진 죽음의 땅에 앉은 사람들"(마4:12-17), 마가복음이 오클로스(ὄχλος, 민중)라고 부른 사람들과 함께 전혀 새로운 세계, 전혀 새로운 삶의 방식을 추구하였다. 그 자신 가진 것도, 내세울 것도 하나 없는 무명의 떠돌이 설교자에 불과했던 예수는 이 소외된 사람들을 그의 가족으로 선언하고(막3:34), 그들에게 하나님 나라를 약속했다.

갈릴리에서 시작된 예수 운동은 "때가 찼다. 하나님의 나라가 다가왔다. 회개하고 복음을 믿으라"(막1:15)는 예수의 선언으로 시작되었다. 이것이 그의 복음의 핵심이자 설교의 요약이며 예수 운동의 주제였다. 그런 점에서 예수 운동은 곧 하나님 나라 운동이었다. 하나님 나라 또는 하늘나라(天國)는 공간 개념이기보다는 '왕권', '주권'을 뜻하는 통치 개념에 가깝다. 그러므로 예수의 '하나님 나라'는 곧 하나님의 '다스림'을 뜻한다. 일찍이 예수는 갈릴리의 어느 회당에서 구약성서를 인용하여 자신의 사명을 밝힌 바 있다. “주의 영이 내게 내리셨다. 주께서 내게 기름을 부으셔서, 가난한 사람들에게 기쁜 소식을 전하게 하셨다. 주께서 나를 보내셔서 포로 된 사람들에게 자유를, 눈먼 사람들에게 다시 보게 함을 선포하고, 억눌린 사람들을 풀어 주고, 주의 은혜의 해를 선포하게 하셨다(눅4:18-19).” 예수는 로마 제국과 식민지 지배 세력에 의한 이중 · 삼중의 착취를 감내해야만 했던 이스라엘 민중에게 바야흐로 하나님 나라, 하나님의 통치가 도래했다고 선언하였다. 하나님께서 다스리면 가난한 이들과 묶인 이들이 자유와 해방을 얻고 아픈 이들이 치유를 받는다.

어디 그뿐인가. 예수는 종교적 ‘죄인’으로 낙인찍혀 비난과 죄의식 속에서 살아야 했던 이들에게 하나님을 돌려주었다. 당대의 종교권력과 종교 전문가들에 의해서 율법 준수를 감시하고 보응하는 두려운 심판주로 각인된 하나님을 ‘아빠, 하나님’으로 바꾸어 놓았다. 예수에 의해서 신과 인간의 관계가 주종관계에서 부모 · 자녀 관계로 바뀐 것이다. ‘아빠’ 하나님은 더 이상 초월적인 절대 타자, 범접할 수 없는 두려운 분, 심판과 공의의 하나님일 수만은 없다. ‘아빠’ 하나님은 철두철미 사랑의 하나님이고 은혜의 하나님이다. 예수는 자신이 하나님의 ‘의’(義)를 무시한다는 비난을 들을 정도로 ‘사랑’과 ‘은혜’를 오롯하게 담아냈다. “내가 의인을 부르러 온 것이 아니요, 죄인을 부르러 왔노라”(막2:17)는 말은 그 뚜렷한 예이며, 이러한 철저함은 그의 설교와 행위에 일관되어 있다. 누가 복음의 평지 설교(눅6:20-23)에 나오는 예수의 복(福) 선언이나 탕자의 비유(눅15:21 이하), 잃어버린 양의 비유(눅15:1-7), 바리새인과 세리의 기도 이야기(눅18:9-4)는 모두 ‘아빠’ 하나님의 진면목을 보여 주고 있다. 이 모든 이야기에 일관하고 있는 것은, 하나님의 구원이 인간의 권리나 윤리적인 공로와 같은 가치에 근거하지 않고 하나님의 조건 없는 사랑과 그에 대한 간절한 기다림에서 비롯되었다는 점이다. 과거를 문제 삼지 않을 뿐만 아니라 미래에 대한 서약도 요구하지 않는 파격적인 용서와 은혜가 있을 따름이다. ‘아빠’ 하나님에게는 의(義)조차도 ‘용서의 의지’ 안에 용해되어 있는 것이다. 이것은 ‘회개-구원’이라는 유대교 전통의 도식이 예수의 ‘아빠’ 하나님에 의해서 ‘구원-회개’로 전환되었음을 뜻한다. 이야말로 '복음'이 아닌가!

게다가 예수는 하나님 나라를 세리, 창녀, 어부, 병자는 물론이고 이방인에까지 개방함으로써 하나님 주권의 보편성을 선포하였다. 이로써 하나님의 나라는 지역과 민족, 종교를 넘어서는 세계적이고 보편적인 실재이며, 땅 위의 온갖 군주적 권력과 수탈의 종언이라는 점에서 현존 질서, 기존 체제의 부정으로 드러난다. 더구나 '누구에게나' 개방된다는 것은 곧 일체의 특권이나 기득권에 대한 부정인 탓에 당대 민중에게는 '복음'이지만 불가피하게 정치적 당파성을 띠게 되어 기존 권력과 충돌할 수밖에 없었다. 가난하고 소외된 사람들을 고치고 가르치며 전혀 새로운 삶의 짜임새로 전혀 새로운 삶을 살아가는 예수 운동, 소외된 변두리 사람들이 주역으로 등장하는 '하나님 나라'를 외치는 '갈릴리의 예수'를 제국의 정치권력과 식민지 종교권력, 정치 · 경제 · 사회 · 문화의 중심지이며 율법과 신앙의 본산인 '예루살렘'은 용납하지 않았다, 아니, 용납할 수 없었다. 그들이 보기에 예수는 예루살렘의 영광, 예루살렘의 번영과 성장을 무너뜨리는 파괴자이고 불순분자인 탓이다. 예루살렘의 영광은 거룩한 종교, 여호와의 성전을 독점한 데 따른 것이며, 예루살렘의 번영은 갈릴리 농촌에 대한 가혹한 수탈의 기반 위에서만 유지되고, 예루살렘의 성장은 세계를 지배하는 로마제국의 논리를 수용함으로써 가능한 것이기에, 예루살렘은 갈릴리의 백성들을 하나님의 자녀로 선포하는 예수를 내버려 둘 수 없었던 것이다.

그런데도 사람들은 차별과 배제의 질서가 작동하는 곳, 음모와 부조리가 가득한 예루살렘을 거룩한 도성으로 여기고, 예루살렘과 성전이 자기들을 성결케 해 줄 것으로 믿으며, 없는 형편에도 불구하고 돈과 시간과 노력을 들여 그곳으로 모여들었다. 그들의 이 순박한 믿음이 예루살렘의 영광, 예루살렘의 번영을 지탱하는 버팀돌이 되었고, 이로써 대제사장과 바리새파 사람들의 권력과 권위 또한 유지될 수 있었다. 하여 예수는 "이 산에서도 말고 예루살렘에서도 말고 아버지께 예배할 때가 이르리니, 곧 이때다(요4:21,23)"라고 말하면서 예루살렘으로 향한다. 예수는 뭇사람의 시선을 끌며 예루살렘에 입성하였으며, 더 이상 성전 체제의 노예로 살지 말라고, 예루살렘 질서의 유지 수단으로 전락하지 말고 하나님의 자녀로, 자녀답게 살라고 다독인다. 하나님의 거룩함으로 포장된 예루살렘의 추악한 실상을 드러내지 않고서는 '하나님 나라'를 이루기 위한 노력이 열매 맺을 수 없는 까닭에 예수는 죽음을 무릅쓰고 예루살렘을 찾았고, 성전에 들어가 장사꾼은 물론이고 양과 소를 내쫓고 제사 도구를 갖고 다니지 못하게 함으로써 희생 제사를 거부하였으며, 장차 그 거대한 성전이 '돌 하나도 돌 위에 남지 않고' 무너지리라고 선언하였다. 결국 예수는 로마 군대와 식민지 종교권력에 체포되어 예루살렘 입성 닷새 만에 십자가에서 처형당한다.

4. 예수, 그리스도, 주님!

하나님 나라, 하나님의 통치를 구현하기 위하여 예루살렘 체제에 죽음으로 맞섰던 예수, 예루살렘은 그 예수를 죽임으로써 누군가를 죽이지 않고서는 유지될 수 없는 자기 본성을 그대로 드러내 보였다. 예수를 죽이지 않고서는 버틸 수 없는 체제, 종국에는 십자가 처형이라는 극단의 통제 장치를 통해서만 유지될 수 있는 악의 질서가 바로 예루살렘 곧 현실의 권력 체제라는 사실을 스스로 공표한 것이다. 그러나 예수는 쏟아지는 욕설과 배신, 모략과 폭력을 겪으면서도 폭력으로 대들지도, 도망치지도 않고 스스로 희생함으로써 폭력으로밖에 지킬 수 없는 그 체제의 부정의를 폭로하였으며, 지배와 폭력이 없는 새로운 세계를 열었다. 악에게 맞서되 악을 모방하지 않는 삶, 악을 그대로 반사하지 않고도 악에 대항하는 법, 선으로써 선을 이루는 길을 보여 주었다. 예수의 십자가가 "통치자들과 권세들을 무력화하여 드러내어 구경거리로" 삼은 것이다(골 2:6-15). 아울러 예수의 수난과 죽음으로 하나님은 결코 힘으로 힘에 맞서는 신이 아니라는 사실, 차별을 차별로 되갚아주는 신이 아니라 사랑과 은총으로 세계를 품으시는 신, 사랑으로 일으키기 위해 한 없이 낮아지는 신이라는 사실이 고스란히 드러났다.

예수 이야기는 예수의 수난과 죽음으로 끝나지 않고 '부활 사건'으로 이어진다. 예수 부활 사건은 예루살렘 체제, 땅의 질서, 곧 현존 질서와 체제를 전복하는 일대 사건이었다. 살면서도 '죽음'을 의식하는 인간 존재로서는 자연스런 죽음조차도 두려울 수밖에 없는데, 그런 인간을 향해 땅의 질서를 주관하는 무리들은 인위적인 '죽임'의 무기를 들이댄다. 땅의 질서를 거부하면 십자가에 매달아 죽이겠다고, 죽음이 무엇인지 처절하게 느끼게 해주겠노라고 위협한다. 죽음을 의식하는 인간 존재에게 '죽임'은 그야말로 무서운 권력일 수밖에 없지 않은가? 그런데 그렇게 죽임 당한 예수가 다시 살아났다. 하나님께서 그를 일으키셨다. 예수가 십자가에서 무덤까지 외롭고 고통스러운 죽음의 여정을 지나고 있을 때 하나님께서 그 곁에, 그 안에 계시면서 인간이 겪을 수 있는 모든 고통을 다 겪으시고, 마침내 예수를 다시 일으켜 세우셨다. 죽임을 통해 현존 질서를 지키려는 이들의 의도가 예수 부활로 단숨에 허물어지고 말았다.

그리하여 예수 부활 사건을 겪은 예수의 사람들은 모두 놀랍게 변화한다. 세 번씩이나 예수를 모른다고 배반했던 베드로가, 예수를 죽인 그들이 권력을 쥐고 있는 예루살렘으로 돌아가 "당신네들이 죽인 예수를 하나님이 다시 살리셨다"고 증언하였으며, 예수가 죽은 다음 뿔뿔이 흩어졌던 제자들이 똘똘 뭉쳐 예수의 이름으로, 이 세상과는 전혀 새로운 형태, 전혀 새로운 방식의 공동체를 세웠던 것이다. 부활 사건과 그에 대한 증언은 죽임을 무기 삼아 땅과 인간을 다스리는 그 체제에 대한 반역이었으며, 죽음에 지배되던 인생의 궤도를 거꾸로 돌려 생명으로 살도록 세우는 하늘의 소리였던 셈이다. 부활 사건과 부활 신앙은 그 무엇에도 매이지 않는 자유로운 삶을, 지금 이곳에서 하늘나라의 삶을, 하나님 나라 시민으로, 하나님의 자녀로 살도록 이끈다.

이렇듯 예수는 자신의 전 생애를 통틀어 하나님 나라, 하나님의 주권을 구현하였다. 그는 인간 존재의 높이와 깊이를 모두 체험하였다 그의 삶과 죽음, 그리고 부활 가운데 하나님이 계신다. 그러므로 예수는 "그리스도이며 살아계신 하나님의 아들"(마16:16)이며, 제자 도마의 고백에서 드러나듯 "나의 주님, 나의 하나님"(요20:28)으로 기억된다. 이제 그를 따르는 이들은 이 땅 한복판에 살면서도 결코 땅의 질서에 매이지 않는다. 여전히 죽을 수밖에 없지만, 피하지도 않고 죽음을 직면하며, 무서움 없이 땅의 질서에 맞서며 하나님 나라를 살아간다. 이 모든 것이 예수 사건, 예수 이야기가 가져다준 놀라운 변화이다.

Ⅳ. 질문과 대답

1. 예수 부활은 객관적 사실인가요?

부활에 대한 현대인들의 과학적 의심은 나름대로 합리성을 갖고 있지만, 과학이란 것이 현재의 지식수준을 반영하는 것으로 절대적일 수 없다는 점에서 이 문제는 과학으로 그 사실 여부를 증명할 수 있는 성질은 아닙니다. 다만 한 가지 분명한 것은 예수의 제자들이 부활한 예수를 체험했고 그러기에 그들 자신의 부활을 믿었다는 것, 그리고 그 부활 신앙이 그들의 삶을 바꾸어 놓았다는 사실입니다. 그들에게 예수 부활은 오늘 현대인에게서처럼 이성의 잣대로 이리저리 재보고, 과학 지식으로 이모저모 측정하여 타당성을 따져본 뒤 수용 여부를 결정하는 지식이나 교리가 아니라, 보고, 듣고, 만지고, 함께 어울리면서 직접 겪은 사건이었습니다. 그러므로 예수 부활 사건을 겪은 뒤 그들은 모두 놀랍게 변화하였습니다. 그들의 생각과 말과 행동을, 그들 삶의 가치와 방향을 송두리째 바꿔놓았습니다. 이것은 그들이 이제껏 살아온 삶을 예수 부활 사건의 빛으로 재조명하고, 그들이 살아야할 삶을 부활 신앙에 터하여 재구성했다는 뜻입니다.

2. 하나님을 믿는데 왜 하나님교가 아니라 예수교이고 기독교인가요?

구약성서의 여호와 하나님을 믿는다는 점에서 기독교는 유대교와 마찬가지입니다. 그런데 기독교는 그 하나님을 그리스도 예수의 눈으로, 예수의 시각으로 바라보고 믿습니다. 그리스도인이 믿는 하나님은 곧 예수의 하나님입니다. 분노 · 징벌 · 공포의 하나님이 아니라 사랑 · 은혜 · 평화의 하나님, '아빠' 하나님입니다. 그 하나님께서 예수라는 사람을 통해 역사 한가운데 오셨고, 우리 안에, 내 안에 오셔서 우리 하나님, 내 하나님이 되셨음을 믿습니다. 이 점이 유대교나 이슬람교와 뚜렷이 구별되는 기독교만의 독특성입니다. 하나님을 믿지 않거나 소중히 여기지 않아서가 아니라, 예수가 전하고 그리스도를 통해 계시된 하나님을 믿는 까닭에 예수교이고 그리스도교인 것입니다.

Ⅴ. 토론주제 및 참고자료

1. 토론주제

1) 예수는 오늘 우리에게 누구인가? 예수의 삶은 오늘 나에게, 우리에게 어떤 의미일까요?
2) 예수가 구현하고자 했던 '하나님 나라'는 오늘 이곳에서도 가능할까요?

2. 참고자료

박경미, 『신약성서, 새로운 삶의 희망을 전하다』, 서울: 사계절, 2014.

박태식, 『나자렛 예수』, 서울: 바오로딸, 2000.

안병무, 『갈릴래아의 예수』, 천안: 한국신학연구소, 1993.

월요신학서당, 『신약성서는 오늘 우리에게 이렇게 증언한다』, 서울: 한국신학연구소, 1994.

하나님 나라와 교회 이야기

– 하나님의 다스리심 아래 함께 사는 신앙공동체

I. 문제제기 – 천국은 가는 것인가? 사는 것인가?

예수천당 지옥불신. 아마도 전철이나 길거리에서 “예수천당 불신지옥”을 외치는 사람들을 본적이 있을 것이다. 전철에서 한분이 교회를 안 다닌다는 사람에게 “예수천당 불신지옥이야"라고 크게 소리치는 것을 들은 적이 있다. 그 말을 들은 사람은 매우 언짢은 표정을 짓고 있었다. 그런데 그의 얼굴보다 내 마음은 더 언짢았다. 아니 속에서 끓어오르는 화를 참을 수 없었다. ‘당신 예수 안 믿어서 지옥 가!’ 협박이 아닌 협박 아닌가? 나는 목사고, 신학자이다. 그런데 내가 제일 듣기 싫은 소리가 있다. "예수천당 불신지옥" 이다. 물론, 나는 예수를 믿는다. 그리고 예수를 통해서 천국을 경험하기를 정말 간절히 사모한다. 또한 '내가 예수를 제대로 믿지 않아 지옥에 가지 않을까?'라는 두려움이 아직도 있다. 그런데 왜 나는 "예수천당 불신지옥"이란 말을 싫어하는가? “예수”와 “불신”이란 단어가 문제가 아니라, 그 사람들이 외치는 “천당”이 매우 거슬린다. 그리고 그들이 예수를 믿는다고 할 때 그 “믿음의 행위”가 무엇을 말하는지도 매우 궁금하다. 예수님도 말씀하셨지 않는가? “나더러 주여! 주여! 하는 자마다 다 천국에 들어갈 것이 아니요, 다만 하늘에 계신 내 아버지의 뜻대로 행하는 자라야 들어가리라.” 이 말씀은 물론 우리의 행위로 천국에 간다는 것은 아니다. 그렇다고, 우리가 습관적으로, “나 예수님 믿으니까, 천국에 갈 거야!” 혹은 “나는 예수님이 내 죄를 십자가에서 용서해 주셨다는 것을 믿어 그래서 천국 갈 거야!” 이러한 교리적, 지식적 믿음으로는 구원받지 못한다는 것은 확실히 안다. 그리고 단순히 교회를 다녔다고 해서 천국을 가는 것은 아니다. 기독교의 천국은, 하나님이 다스리시는 하나님의 나라는 단순히 가는 것이 아니라,

사는 것이기 때문이다.

Ⅱ. 개념설명 – 하나님의 나라란 무엇인가?

“예수천당 불신지옥”에 더 큰 문제는 기독교의 핵심 진리인 “하나님의 나라”를 심히 왜곡한다는 것이다. 기독교는 예수 믿고 천국에 가는 종교만이 아니다. 예수를 정말로 믿어, 그 완전한 사랑과 은혜를 경험한 사람은 그 사랑을 내 주위에 조금씩이라도 흘려 줄 수뿐이 없다. 그렇게 흘린 사랑으로 인해 이 세상에 진짜 천국, 하나님의 나라가 조금씩 회복되는 것이 기독교를 믿는 목적이다. 그래서 예수님도 기도하실 때 “하늘에 계신 우리 아버지, 이름이 거룩히 여김을 받으시오며, 나라에 임하옵시며”라고 기도하시지 않았는가? 죽어서 하나님 나라에 가는 것이 아니라, 하나님의 나라가 이 땅에 임하게 하는 것이 기독교에 목적이다. 그래서 하늘에 계신 그 능력의 하나님이, 이 세상에서도 진짜 우리의 아버지가 되게 하는 것이다.

기독교는 천국에 가는 것뿐만 아니라 하나님의 나라를 사는 종교이다. 물론 우리가 죽으면 천국에 가겠지만, 그 죽어서 가는 천국과 내가 살아서 이 땅에서 경험하는 천국은 본질적으로 다르지 않다. 왜냐하면, 그 천국은 하나님의 사랑과 은혜가 지배하고 다스리는 곳이기 때문이다. 이것이 바로 하나님의 나라이다. 여기서 “나라”란 땅이나 위치를 말하는 것이 아니다. “통치”와 “다스림”을 말한다. 즉 하나님의 나라란, 하나님의 사랑과 은혜로 지배되고 다스려지는 모든 곳이 하나님의 나라이다. 그래서 죽어서 천국, 하나님의 나라를 가는 것이 아닌, 지금 내가 정말 제대로 예수를 믿고 경험해서, 그 예수께 받은 은혜와 사랑을 가정에서, 이웃에서, 학교에서, 이 사회 속 가난한 자들에게 조금씩이라도 흘려보내주어야 한다. 그렇게 조금씩 우리의 가정과 직장과 사회가 하나님의 사랑과 은혜의 법으로 다스려 지는 곳, 바로 그곳이 하나님의 나라, 천국인 것이다. 예수를 정말 믿는 사람들은 죽어서 빨리 천국가야지! 라는 생각이 들지 않는다.

어떻게 하면 우리 가정에, 우리 사회와 이 나라에 하나님의 나라가 오게 할까? 오직 이 생각이 마음을 사로잡는다.

Ⅲ. 주제강의 – 어떻게 하나님의 나라를 경험할 수 있나?

이제 핵심으로 들어가 보자. 그럼 어떻게 천국, 하나님의 나라를 이 땅에서 경험하고 만들어 나갈 수 있을까? 비법이 소개되는 곳이 있다. 마태복음 20장에 나오는 포도원 주인의 이야기이다. 이 이야기는 이렇게 시작한다. "천국은 마치 품꾼을 얻어 포도원에 들여보내려고 이른 아침에 나간 집 주인과 같으니 (마태 20:1)." 천국이 무엇과 같다고 하는가? 집주인과 같다고 한다, 정확히 말하면, 집주인의 마음이다. 우리가 이 마음만 있다면 가정에서도, 학교에서도 정말 천국을 만들어 갈 수 있다는 것이다. 중요한 것은 집주인 마음에 있는 관심이다.

이스라엘은 포도를 수확하는 시기가 되면, 많은 일꾼들이 필요하다. 그래서 주인은 이른 아침 인력시장에 간다. 좋은 품꾼들을 사들이기 위해서이다. 그런데 이 주인은 아침 7시뿐 아니라, 9시, 11시, 오후 1시, 3시 심지어 오후 5시에도 인력시장에 가서 아직 일감을 구하지 못한 품꾼들에게 내 포도원에 가서 일하라고 초청한다. 오후 5시면, 포도원에 도착하면 사실 일할시간은 30분도 되지 않는다. 대부분의 포도원 주인의 관심은 건장한 품꾼들을 효율적으로 써서 품값을 적게 주고 최대한 많은 열매를 거두어들이는 것이다. 그런데 이 주인은 어디에 관심이 있을까? 장터이다. 장터에서 일감을 찾지 못해 놀고 있는 품꾼들이 그렇게 마음에 밟힌다. 품꾼들이란, 기술도 없고, 배우지도 못해서, 직장도 없고, 써주는 사람도 없다. 그래서 아무렇게 막일을 하는 사람들이다. 하지만, 그들도 삶이 있다. 먹여 살려야 하는 가족도 있다. 그런데 품꾼이다. 아무도 나를 귀중하게 생각해 주지 않는다. 제대로 된 기술이 없어 사회의 필요한 존재도 아니다. 집주인은 그런 품꾼을 선택해 준다.

주목해 보아야 할 것은 집주인이 품꾼들과 약속해 주는 금액이다. 한 데나리온이다. 이 액수는 기술과 경쟁력이 있는 정규직 노동자들이 받는 하루 임금이다. 품꾼이 받을 수 있는 돈이 아니라는 것이다. 한 데나리온은 정규직 노동자들, 즉 가치와 자격이 있다고 사회에서 인정받는 노동자들이 가족들과 함께 사회에서 인간다운 삶을 누리기 위해 필요한 최소한의 돈이다. 이것이 한 데나리온이 가지고 있는 사회적 의미이다. 그럼으로 한 데나리온은 삶이요, 생명이다. 품꾼들은 이 한 데나리온을 상상할 수 없다. 그런데 이 은혜로운 주인은 한 데나리온을 약속해 준다. 당신이 스스로를 어떻게 생각하든지 간에 당신도 한 데나리온을, 한 생명을 누릴 가치가 있다고 인정해 준 것이다.

이 품꾼들이 어떻게 일했을까? 포도열매를 수확하는 것은 분명 힘든 노동이지만, 즐겁게 일했을 것이다. 일하면서 마음에 기쁨이 가득했을 것이다. 마음에 천국이 임한 것이다. 자격 없는 나에게 한 데나리온을 거의 거저 주었다는 그 은혜의 마음이 가득하기 때문이다. 이들이 열심히 일하고 있을 때 주인은 또 장터에 나가서 품꾼들을 데리고 온다. 심지어 오후 5시에도 말이다. 여기서 주인의 관심, 천국의 관심이 들어난다. 놀고 있다는 것, 아무에게도 쓰임 받지 못한다는 것만큼, 주인을 아프게 하는 것이 없다. 오후 5시에 초청을 받고 포도원에 들어온 품꾼들의 심정이 어떨까?

사실 오후 5시에 온 품꾼들에게는 얼마 준다고 약속 하지도 않는다. 사실 이 사람들에게 얼마 받는 다는 것은 그렇게 중요한 것이 아니다. 그냥 누군가가 나를 써준다는 것이, 누구에게 필요한 존재가 되어 일하게 되었다는 것이, 그래서 포도 한 송이라도 가지고 집에 들어 갈 수 있다는 것만으로도 충분히 감사했을 것이다. 드디어 6시 종이 쳤다. 임금 받을 시간이 된 것이다. 누가 먼저 임금을 받았을까? 나중 온 사람 즉 오후 5시에 온 사람부터 돈을 받는다. 얼마나 받았을까? 한 데나리온이다. 이것을 우리는 Amazing Grace! (놀라운 은혜!)라고 말한다. 30분도 제대로 일하지 않았다. 자격도 없을뿐더러, 사실 무엇을 받는 다는 것 자체가 민망할 따름이다. 그런데 한 데나리온을 받았다. 다른 사람들에게 어떠한 사람인지는 몰라도 나에게 당신은 충분히 당신의 삶과 생명을 누릴 자격이 있다는 것이다. 하루지만 드디어 쓸모 있는 가장이 된 것이다. 이 사람은 그렇게 받은 한 데나리온으로, 감당할 수 없는 은혜로, 오늘 저녁 집에 돌아가서 자신의 가정을 천국으로 만들었을 것이다.

이제 3시에 온 사람들이 받을 차례가 되었다. 3시, 1시, 11시 9시에 온 사람들이 지금 무엇을 하고 있을까? 계산이다. 5시에 온 사람은 1시간도 제대로 일하시 않고, 한 데나리온을 받았다. 그럼 세 시간, 다섯 시간, 여덟 시간 일한 나에게는 얼마를 줄까? 계산하기 시작했다는 것이다. 계산 위해서는 비교를 해야 한다. 비교와 계산을 하려면 중심이 되는 기준점이 있어야 한다. 여기서 그 기준이 되는 것이 약속한 한 데나리온 일까. 아니면 내가 일한 시간일까? 이렇게 비교하고 계산을 하다보면 점점 더 집중되고, 내 마음에서 커다랗게 자리 잡는 것이 있다. 바로 내가 한 일이다. 5시에 온 사람은 1시간만 일했는데, 자기는 8시간 동안 했다. 그냥 일한 것이 아니다. 성경에 보면, 햇볕이 내리 쬐는 데서 하루 종일 견디었다고 말한다. 자기의 수고가 갑자기 커 보이기 시작하고, 거기에 대한 보상과 대가가 있어야 한다고 생각한다. 아니 그래야 정의이다. 오늘 이야기 전체에서 기준이 되는 것이 있다. 약속한 한 데나리온이다. 사실 그것조차 감당할 수 없는 은혜이다. 그 은혜가 기준이 될 때 품꾼들은 포도원에서 일했지만 하루 종일 천국에서 일한 것 같은 기쁨을 누렸다. 그리고 모두 한 데나리온을 받는다. 사실 11시, 1시, 3시에 온 품꾼들에게 주인이 얼마를 준다는 약속조차 하지 않았다. 한 데나리온을 받는다는 것은 기대조차 하지 않았다. 만약 11시나 1시 3시든, 먼저 온 사람들부터 한 데나리온씩을 주었다면, 그 사람들은 오늘 정말 대박일 이라고 기뻐 뛰고 좋아했을 것이다.

그런데 그 은혜로 상징되던 한 데나리온이 갑자기 불평과 원망의 대상이 되었다. 품꾼들은 그 이유를 정확이 이렇게 표현한다. "한 시간 일한 사람과 온종일 더위를 견딘 우리의 수고를 같이 했다"라는 것이다. 왜 내가 더 일했는데, 그 만큼의 보상을 하지 않느냐라는 것이다. 기준이 바뀐 것이다. 받은 한 데나리온이 기준 이였을 때는 택함 받은 것 만해도, 쓰임 받는 것 만해도, 일한다는 것 자체만으로도 감사했다. 기준점이 내게 받은 은혜였기 때문이다. 그러나 비교하게 되고, 계산하다 보니 기준점이 점점, 내가 한 수고와 노력으로 바뀌어 진다. 이제 그들의 마음은 더 이상 은혜가 지배하지 않는다. 대신 복잡한 계산과 계산대로 보상되지 않았을 때에 원망과 분노가 지배한다.

은혜의 법이 지배할 때는 그들의 마음은 천국으로 살았다. 그런데 은혜의 법이 사라지니, 매매의 법이 그들의 마음을 사로잡는다. 매매의 법이 무엇입니까? 공정한 대가와 정당한 보상에 따라서 거래하는 것이다. 겉보기는 공평한 것 같다. 그래서 이 땅은 시장 뿐 만 아니라, 기업, 사회, 심지어 가정에서 까지 매매의 법이 지배한다. 철저한 give-and-take이다. 그런데 바로 이 매매의 법 때문에 이 땅은 지옥이 된다. 내가 공정한 매매를 위해서는 내가 무엇을 한 것과 그것에 대한 대가와 비교를 하지 않을 수 없다. 하지만, 누구나 그 매매의 기준이 되는 것이 있다. 내가 받은 것 보다, 내가 한 것이다. 사람들 마다, 내가 수고하고, 견디고, 일한 것이 더 커 보이게 되게 마련이다. 그래서 우리는 항상 내 떡보다 남의 떡이 커 보인다. 그래서 나의 것을 더 요구 한다. 내가 노력과 수고에 대한 정당한 대가가 지불되지 않으면, 그래서 내가 손해 보는 것 같으면 절대 참을 수 없는 것이 인간들이다. 그래서 개인 간의 싸움이 되고, 국가 간에도 전쟁이 된다. 심지어 부부간에도 부모형제간에도 서로가 서로를 지옥으로 만들어 버린다.

만약 품꾼들이 한 데나리온 받은 은혜에 집중했다면, 즉 한 데나리온을 주인의 마음을 알았다면, 그래서 비교하지 않았으면 이들은 적어도 오늘 하루는 천국을 누렸을 것이다. 행복한 아버지가 되어서 빵과 풍성한 먹을거리를 사가지고 가정을 정말 천국으로 만들어 갔을 것이다. 그런데 이들은 집에 가지 않는다. 나에게도 몇 데나리온을 더 달라고 떼를 쓰고 급기야는 주인에게 데모까지 한다. 참고 있던 주인이 "이제 네가 받은 것이나 가지고 가라"고 면박을 준다. 아마 그들은 원망과 울분으로 집에 가는 길에 술로 화를 풀면서 받은 한 데나리온 마저 탕진했을 지도 모른다.

주인이 품꾼들에게 내리는 판결은 명확하다. "이 사람들에게 너와 같이 주는 것이 내 뜻이라." 모든 사람에게 한 데나리온을 주는 것, 그럼으로 모든 사람이 받은 그 한 생명을 누리는 것이다. 그 모든 사람을 창조한 사람이 바로 그 주인이기 때문이다. 인간의 측면에서 보면 처음에 온 사람과 나중에 온 사람을 분명 다른 임금을 주어야 공정하다. 하지만 그 사랑이 무한 하나님에게 두 사람 차이는 없다. 사실 그들은 모두 다 품꾼에 불과한 사람들이다.

주인들이 품꾼들을 불러 모은 포도원이 상징하는 곳이 어디일까? 교회이다. 포도원으로 불러져서 모인 사람들은 누구인가? 바로 하나님께 은혜를 받아서 교회 온 교인들이다. 사실 우리는 다 품꾼이다. 적어도 교회를 나온다는 것은 나는 죄인임을 인정하는 것이다. 죄는 사람은 정말 쓸모없게 만들어 버린다. 하나님께서 만드신 아름다운 형상이 파괴되어 정말 쓸모 없는 품꾼이 된 것이다. 그래서 교회를 지배하는 법이 있다. 은혜이다. 은혜 받아서 나온 사람들이다. 그런데 가끔 교회도 매매의 법이 지배한다. 그래서 보상과 대가를 받기를 원한다. 정확한 보상과 대가로 살아야 한다면 우리는 어떻게 될까? 죄라는 것은 우리가 어떤 수고와 견딤을 당한다해도 절대 그 대가를 치를 수가 없다. 죄에 대한 대가, 보상이 있다. 로마서 6장 23절은 이렇게 말한다. 죄의 삯은 사망이요, 죄는 죽음으로만 그 대가를 치를 수 있다. 천국을 만드는 공식을 수학적으로도 표현할 수 있다.

분모가 무한수이면 분자가 아무리 커도, 그 값은 0이 된다. (n−1)의 차이는 우리에게는 중요하다. 한경직 목사님과 희대의 살인마 유영철, 이 둘은 엄청난 차이가 있다. 20대에 교회에 출석하기 시작해서 30년 동안 열심히 봉사하고 희생해서 교회에서 장로 된 사람과 사회에서 술 먹고 방탕하게 살다 이제 교회에 나온 청년과, 사람이 보기에 그 차이는 매우 크다. 그런데 교회에 나와서 한 데나리온의 은혜를 받으면, 그 차이는 순간 0이 된다. 그런데, 받은 은혜가 기준이 아니라, 한 데나리온이 기준이 아니라, n−1을 기준으로 산다. 나는 더 일하고, 수고하고 노력했는데, 왜 그 차이를 인정해 주지 않느냐고 불평하면, 바로 지옥이 되 버린다. 서로 사랑하는 부부도, 내가 일한 수고의 대가와 보응의 원칙으로 살면 한 달 안에 지옥이 된다. 내가 당신에게 이만큼 해 주었는데, 왜 당신은 그만큼 해 주지 않아! 어제 내가 설거질 했으니, 오늘은 당신이 할 차례 아니야! 불평하고 원망한다. 천국이 사라져 버린다.

Ⅳ. 질문과 대답

1. 본문말씀 마지막에 "이와 같이 나중 된 자로서 먼저 되고 먼저 된 자로서 나중 되리라"는 말은 무슨 뜻인가요? 이것이 위에 설명된 하나님의 나라와는 어떤 관련이 있나요?

교회에는 목사나, 장로나, 일반 성도나, 대통령이나, 국회의원이나, 노숙인이나 평등합니다. 교회에 오래 헌신한 사람이나, 헌금을 많이 한 사람이나, 가난해서 헌금을 못한 사람이나 적어도 하나님에게는 그 차이는 별로 중요하지 않습니다. 그런데 우리 인간은 이 차이가 중요합니다. 이 차이를 인정해 주지 않으면 화를 냅니다. 교회에 온 사람이 모두 평등하게 받은 것이 있습니다. 그것은 한 데나리온입니다. 우리 모두는 죄를 지었기에 그 대가로 죽어야 합니다. 그런데, 우리 대신해서 죽으신 이가 있습니다. 포도원 주인이 우리 대신 십자가에서 못 박은 포도원 주인의 아들 예수입니다. 그 생명이 우리가 받은 한 데나리온 값입니다. 그 한 데나리온과 내가 한 수고와 노력을 비교할 수 있을까요? 내가 그 무엇을 그 한들, 몇 시간 아니 더위와 햇빛에서 몇 천 시간을 일했다고 한들, 내가 받은 은혜와 비교할 수 있을까요? 절대 비교할 수 없습니다. 그런데 내가 몇 시간 와서 먼저 일한 것이, 즉 내가 교회에 와서 몇 년, 혹은 몇 십 년 봉사했는데, 혹은 내가 사회에서 저 사람보다 더 훌륭한데, 왜 나를 처음 교회 나온 사람과 똑 같이 대우하냐고 불평하는 순간, 그 사람은 천국을 잃어 버리게 됩니다. 내가 받은 은혜를 기준으로 살지 않고, 내가 일한 시간을 기준으로 삼았기 때문입니다. 그래서 먼저 된 자가 나중 되는 것입니다. 그곳이 바로 교회 입니다.

Ⅴ. 토론주제 및 참고자료

1. 토론주제

1) 기독교는 인간의 행위가 아니라 놀라운 은혜를 믿음으로서 구원을 얻는

다고 합니다. 실질적인 행위가 아니라, 그냥 믿는 것인데, 어떻게 이러한 기독교가 2000년간 세계역사의 발전을 주도해 왔을까요? 세상을 변화시키는 기독교의 주된 힘은 무엇인지 토의해 보십시요.

2) 하나님의 나라를 우리는 이 세상에 어떻게 구체적으로 경험할 수 있을까요?

2. 참고자료

존 러스킨, 곽계일 옮김, 『나중에 온 이 사람에게도』, 서울: 아인북스, 2010. 이 책은 오늘 강의의 성경 본문은 마태복음 20장을 바탕으로, 자본주의 경제 체제 속에서도 우리가 어떻게 하나님의 생명의 법으로 살 수 있는지 구체적 대안을 제시하고 있다.

십자가와 부활 이야기

– 십자가의 의미와 부활의 현대성

Ⅰ. 문제제기: 기독교의 토대는 무엇인가?

여러분들은 지금까지 많은 위인(偉人)전을 읽었을 것이다. 예를 들어서 한글을 창제한 세종대왕이나 노예를 해방한 링컨 대통령 등과 같은 전기 말이다. 그런데 그 책들 중 주인공이 세상을 떠나기 전 · 후 며칠에 걸친 이야기를 전체 내용의 사분의 일 또는 반 정도로 할애한 경우를 본적이 있는가? 틀림없이 그렇게 구성된 책은 전혀 없었을 것이다. 아마도 몇 페이지나 길어야 한 장(章) 정도로 마무리 되었을 것이다.

그러나 예수에 대해 소개한 책들은 놀랍게도 그의 십자가 죽음과 부활에 집중하고 있다. 성서에서 예수의 삶을 집중적으로 묘사하고 있는 책은 신약성서에서 '복음서'라 불리는 네 권이다. 마태복음은 21장부터 28장까지, 마가복음은 11장부터 16장까지, 누가복음 19장부터 24장까지, 심지어 요한복음은 12장부터 21장까지 최소한 4분의 1일 또는 2분의 1을 예수의 고난, 십자가 그리고 부활에 초점을 맞추고 있다. 이것은 예수 자신의 고백과도 일치한다: "인자가 많은 고난을 받고 장로들과 대제사장들과 서기관들에게 버린 바 되어 죽임을 당하고 사흘 만에 살아나야 할 것을 비로소 그들에게 가르치시되" (막 8:31).

기독교에서 '기독'(基督)은 그리스어의 '그리스도'(Kristos)의 음역어이다. 그리스도는 기름부음을 받은 자, 곧 메시아이신 예수를 의미한다. 그렇다면 '그리스도인'이란 말은 어떠한가? 영어의 크리스천(Christian)의 음역어로서 역시 '그리스도'(Christ)가 어근이다. 결국 기독교든 그리스도인이든 핵심은 예수 그리스도이다. 그런데 그 예수의 삶의 중심이 바로 십자가 죽음과 부활이었다. 이것은 기독교의 토대가 무엇인지를 단적으로 보여준다.

Ⅱ. 개념설명: 십자가에 대한 이해

기독교를 대표하는 상징은 십자가다. 밤하늘을 온통 수놓고 있는 빨간 네온 십자가를 생각해보라. 또한 얼마나 많은 그리스도인들이 목걸이나 귀걸이 등의 장신구로서 십자가 형태를 선호하는가? 그런데 만일 전기고문 의자, 교수형 밧줄 그리고 단두대를 장신구로 하고 다닌다면 사람들이 어떻게 여길 것 같은가! 아이러니하게도 십자가는 인류가 만들어 낸 최악의 사형도구였다.

십자가 처형은 페르시아에서 유래한 것으로, 주로 헬라인들과 로마인들이 받아들여 사용하였다. 십(十)자 형태의 나무에 죄수를 못 박아 죽이는 것인데, 최대한 고통을 주면서 서서히 죽이는 가장 잔인하고 비인간적이며 처참한 형벌이었다. 로마인들은 죄수들을 이런 식으로 죽이기를 즐겼다. 특별히 반란을 주동한 사람이나 노예 그리고 극악무도한 죄수들에게 가해졌는데, 로마인의 경우에는 오직 극단적인 국가 반역죄를 행했을 경우에만 십자가형을 부여했다.

십자가형은 먼저 죄수를 형틀에 달기 전, 혹독한 채찍질을 가한다. 채찍 끝에는 납덩어리들이 달려 있어 채찍질을 할 때마다 살점을 뜯어냈다. 후에 온 몸이 피투성이가 된 죄수는 자기 몸무게보다도 더 무거운 십자가 형틀을 매고 형장으로 가야 했다. 십자가에 매달 때는 손목과 발목에 큰 대못으로 고정했으며, 엉덩이 쪽에는 받침대가 있어 약간의 체중을 실을 수 있도록 만들었다.

죄수는 피비린내를 맡고 온 새들에게 쪼아 먹히거나 땅에서 올라온 벌레들은 눈이나 귀, 코등 구멍으로 들어가 살점을 뜯어먹었다. 죄수가 과다출혈로 쇼크사 하는 경우도 많았다. 사막기후라 낮에는 뜨거운 태양과 밤에는 혹독한 추위에 그대로 노출되었다. 마지막엔 죽음여부를 확인하기 위해 칼이나 창으로 가슴이나 심장을 찌르고 다리를 부러트리기도 했는데, 사형수의 가족들은 처형자들에게 뇌물을 주어 빨리 죽게 하는 방법을 쓰기도 하였다.

Ⅲ. 주제강의

이제 본격적으로 십자가와 부활에 대한 이해로 들어가 보자. 기독교의 핵심진리는 십자가와 부활이다. 기독교는 이 두 가지 토대위에 세워져 있다고 해도 과언이 아니다. 기독교에 대해 아무리 많은 것을 알고 있다고 해도 십자가와 부활을 모르고 있다면 기독교 전체를 모르는 것이고, 다른 것은 다 이해 못한다 하더라도 십자가와 부활을 제대로 알고 있다면 기독교 핵심을 꿰뚫고 있는 것이다.

십자가와 부활은 기독교의 신앙적 의식(儀式)에만 머물러 있거나 삶의 변두리로 치부될 것이 아니기에 그 중심부에 닻을 내리지 않고는 그리스도인도 교회도 될 수 없다. 그렇다면 이처럼 중요한 십자가와 부활을 어떻게 접근하여 이해하면 좋을까? 다섯 가지로 나누어 설명해보려고 한다: 첫째, 성서의 중심주제로서 십자가와 부활, 둘째, 십자가와 부활이 필요하게 된 이유, 셋째, 대표적인 십자가의 모형들, 넷째, 부활의 증거, 다섯째, 십자가와 부활의 효력.

1. 성서의 중심주제로서 십자가와 부활

예수의 행적을 기록한 네 개의 복음서에서 상당한 부분을 그의 십자가 죽음과 부활에 할애한 사실에 대해서는 이미 살펴보았다. 그렇다면 신약성서의 다섯 번째 책이자 유일한 역사서인 사도행전은 어떠한가? 사도행전은 말 그대로 사도들의 행적을 기록한 책이다. 사도란 '보냄을 받은 자'라는 의미로서, 예수에 의해 직접 훈련받은 제자들이 세상으로 파송 받아 활동한 것을 기록한 책이다. 그들은 한결같이 예수의 십자가와 부활을 증언했다. 가룟 유다의 배신으로 결원이 된 열 두 제자 중 한 사람을 보충할 때의 기준도 이 사실을 잘 말해준다.

> "항상 우리와 함께 다니던 사람 중에 하나를 세워 우리와 더불어 예수께서 부활하심을 증언할 사람이 되게 하여야 하리라 하거늘" (행 1:22)

신약성서의 상당 부분을 기록한 바울은 기독교의 '복음'이 무엇인지 정의를 내린 적이 있다. 너무나 중요한 부분이기 때문에 그의 말을 직접 인용해보자: "내가 받은 것을 먼저 너희에게 전하였노니, 이는 성서대로 그리스도께서 우리 죄를 위하여 죽으시고 장사 지낸 바 되셨다가 성서대로 사흘 만에 다시 살아나사"(고전 15:3~4). 바울 역시 예수의 십자가 죽음과 부활이야말로 자신이 받은 계시의 핵심임을 강조하고 있다.

예수의 수제자였던 베드로는 어떠한가? 그 역시 스승의 삶을 십자가와 부활로 요약한 적이 있다: "그리스도께서도 단번에 죄를 위하여 죽으사 의인으로서 불의한 자를 대신하셨으니 이는 우리를 하나님 앞으로 인도하려 하심이라 육체로는 죽임을 당하시고 영으로는 살리심을 받으셨으니"(벧전 3:18). 이처럼 베드로이든 바울이든 예수의 삶이 십자가와 부활로 귀결된다고 보았다는 점이 중요하다.

그렇다면 구약성서는 어떠한가? 예수께서 한 번은 이렇게 말씀하신 적이 있다: "너희가 성서에서 영생을 얻는 줄 생각하고 성서를 연구하거니와 이 성서가 곧 내게 대하여 증언하는 것이니라"(요 5:39). 아직 신약성서가 기록되기 전이므로 예수께서 언급한 '성서'는 구약성서를 의미한다. 놀랍지 아니한가? 구약성서 전체가 오실 메시아이신 예수 그리스도에게 집중 되어 있다는 뜻이니 말이다.

그 의미는 부활하신 예수께서 슬픔과 좌절가운데 엠마오 마을로 가던 두 제자를 만나 말씀하셨을 때 좀 더 분명해졌다: "이르시되 미련하고 선지자들이 말한 모든 것을 마음에 더디 믿는 자들이여 그리스도가 이런 고난을 받고 자기의 영광에 들어가야 할 것이 아니냐 하시고 이에 모세와 모든 선지자의 글로 시작하여 모든 성서에 쓴 바 자기에 관한 것을 자세히 설명하시니라"(눅 24:25~27). 예수 자신이 구약성서의 중심 메시지가 그의 십자가 죽음과 부활임을 확증했다.

2. 십자가와 부활이 필요하게 된 이유

예수의 십자가 죽음과 부활을 가리켜 기독교 복음의 핵심이라고 말한다. 그렇다면 '복음'이란 무엇인가? 복음(福音)은 말 그대로 복된 소식 또는 기쁜 소식을 의미하며 영어로는 'Good News'이다. 그리스어에서는 '유앙겔리온'인데, 이 단어는 '유'(좋은)와 '앙겔리온'(메시지를 전하다, 선포하다) 두 단어의 합성어이다. 이 단어가 명사로 쓰일 때는 '기쁜/좋은 소식'이고, 동사로 쓰일 때는 '기쁜/좋은 소식을 전하다.' 이다.

왜 기쁘고 좋은 소식인가? 기쁜 소식은 '나쁜 소식'을 전제로 하기 때문이다. 나쁜 소식이란 하나님께서 창조한 인간이 하나님을 등지고 배반한 사건이다. 그 사건의 경위를 간단히 살펴보자. 몇 가지 이유에서 인간은 창조의 면류관이었다. 첫째, 하나님은 유일하게 자신을 꼭 닮은 분신으로 만드셨다(창 1:26~27; 2:7). 둘째, 인간 창조의 기쁨을 "보시기에 심히 좋았더라"는 하나님의 소감으로 다른 날들과는 달리 특별하게 표현하셨다(창 1:31).

셋째, 하나님께서는 인간이 거할 수 있는 최적의 환경을 조성하신 후 마지막 날 창조하셨다. 넷째, 첫 인간에게 자신의 권한을 위임하여 피조된 세상을 맡아 관리하도록 지시하셨다. 그러나 이 모든 것들보다도 인간에 주어진 최고의 특권은 하나님과 교제할 수 있다는 것이다. 하나님은 인간을 창조하실 때 "생기를 불어 넣으셨는데," 그 생기란 다름 아닌 하나님의 영이었다(겔 37:1~14; 요 4:24, 20:22).

이것은 하나님께서 인간과 얼마나 친밀하고 밀접하게 또한 깊이 있게 교제 나누시길 원하시는지를 잘 보여준다. 어떻게 가능한가? 바로 성령을 통해서이다. 하지만 안타깝게도 첫 인간은 하나님의 은혜를 저버리고 금령을 어기고 말았다(창 2:17, 3:4~6). 이것은 첫 인간에게는 무서운 결과로 이어졌다. 위로는 창조주 하나님과의 관계가 단절되었고, 옆으로는 다른 사람과의 관계가 깨어졌으며, 아래로는 피조된 자연만물과의 관계가 뒤틀어졌다. 그 깨어진 관계는 부-자 관계로 이어졌고, 더 나아가 사회로, 전 세계로 확대되어 갔다(창 3~11장).

그 형벌은 궁극적으로 인간에게 무서운 심판을 선고했다. 바로 '죽음'이다 (롬 5:12). 그 죽음은 나누어 세 가지로 생각할 수 있다: 하나님의 영과 분리되는 영적 죽음 (엡 2:1), 몸에서 혼이 떠나는 육체적 죽음 (히 9:27), 하나님과 분리되는 영원한 죽음 (계 21:8). 이 모든 것은 죄로 말미암아 하나님의 영이 인간에게서 떠남으로 생긴 결과였다. 희망이라고는 하나님의 영이 인간 속으로 다시 들어가는 일 뿐이다. 그렇지 않고서야 예수께서 니고데모에게 물과 성령

으로 나지 아니하면 하나님 나라를 볼 수 없고 들어갈 수도 없다고 말씀하셨겠는가?(요 3:3,5)

그럼 어떻게 하나님의 영이 다시 인간 안으로 들어갈 수 있는가? 인간의 죄가 해결되어야 한다. 그러나 그 어떤 인간도 스스로 그 문제를 해결할 수 없다(롬 3:23). 그렇다고 하나님께서 죄인 된 인간을 무조건적으로 용서해 주실 수도 없다. 왜냐하면 하나님은 공의로우신 분이기 때문이다. 이러한 딜레마를 위한 해결책이 바로 십자가와 부활이다. 십자가 죽음으로 하나님의 공의를 만족시켰고, 동시에 부활을 통해 인간의 죄 문제가 해결되었음이 증명되었기 때문이다 (롬 4:25).

3. 대표적인 십자가의 모형들

성서는 계시의 책이다. 계시란 '감추어져 있던 것을 밝히 드러내 알려 주는 것'을 말한다. 하나님은 온 인류를 위한 구원계획을 한 번에 다 드러내시지 않고 조금씩 그 의미를 확장해가며 점진적으로 계시하셨다. 인류의 구원과 회복의 방법으로써 십자가 역시 마찬가지이다. 영화의 '트레일러'(예고편)를 생각해보라. 영화가 만들어지기 전부터 그 영화의 주제, 영상, 특징들을 축약해서 만들어진 트레일러는 사람들의 시선을 사로잡고 기대감을 품게 만들어 준다.

그럼, 십자가에 대한 대표적인 모형들에는 어떤 것들이 있는가? 첫째, 창세기 3장 15절이다. 하나님을 등지고 반역한 첫 인간이 거듭 죄를 전가(轉嫁)했을 때 주어진 말씀이다. "내가 너로 여자와 원수가 되게 하고 네 후손도 여자의 후손과 원수가 되게 하리니 여자의 후손은 네 머리를 상하게 할 것이요 너는 그의 발꿈치를 상하게 할 것이니라 하시고." 여기에서 "여자의 후손"은 남자의 개입 없이 낳은 아들인 예수 그리스도이다 (갈 4:4). 뱀이 여자의 후손의 발꿈치를 상하게 한다는 것은 십자가 죽음을, 여자의 후손이 뱀의 머리를 상하게 하는 것은 부활을 각각 의미한다. 성서에 나온 최초의 십자가와 부활이기 때문에, 원복음(原福音)이라고 불린다.

둘째, 출애굽기 12장 1~14절에 등장하는 유월절 어린 양이다. 430년간 이집트에서 종살이 하던 이스라엘이 극적으로 해방되는데, 마지막 열 번째 재앙인 초태생의 죽음에서 벗어날 수 있었던 것은 "흠 없고 일 년 된 수컷"인 어린 양의 죽음과 연관되었다. 사도요한은 예수님을 가리켜 "보라 세상 죄를 지고 가는 하나님의 어린 양이로다" 라고 했고, 바울은 "우리의 유월절 양 그리스도께서 희생되셨느니라"라고 하면서 유월절 어린 양을 예수 그리스도로 풀어냈다(요 1:29; 고전 5:7).

셋째, 민수기 21장 1~9절에 등장하는 장대에 달린 놋뱀이다. 출애굽한 이스라엘 백성들이 광야에서 물과 음식 그리고 길 때문에 원망하고 불평했을 때, 하나님은 그들을 심판하시기 위해 불뱀을 보내 물려 죽게 하셨다. 그러나 회개한 그들에게 다시 구원의 길을 제시하셨는데, 그 방법이 바로 장대에 달린 놋뱀이었다: "뱀에게 물린 자가 놋뱀을 쳐다본즉 모두 살더라" (민 21:9). 예수께서 니고데모와의 대화 속에서 이 장면을 다시 언급하시면서, 장대에 달린 놋뱀이 바로 십자가에 달려 죽으실 자신이라고 언급하셨다: "모세가 광야에서 뱀을 든 것 같이 인자도 들려야 하리니 이는 그를 믿는 자마다 영생을 얻게 하려 하심이니라"(요 3:14~15).

넷째, 이사야 53장에서 '고난 받는 종'을 묘사한 부분이다. 메시야가 오시기 전 700년 이사야 선지자는 이미 그가 당할 고난, 대속(代贖), 침묵, 죽음과 영광을 너무나 자세하게 묘사했다. 특별히 헨델은 이 부분을 읽으면서 고난 받는 예수와 부활을 깊이 깨닫고, 저 유명한 메시야의 오라토리오를 쓰기도 하였다. 사도행전 8장에 보면 에디오피아 내시가 예루살렘에 예배하러 왔다가 돌아가는 길에 이사야 53장을 읽으면서 어려움을 겪은 적이 있다. 그때 빌립이 나타나 해결해주면서 그 부분을 예수의 죽음과 부활로 해석했다: "빌립이 입을 열어 이 글에서 시작하여 예수를 가르쳐 복음을 전하니"(행 8:35).

4. 부활의 증거

모든 인류가 맞닥트린 세 가지 피할 수 없는 운명이 있다. 그것은 바로 죄와 심판 그리고 죽음이다(롬 3:23; 히 9:27; 롬 6:23과 계 21:8). 예수는 죄 된 인간이 젊어져야 할 이 세 가지 문제를 위해 십자가에서 죽으셨고, 그것들이 해결되었음을 입증하기 위하여 삼 일 만에 다시 부활하셨다: "예수는 우리가 범죄한 것 때문에 내줌이 되고, 또한 우리를 의롭다 하시기 위하여 살아나셨느니라"(롬 4:25).

그러나 누군가 예수의 부활을 거짓으로 입증시킬 수만 있다면 기독교 신앙은 한 순간에 와르르 무너질 것이다(고전 15:12~19). 때문에 지나온 역사 속에서 수많은 인재들이 부활을 신화로 입증해 보려고 무수히 애를 썼다. 그럼에도 불구하고 기독교 신앙은 여전히 건재하고 있다. 그 이유가 뭘까? 부활이 결코 흔들 수 없는 역사적 사실이고, 무엇보다도 부활신앙을 체험한 그리스도인들의 삶의 변화와 능력 때문이다. 이제 대표적인 부활의 객관적 증거들을 알아보자.

첫째, 기록문서의 증언이다. 고서 검증은 원본이 없을 경우 사본의 수가 많을수록, 사본이 원본으로부터 만들어진 시간차가 적을수록, 사본과 사본 사이에 오류가 적을수록 원본에 가깝다고 여긴다. 신약성서의 경우 사본수가 24000개 이상이다. 반면 호머의 서사시 일리아드는 600개 정도에 지나지 않는다. 시간적 격차는 신약성서의 사본은 약 25~85년이지만, 일리아드는 500년이다. 오류 차이는 신약성서가 약 0.5%이고, 일리아드의 경우는 5%이다. 또 한 가지 예로 알렉산더 대왕에 대한 가장 초기의 전기 같은 경우, 그가 죽은 지(B.C.323) 무려 400년 이상 지난 후에 쓰였음에도 역사가들은 신뢰할 만한 자료라고 여긴다.

둘째, 목격자들이다. 바울의 말을 들어보자: "게바에게 보이시고 후에 열두 제자에게와 그 후에 오백여 형제에게 일시에 보이셨나니 그 중에 지금까지 대다수는 살아 있고 어떤 사람들은 잠들었으며"(고전 15:5~6). 고린도전서의 저작 시기가 대략 A.D. 56년경임을 생각할 때 놀라운 기록 아닌가? 어떤 사람들의 주장대로 만일 이것이 고의적인 거짓말이라면, 많은 사람이 부활을 증거하기위해 순교까지 감수했음을 고려할 때, 거짓을 위해서 그렇게까지 할 사람은 전혀 없다. 그런 의미에서 제자들의 변화된 삶이야말로 가장 확실한 부활의 증거가 아닌가?

셋째, 빈 무덤이다. 예수의 부활이 있은 후 종교지도자들은 그의 제자들이 와서 시체를 도둑질 해갔다는 거짓 풍설을 전하라고 했다. 아이러니 한 것은 이미 그들이 사전에 그럴 가능성을 차단하기 위해 로마 경비병으로 하여금 무덤을 지키도록 조치한 점이다(마 27:62~66). 제자들은 스승이 체포되자 너나 할 것 없이 줄행랑쳤고, 그 중에 수제자라 일컫는 베드로는 세 번이나 스승을 부인하기까지 했다면, 제자들이 시체를 훔쳐갔을 가능성은 너무나 희박하다. 게다가 오합지졸인 제자들이나 추종자들이 로마 군병들을 어떻게 당해낼 재간이 있었겠는가?

또 어떤 부류의 사람들은 예수께서 십자가에서 실제 죽은 것이 아니라 기절했다고 말하는데, 어처구니없는 가설이다. 예수가 십자가 처형 전 매질을 당하고, 손과 발 그리고 머리에서 과다출혈이 있었다. 무슨 힘이 남아 무거운 돌을 옮겼고 로마 경비병들과 싸워 도망칠 수 있었겠는가? 또한 유대 장례관습에 따르면 시체에 몰약을 흠뻑 적신 천으로 단단히 감쌌는데, 이때 산 사람조차도 죽을 수밖에 없었다. 더구나 로마 군병들이 창으로 허리를 찔렀을 때 물과 피가 나왔다고 했다(요 19:34). 의학적으로 죽은 사람일 경우에만 이 부분에서 물과 피가 나온다는 사실인데, 이로 보건대 예수의 죽음원인 중 하나는 저혈량성 쇼크였다.

5. 십자가와 부활의 효력

예수의 십자가 죽음과 부활은 놀라운 효력을 가지고 있다. 첫째, 하나님과의 화목이다. 화목의 대가는 실로 엄청났다. 누군가가 대신 죽어야 할 만큼 인간들의 죄가 컸음을 염두에 둘 때, 예수의 죽음은 죄인들을 위한 화목제물이었다: "이 예수를 하나님이 그의 피로써 믿음으로 말미암는 화목제물로 세우셨으니 이는 하나님께서 길이 참으시는 중에 전에 지은 죄를 간과하심으로 자기의 의로우심을 나타내려 하심이니"(롬 3:25). 그 결과 죄를 용서받은 사람은 성령의 들어오심으로 하나님과의 영적 교제가 다시 회복된다.

둘째, 사람과의 화목이다. 죄는 하나님과의 관계뿐 아니라 인간관계에서도 고립을 가져왔다. 창세기 3장이 이 사실을 잘 보여준다. 죄를 지은 첫 인간은 하나님과의 관계가 어그러지면서 동시에 사람과의 관계에도 문제가 생겼다. 그러나 예수의 십자가 죽음과 부활은 인간관계에서의 회복을 가져왔다: "너희가 다 믿음으로 말미암아 그리스도 예수 안에서 하나님의 아들이 되었느니라"(갈 3:26). 믿음으로 거듭난 사람들은 사회적, 경제적, 인종적 차이를 극복하고 모두 형제 · 자매가 되었다. 물론 아직 믿지 않는 사람들을 향해서도 화목의 하나님을 소개하면서 화목의 관계를 넓혀 나간다(고후 5:18~19).

셋째, 자연과의 화목이다. 불순종한 인간은 위로는 하나님과의 관계가 깨어지고, 옆으로는 다른 사람과의 관계가 틀어졌으며, 아래로는 자연과의 조화로운 관계마저도 단절되었다. 왜냐하면 하나님의 형상대로 지음 받은 인간들이 타락함으로 말미암아 인격의 손상을 가져왔기 때문이다. 인간은 자연을 돌보며 자연과 더불어 공존해야 하지만, 오히려 자연을 학대하고 남용했다. 그 결과 여러 가지 면에서 자연의 보복을 불러 일으켰다. 그러나 예수의 십자가 죽음과 부활을 경험한 사람은 변화된 인생을 통해 자연을 향해서도 하나님의 뜻대로 그분의 영광을 위해 자연을 돌보며 가꾸기 시작한다.

Ⅳ. 질문과 대답

1. 왜 십자가가 기독교의 대표적 상징인가요?

   기독교라는 말에는 그리스도 즉 예수가 중심이고, 예수의 삶의 핵심은 십자가의 죽음과 부활입니다. 인간이 직면하고 있는 세 가지 문제 즉 죄와 심판과 죽음의 문제에 대한 유일한 해결책 역시 십자가 죽음과 부활이기 때문입니다.

2. 예수가 온 인류의 죄를 대신해서 죽었다면 왜 온 인류가 자동으로 구원받을 수 없는가요?

   누군가가 선물을 주는 상황이라고 가정해봅시다. 어떻게 하면 그 선물이 내 것이 될 수 있습니까? 감사한 마음을 가지고 받아들이면 내 것이 됩니다. 마찬가지입니다. 하나님의 선물인 구원 역시 감사한 마음으로 가지고 받아들여야 합니다(엡 2:8~9). 그래야 내 것으로 누릴 수 있습니다. 그 받아들임이 회개와 믿음입니다. 회개란 하나님 앞에서 자신이 죄인임을 인정하고 돌이키는 것이며, 구원 얻는 믿음이란 죄와 심판과 죽음의 해결책으로 하나님께서 제시해주신 예수 그리스도를 영접하는 것입니다(요 1:12).

Ⅴ. 토론주제 및 참고자료

1. 토론주제

1) 하나님의 성품인 거룩과 사랑이 십자가와 어떻게 연관되는지 토론해보십시오.
2) 다음의 영화들을 함께 시청하고 토론해보십시오.

[예수는 역사다!(2017)], [패션 오브 크라이스트](2017), [신은 죽지 않았다](2017), [벤허](2016)

2. 참고자료

마크 L. 스트라우스, 박규태 역, 『네 편의 초상, 한 분의 예수』, 서울: 성서유니온선교회, 2017.
존 스토트, 황영철/정옥배 역, 『그리스도의 십자가』, 서울: IVP, 2000.
홍성철, 『기독교의 8가지 핵심진리』, 서울: 도서출판세복, 2015.

바울 이야기

– 기독교 정신으로 세계와 소통한 바울[1]

Ⅰ. 문제제기 – 소통의 시대인가? 불통의 시대인가?

오늘 우리는 다른 그 어떤 시대보다도 발전된 소통의 도구를 가지고 살아가고 있다. 그것은 바로 과학기술의 발전 덕분에 인터넷, 스마트폰 등의 통신기기를 사용할 기회가 무척 많아졌기 때문이다. 그런데, 사람들은 소통의 어려움을 호소하고 있다. 그 이유가 무엇일까? 여러 도구를 통해서 너무 많은 말들이 오가고 있기는 한데, 진심으로 나를 표현하고, 나의 이야기를 들어주고, 나를 이해해주는 그런 기회가 많지 않기 때문이 아닐까? 그래서 우리는 소통을 잘 하려고 노력하는 사람들을 만나면 기분이 좋고 반갑고 또 한 번 더 만나고 싶어하는 것 같다.

오늘처럼 다양한 기술이 없었던 2000년 전의 사람들은 어떻게 소통하면서 살았을까? 아마도 가장 좋은 소통의 도구가 직접 얼굴을 보고 대화하는 것이었고, 그 다음은 서신으로 서로의 이야기를 나누는 것이 아니었을까?

성서에는 소통의 롤모델이 많이 등장한다. 그 중에서 오늘은 바울에 대해서 생각해보려고 한다. 성서는 총 66권의 단편집들을 묶어서 하나의 거대한 책으로 만들었다. 그 중에서 가장 많은 단편들, 즉 총 13권의 단편을 기록한 사람이 바울이다. 바울의 단편은 모두 편지다. 바울이 당시 이스라엘과 로마지역의 여러 교회들에게 보낸 편지가 오늘의 성서의 단편들이 되었다. 바울은 여

---

1 본 강의는 필자의 평소 바울에 대한 생각에 김학철 선생님이 2016년 문학동네에서 발간한 책 『아무것도 아닌 것들의 기쁨 – 사도 바울과 새 시대의 윤리』를 참고해서 쓴 글임을 밝힌다.

러 편지를 기록하면서 기독교 정신을 바탕으로 세계와 소통하려고 노력하였다.

Ⅱ. 개념설명

1. 바울은 누구인가?

바울은 당연히 이스라엘 사람이다. 그런데 바울은 평범한 이스라엘 사람은 아니었다. 바울은 '디아스포라'였다. 디아스포라는 유대인 후손으로 본국 이스라엘에서 떠나서 이웃나라에서 살아가고 있는 사람들이다. 이스라엘은 식민 지배를 오랫동안 받은 역사적인 배경 때문에, 많은 사람들이 디아스포라로 살았다. 오늘날에도 멀리 이민 가서 살고 있는 사람들을 디아스포라라고 부르기도 한다. 바울은 오늘의 터키 남부 길리기아 지방 다소(타르수스, Tarsus)라는 도시에서 태어난 이스라엘 사람이다. 당시에 다소는 로마의 식민 지배를 받는 변방 지역이기는 했지만, 학문과 문화가 발전한 도시로 알려져 있었다. 이곳에서 바울은 비록 피지배민이었지만, 당시 사람들에게 제한적으로 부여된 로마 시민권을 가지고 태어났으며, 헬라 교육과 이스라엘 교육을 동시에 받은 것으로 전해진다. 바울은 청년시절 이스라엘의 수도인 예루살렘으로 유학을 가서 당시 최고의 랍비였던 가말리엘에서 정통 유대교에 대해서 배웠다. 철저한 유대교육을 받는 바울을 처음에는 신흥 유대교종파였던 예수파를 박해하는 일에 최선을 다하다가, 회심한 후에 예수의 사랑을 전하는 사람이 되었다. 바울은 예수의 사랑을 전하기 위해서 당시의 이스라엘 나라가 위치한 지중해 지역을 여행하면서 교회를 세웠고, 마지막 최후에는 로마의 네로 황제의 박해로 참수당한 것으로 전해지고 있다.

2. 바울이 세운 교회

성서에는 바울에 대한 이야기를 그의 예루살렘 시절부터 전하고 있다. 정통 유대교에 심취했던 바울이 보기에 신흥 유대교 분파인 예수파는 이단이었다. 그래서 바울은 예수파를 박해하는 데에 앞장섰다. 예루살렘 교회에 있는 예수파들은 엄청난 박해를 피해서 뿔뿔이 흩어지게 되었다. 이 때 바울은 위해서 이스라엘 국경 너머 안디옥이라는 도시에 피신 가서 살고 있는 예수파 사람들을 잡기 위해서 가던 도중에 다메섹(오늘날 시리아의 수도 다마스쿠스)에서 회심을 경험하게 되었다. 이후 바울은 이스라엘에서부터 지중해 지역 도시들을 여행하면서 예수를 전하는 사람이 되었다. 그리고 그는 방문하는 곳곳에 교회를 세웠다. 바울이 세운 교회는 안디옥 교회(현재의 터키 남부 도시 안타키아), 고린도 교회(현재 그리스 도시 코린토), 갈라디아 교회(현재 터키의 코니아), 에베소 교회(현재 터키의 이즈미르), 빌립보 교회(현재 그리스의 카발라 부근), 골로새/라오디게아 교회(현재의 터키의 데니즐리), 데살로니가 교회(현재 그리스의 데살로티키), 베뢰아 교회(현재 그리스의 베리아), 로마 교회(현재 로마) 등이 있다.

3. 바울에게 소통이란?

바울에게 소통이란 혐오와 배제의 종교문화를 뛰어넘어서 보편적인 사랑을 전하는 것이었다. 원래 유대교는 하나님의 사랑을 전하는 종교로 시작하였다. 그러나 바울이 살던 시대에 유대교는 권력과 만나면서 그 본래의 정신은 완전히 잊어버리고 배재와 혐오를 위한 종교의 모습을 띄게 되고 말았다. 예수를 만난 바울은 배재와 혐오를 뛰어넘는 보편적인 사랑, 즉 하나님의 아들이 십자가에서 보여준 모든 사람을 위한 희생적인 사랑을 전달하기 위해서 애썼다. 바로 이것이 바울의 소통이었다.

Ⅲ. 주제강의

1. 바울의 꿈

1963년 8월 28일 노예해방 100주년을 기념하여 워싱턴에서 평화대행진이 열렸다. 이 때 미국의 인권운동가 마틴 루터 킹 목사님은 "나에겐 꿈이 있습니다!(I Have a Dream!)"라는 제목으로 연설을 했다. 이 연설은 증오로 점철된 미국 땅에 진정한 자유를 외친 명연설로 오늘까지도 많은 사람들이 기억하고 있다. 바울에게도 이와 비슷한 꿈이 있었다. 그 꿈은 역사 속에서 앗시리아, 바빌로니아, 페르시아, 로마 등의 제국에 의해서 오랫동안 식민 지배를 받던 지중해 지역과 중동 지역의 사람들(이스라엘을 비롯한 약소민족들)의 슬픔과 증오를 이겨내고 사랑으로 진정한 자유를 누리는 것이었다.

오랜 기간 동안 이민족의 식민지배로 힘든 삶을 살았던 유대인들에게는 꿈이 있었다. 유대인들의 오랜 꿈은 바로 메시아가 오는 것이었다. 자신들을 정치적인 억압에서 해방시켜줄 메시아 신앙을 바탕으로 민족의 해방을 맞이하는 것이 유대인들의 꿈이었다. 그런데, 바울은 기독교를 경험한 후에 새로운 꿈을 가지게 되었다. 자기 민족 유대인을 위한 꿈에서 세계 모든 사람들을 향한 꿈으로 바뀌었다. 그 꿈은 바로 기독교 정신의 기초인 사랑의 정신을 세계에 전달하는 것이었다. 예수그리스도의 십자가를 통해서 시작된 진정한 화해의 정신을 세계에 전달하는 것이었다. 그 정신은 선택받은 민족이라는 유대 민족의 특별한 의식을 넘어서서 세계의 모든 사람들에게 다가서는 새로운 정신이었다. 이를 위해서 바울은 당시 세계의 중심인 지중해 지역을 다니면서 이 정신을 전파하는 삶을 살았다.

2. 바울의 선교 여행

바울이 선택한 새로운 삶의 길은 무엇이었을까? 그것은 바로 예수의 삶을 따르는 것이었다. 예수는 어떻게 살았는가? 예수는 평생 자신의 집도 없이 거리를 다니면서 전도하다가, 유대인들에게 고발당해서 로마의 반역자로 십자가에서 사형 당했다. 바울도 이런 삶의 길을 선택했다. 아니 선택했다기보다는 그 방법밖에는 없었기에 그렇게 살았다. 바울은 평생 지중해 지역을 여행 다니면서 스스로 천막 만드는 일을 해서 먹고 살면서 예수의 사랑을 전했다.

바울이 평생 선교 여행을 다닌 거리는 대략 2만 킬로미터 정도가 된다. 지구의 둘레가 대략 4만 킬로미터 정도이니 평생 걸어서 지구를 반 바퀴나 돌아다닌 것이었다. 로마 제국은 주변국을 정복하고 나서 길을 먼저 닦았다. 모든 길은 로마로 통한다는 말은 여기에서 생긴 것이다. 효과적인 지배를 위해서 로마는 팍스 로마나(Pax Romana, 로마를 통한 평화)라는 구호와 함께 각 지역에 자치권을 부여해주고 도시를 건설해주었다. 효과적인 식민지배를 위해서 만들어 놓은 길이 바울의 선교 여행의 길이 되었다. 바울은 로마가 건설한 주요 거점도시를 다니면서 예수를 알렸다. 그리고 그곳에는 새로운 신앙 공동체를 만들었다. 그것은 에클레시아(ecclesia, 본래 뜻은 '밖으로 불러 모으다'라는 뜻으로 새로운 공동체를 의미함)라고 한다. 로마를 통한 그레코-로만 문화가 발달한 각 도시에 새로운 정신으로 모인 공동체를 만들었던 것이다. 그 대표적인 도시들이 지도에 나오는 대로 앞서 언급한 안디옥, 고린도, 갈라디아, 에베소, 빌립보, 골로새, 베뢰아, 데살로니가, 라오디게아 등입니다. 그리고 마지막 종착지는 로마였다.

이들 지역에 세워진 새로운 공동체의 중심 가치는 진정한 화해와 사랑을 위해서 높은 신의 자리를 포기하고 스스로 낮아지신(케노시스, Kenosis) 하나님의 사랑이었다. 빌립보서에서 바울은 이 부분을 잘 설명하고 있다. 본래 이 부분은 찬송시인데 한국어 성서에는 산문으로 되어있어서 김학철 선생님이 시처럼 번역하신 글을 필자가 조금 번안하였다.

그분은 하나님의 모습,
허나 아무것도 아닌 것으로 스스로 비워내어
하나님과 같다고 고집스레 우기지 않으셨네.
노예의 모습을 가지셨지.
사람의 모습되시고, 사람으로 보이셨지.
스스로 낮추시어 죽음에 이르도록 복종하셨네.
그분, 십자가에 죽으셨네.
그러니 하나님이 그분, 높이 올리실 수밖에!
그분의 이름, 모든 이름위에 올리실 수밖에!
하늘과 땅, 그리고 땅 아래 있는 모든 만물

예수의 이름 앞에 무릎 꿇으며 경배하네!
모든 만물 입 열어 예수 그리스도는 주님이라고
고백하여 찬송하며 하나님께 영광돌리네! (빌립보서 2:6-11)

자신을 완전히 비워낸 사랑으로 세계를 다스리는 놀라운 광경을 바울은 노래했다. 이 사랑으로 세워진 공동체가 바로 교회다. 각 도시마다 교회가 세워지는 광경은 놀라운 것이 아닐 수 없다. 연약한 사람이 혹독한 로마의 권력에 굴복하지 않고 점차로 퍼져나가고 있기 때문이다.

3. 소통을 위한 다양한 노력들

그러나 바울이 직접 세운 이러한 교회들이라도 완벽한 것은 아니었다. 사람이 모인 곳에는 언제나 문제가 있기 마련... 바울은 한 곳에 오래 머물지 않았다. 예수의 삶을 본받기 위해서 바울은 계속해서 여행을 다녔다. 이 도시에서 저 도시로... 그런데 이 도시에 있는 동안에 저 도시에 있는 교회의 사람들이 찾아와서 자신들의 문제를 상담했다. 때로는 교회의 문제를 상담하기도 하고 때로는 개인적인 신앙의 문제를 상당하기도 했다. 바울의 마음은 당장이라도 달려가고 싶었겠지만, 여기에서의 일도 있고, 또 문제를 스스로 해결하는 것이 더욱 좋은 것이기에 편지를 썼다. 이러한 편지들이 모여서 오늘날의 성서에 수록된 13편의 단편이 되었다.

어려운 사정을 들을 때마다 바울은 외면하지 않았다. 다그치지도 않았다. 자신이 깨달은 대로 이야기를 들려주었다. 때로는 교회에 편지를 쓰기도 하고 때로는 개인에게 편지를 쓰기도 했다. 바울이 소통을 위해서 여러 가지로 노력했다고 해서 그 노력이 언제나 성공적이었던 것도 아니었다. 그러나 그는 지속적으로 사랑으로 새로워지는 길에 대해서 말하면서 소통을 시도했다. 여기에서는 그 예를 두 가지만 살펴보자.

소통을 위한 바울의 노력의 예로 첫 번째로 이야기하고 싶은 것은 고린도 교회에 보낸 바울의 편지다. 당시 고린도는 그리스문화권에 영향을 받았으며, 지중해 연안에 위치한 경제와 문화의 중심지였다. 항구도시의 특성상 고린도의 사람들은 자유분방하게 살고 싶어 하는 이들이 많았다. 온갖 인종들이 모여서 융성하게 상업을 이뤄낸 도시였다. 상업이 발달했으니 당연히 법과 수사학도 발달했다. 해마다 올림픽과 같은 대규모 운동경기를 치러낸 도시이기도 했다. 이러한 사람들이 가지고 있었던 가장 큰 열망은 무엇이었을까? 그것은 바로 성공과 승리에 대한 열망이었다. 개인적인 욕망과 즐거움을 위해서 달려가고 있는 사람들에게 예수의 가르침은 무용지물과도 같은 것이었다. 이들을 위해서 바울은 두 편의 서신을 보냈다. 그것도 다른 곳에 보낸 서신들에 비해서 다섯 배 정도 더 긴 서신들을…… 그는 고린도 교회에 사람들을 위해서 논리적으로 십자가에 대해서 교회에 대해서 성령의 능력에 대해서, 그리고 부활에 대해서 설명했다. 그의 설명의 백미는 고린도교회에 보낸 편지 1편 후반부에 나오는 사랑에 대한 설교로, 여기에서 그는 그 어떤 종교적인 능력보다도 더 큰 신의 선물이 사랑이라고 역설하면서 교회의 의미에 대해서 설교했다.

두 번째 예는 빌레몬에게 보낸 편지다. 이 편지는 교회에 보낸 편지가 아니라 빌레몬이라는 신자에게 보낸 편지다. 오네시모는 전에 빌레몬의 집에 있었던 종이었다. 몰래 빌레몬의 집을 떠난 도망자였다. 바울은 오네시모를 빌레몬에게 돌려보내기로 결심하고 편지를 하나 써서 오네시모에게 주고, 주인에게로 돌아가라고 했다. 당시 사회적으로 노예는 개인의 소유물로 취급되었기 때문에, 바울이 직면하려고 한 이 문제는 여간 심각한 것이 아니었다. 이런 상황에서 바울은 빌레몬에게 편지를 썼다. 사랑으로 새롭게 시작된 공동체인 교회의 의미를 강조하면서 오네시모를 교회의 일원, 즉 형제로 여기고 받아줄 것을 정중하게 부탁했다. 그가 진 빚은 바울이 대신 갚겠다는 말도 덧붙였다. 바울이 말하고자 한 교회의 정신이 여기에서 그대로 드러나고 있다.

4. 오늘의 교회에 바울이 들려주는 이야기

오늘날 우리가 겪고 있는 소통의 어려움은 여러 곳에서 발견된다. 사회의 구성원들 간에 소통이 안 된다는 말을 정말 많이 듣는다. 교회는 조금 달랐으면

하는데, 교회 역시 이와 비슷한 모습이다. 어떻게 하면 좋을까? 바울에서 배울 수 있으면 좋겠다. 전호근 선생님이 언(言)과 령(令)을 가지고 소통에 대해서 설명을 한 것이 생각난다. 언이란 'ㅁ'(입모양)가 음파가 되어서(≡) 위로 올라가는 모양이라고 한다. 반면에 령이란 '▽'(위의 사람의 입)이 말을 하면 아래 사람이 엎드려 듣는 모양(≏)이라고 한다. 많은 경우에 윗사람이 령을 내려서 아랫사람이 잘 따르지 않으면 소통이 안 된다고 이야기하곤 한다. 그것은 진정한 의미의 소통이라고 볼 수 없다. 소통은 아랫사람의 이야기가 윗사람에게 전달되고, 그것이 받아들여져서 서로 상생하는 것이다. 사실, 아랫사람 윗사람 구분하는 것도 소통에서는 불필요한 것이다. 서로 이야기가 흘러가면서 함께 살아가는 것이 소통이다. 바울은 이와 같은 소통의 모델을 잘 보여주었다. 사랑의 정신을 흘러가게 하는 것이 바울의 가장 큰 존재의 이유였기 때문이다.

Ⅳ. 질문과 대답

1. 성서에 소통의 롤모델이 많다고 하셨는데, 바울 말고 또 누가 있나요?

   성서에는 소통의 롤모델이 많이 있습니다. 하나님의 법을 사람들에게 전달한 모세도 그런 모델이었고, 왕으로 부름받았지만, 백성들을 위해서 살았던 다윗같은 사람도 소통의 모델입니다. 하나님의 말씀을 있는 그대로 전달하려고 노력했던 많은 예언자들도 소통의 모델입니다. 가장 위대한 소통의 모델은 예수 그리스도입니다. 하나님의 사랑을 온몸으로 전달했던 예수야 말로 인류가 경험할 수 있는 가장 큰 소통의 롤모델이라고 할 수 있습니다.

2. 바울의 노력은 이해가 됩니다만, 바울이 꿈꾸었던 것은 조금 무리가 있는 것 아닌가요? 특히 오늘의 포스트모던 시대에 특정 종교만을 위해서 산다는 것은 어리석게 보입니다.

   오늘날은 흔히 다원주의시대라고 말을 합니다. 절대적인 진리가 있는 것이 아니라, 진리는 상대적인 것이라는 생각입니다. 물론 이런 생각은 오늘을 살아가는 시대에는 매우 타당한 접근입니다. 중요한 것은 진리를 전달하는 방식입니다. 진리를 전달하면서 다른 생각을 무시하고 억누르는 방식을 고집한다면 그것은 잘못된 전달방식입니다. 바울처럼 자신이 믿는 진리를 사랑으로 실천하려고 하는 것이 필요합니다.

3. 저는 기독교인입니다. 하지만, 해외에 무리하게 선교를 나가서 사회적으로 문제를 일으키는 것을 보았을 때, 왠지 반감이 들기도 했습니다. 다른 방법으로 선교할 수는 없나요?

사실 과거 제국주의 시대에는 힘으로 선교를 했습니다. 힘으로 눌러서 자신의 종교(특히 기독교)를 무조건 받아들이게 만들려고 했습니다. 그러나 오늘날의 선교는 과거의 방식으로는 가능하지 않습니다. 바울처럼 사랑으로 소통하려고 할 때에 진정한 선교가 이루어질 수 있을 것입니다.

V. 토론주제 및 참고자료

1. 토론주제

1) 토론을 위한 영상

마틴 루터 킹 목사님의 연설 영상 https://www.youtube.com/watch?v=IWjgnhockB4

(1) 마틴 루터 킹 목사의 꿈은 무엇이었습니까?

(2) 오늘날 교회가 루터 킹 목사의 꿈을 따르려면 어떻게 하면 좋을까요?

(3) 바울과 킹 목사의 꿈을 서로 비교해 봅시다.

2) 활동과제

조원들과 함께 양화진 선교사 공원을 방문하고 이야기해봅시다. 130년 전에 한국에 온 선교사들은 어떤 마음으로 한국을 바라보았을까요? 그들은 한국

사람들과 소통하기 위해서 어떤 노력을 기울였을까요?

2. 참고자료

아래의 두 권의 책은 바울에 대한 새로운 해석을 보여주는 좋은 작품들입니다. 기존의 전통적인 의미의 해석에 오늘 시대에 필요한 성찰을 담아서 불어낸 역작들입니다.

김학철 『아무것도 아닌 것들의 기쁨 – 사도 바울과 새 시대의 윤리』, 서울: 문학동네, 2016.

알랭 바이우, 현성환 옮김, 『사도 바울 – '제국'에 맞서는 보편주의 윤리를 찾아서』 서울: 새물결 플러스, 2008.

제3부

현대사회와 기독교

기독교와 가정 이주형

기독교와 정치 김승진

기독교와 경제 이혁배

기독교와 환경 김광연

기독교와 생명 이종원

기독교와 문화 정재후

기독교와 평화 박도현

기독교와 통일 조은식

기독교와 가정

– 가족의 위기에 대한 기독교적인 성찰

Ⅰ. 문제제기 – 가족의 근원성과 그 위기

가족은 모든 존재의 뿌리이다. 생물학적 아버지와 어머니, 두 사람의 사랑에 의해 시작된 생명은 그 만남과 사랑의 결과물인 가족이란 공동체를 전제로 인생을 시작한다. 그래서 주거 공간 및 식생활 공유 여부와 상관없이 생물학적 부모로부터 부여된 가족공동체는 모든 인간 존재의 출발점이다. 한 사람의 인생 이야기 속에 대답되어지지 않았던 질문들은 그 원가족(생물학적 부모님과 그들의 부모세대)으로부터 상당부분 실마리를 찾게 된다. 부모가 남겨준 유형적, 무형적 유산과 삶의 환경은 한 사람의 인격과 인생의 궤적을 형성하는데 가장 중요한 구성요소이기 때문이다. 따라서 한 사람의 인생을 출발시킨 가족은 우리 현재의 삶에 무의식적으로든 의식적으로든 지대한 영향을 미친다.

모든 인간에게 원초적 공동체를 제공하는 가족이 위기를 맞고 있다. 급속한 시대 변화 속에 가족 구성형태가 변화하면서 가족의 해체까지 대두되고 있다. 무엇보다 전통적 가족 구조 (부모와 자식들) 개념은 더 이상 보편적이지 않다. 2016년 10월 행정자치부의 분석에 따르면 1인가구의 세대주가 급속도록 늘어나고 있다.[1] 1인 가구 연령분포를 보면 청년층(20–39세)과 노년층 (60세 이상)이 차지하는 비중이 늘고 있다. 전통적 의미의 가족 공동체에서 거주하는 사람

1 경향신문. "주민등록 통계상 1인세대…" http://news.khan.co.kr/kh_news/khan_art_view.html?artid=201610061525001&code=620101

들의 숫자가 현저히 줄어들고 있다. 둘째는, 별거, 이혼, 가출. 유기 등의 사회적 현상 증가가 가족의 해체를 부추기고 있다. 이혼율이 급증하면서, 한 부모 가정이 늘고, 세대 간의 단절로 인해 부모와 자녀의 동시 거주 형태가 점점 줄어들고 있다. 개인주의적 삶의 형태와 경제적 부담감이 겹쳐져 부모부양에 대한 가족의 책임이 현저하게 줄어들고 있기 때문이다. 세 번째로는 소득 불안정과 고용 불안은 결혼기피와 출산율 저하 현상으로 이어지고 있다. 결혼을 선택사항으로 인식하면서, 법적 구속력에 얽매이지 않는 동거 등의 가구 형태가 늘어나는 추세이다. 이는 자연스럽게 출산율 저하로 이어져 한국미래 사회의 노동력 감소라는 사회적 우려를 자아내고 있다.

2017년을 살아가는 대학생들에게 가족이란, 시간이 자연히 흐르면 참여하거나 형성하는 당연한 공동체가 아닌 듯하다. 인생의 수많은 장애물들을 넘어야 다다를 수 있는 선망 혹은 두려움의 대상이 된 듯하다. N포세대로 상징되는 오늘날 청춘들에게 가족이란, 주어진 인생의 과제들을 성실하게 수행한 뒤에 얻을 수 있는 공동체 혹은 공간이기 때문이다. 취직과 연애, 결혼과 육아 등을 포기할 수밖에 없는 현실에 내몰린 청춘들에게 가족구성은 거리감이 느껴지는 주제일 수 있다. 인간은 본능적으로 가족 공동체를 통해 인생의 의미, 행복과 가치를 추구하는 원초적 갈망에 의지한다. 자의적 포기가 아닌, 불안한 환경과 부족한 여건으로 인해 청춘들이 가족을 꿈꿀 수 없다면, 이것은 분명 가족의 위기이다. 가족이 연애와 결혼, 출산과 육아라는 인생의 과업을 절대적으로 전제하고 있다는 사실에서, 청춘이 가족공동체를 포기한다는 것은 한국사회 미래의 위기이다.

Ⅱ. 개념설명: 성서가 말하는 가족

성서는 가족을 인류 최초의 공동체, 신비하고 성스러운 공동체로 소개한다. 창조주 하나님이 가족공동체를 만들어주신 이유가 최초 인류인 아담의 외로움과 고독을 불쌍히 여기셨기 때문이란 사실은 흥미롭다. 성서는 인간을 원초적으로 관계적 존재로 이해하며, 관계의 시작은 가족으로부터 출발하는데 그 기원을 창조주에게서 찾고 있다. 가족공동체는 인간의 진화적 혹은 사회적 필요에 의해 형성된 것이 아니라 신적 기원에서 비롯되었음을 강조한다. 가족은 우연이나 진화론적 욕망의 산물이 아니며, 창조주의 계획 속에 있었고, 남자와 여자의 만남도 인간이 전적으로 이해할 수는 없는 신적인 뜻과 섭리에 의해 기인되었다는 사실을 성서는 중요하게 다룬다.

창세기에는 고대 사회에서 행해졌던 일부다처제나 노예제도등이 등장한다. 그러나 유대교와 기독교의 정통적 견해들은, 아브라함, 이삭, 야곱, 요셉 등의 인물들이 아내를 만나 가족을 이뤄 자녀를 두는 과정을 하나님의 특별하신 섭리 속에 진행된 가장 성스러운 인생의 과정으로 묘사한다. 성서에서 가족은 하나님 나라의 가장 기초적인 공동체 단위이며, 하나님의 뜻이 실현되는 인간관계이며, 한 청년이 아버지로서 그리고 지혜자로서 성장하고 성숙해가는 인생의 모판으로 소개한다.

기독교의 기원인 예수 그리스의 탄생이야기도 거룩한 가족에 대한 신념을 바탕으로 기술된다. 하나님을 향한 거룩한 사랑을 품은 마리아는 약혼자인 요셉과의 결혼생활 속에서 생물학적인 관계를 맺지 않고 예수를 잉태한다. 이것은 전적인 하나님의 섭리이다. 이 믿음을 근거로 가톨릭에서는 예수님의 어머니인 마리아를 거룩한 어머니, 성모 마리아로 추앙하며 기도의 매개(媒介)로 삼고 있다. 근대적 사고체계에서는 받아들이기 어려운 비과학적 사실이라 비판할지 몰라도, 성모 마리아와 거룩한 가족에 대한 신앙은 다양한 문화와 사회에서 많은 인류에게 가족의 신성함을 지켜내는 믿음의 근간을 제공한다.

거룩한 가족에 대한 종교적 신앙이 역사적이며 문화적 상황을 전혀 고려하지 않아도 된다는 뜻은 아니다. 일례로 초대교회의 사도인 바울은 결혼의 비유에서 남편과 아내의 관계를 기원 후 1세기의 역사 문화적 관점으로 기술하고 있다. 아내들에게 남편을 향해 절대 순종을 요구하는 표현(에베소서 5:22-24)은 바울 당시의 역사 문화적 상황에서 해석될 필요가 있다. 현대 성서학자들은 명령과 순종의 수직적 구도가 아닌, 평등과 존중의 수평적 구도에서 가족 내의 남편과 아내의 관계를 해석하고 적용해야 할 필요성을 강조한다.

인간이 하나님의 형상대로 지음 받은 존재이기에 거룩하고 존엄한 것처럼 가족도 신비로우며 성스러운 공동체라고 성서는 제시한다. 가족은 단지 인간의 선택과 자유의지를 통해 구성할 수 있는 만남과 관계 이상이어야 한다. 인간 생명의 기원이 전적으로 생물학적인 욕망과 활동만으로 설명할 수 없다. 각 인생의 신비로움과 고귀함이 담겨있는 것처럼 원초적 만남과 관계인 가족도 인간의 자의적인 선택과 결정에 의해서 형성되거나 해산할 수 없는 하나님의 뜻과 섭리가 스며있는 거룩한 공동체라는 사실을 성서는 뚜렷하게 제시하고 있다.

Ⅲ. 주제강의

1. 청춘의 성, 데이트 그리고 결혼

최근 여론조사들을 살펴보면, 성과 연애에 대한 대학생들의 인식이 눈에 띄게 개방적으로 변하고 있다.[2] 성관계와 동거는 사랑을 전제로 할 때 가능하다는 의견이 과반을 넘고, 성적 취향도 자기결정권에 따라 존중받아야 한다는 의견이 젊은이들 사이에 지배적이다. 간통죄 폐지를 계기로 성행위가 사회적 통제와 윤리적 범죄행위라는 인식에서 벗어나, 차츰 당사자 간의 합의에 따른 결정이면 존중해야 한다는 쪽으로 변하고 있다.

성에 대한 대학생들의 개방적 태도가 긍정적이라고만 단정할 수 없다. 새로운 인간관계 속에 빈번한 만남과 이별을 경험하며 내면의 아픔과 심리적 상처를 남기기 때문이다. 만남과 관계로부터 오는 허무감과 공허감, 그로 인한 내면의 상처와 아픔은 더 깊어지고 있다. 대학생들이 우울감을 토로하는 경우가 빈

2 대학내일20대연구소, “혼전동거가 뭐 어때서” 2015년 7월 28일. https://www.20slab.org/archives/8545

번해지는 이유는 인스턴트식의 만남과 이별이 상당부분 영향을 미친다. 진실한 사랑과 신뢰할만한 관계에 대한 기대가 찰나의 쾌락과 무책임한 행동과 결정으로 돌아와 실망과 아픔으로 경험되기 일쑤다. 이런 이유로 자신의 선택과 결정이라 할지라도, 애정적 혹은 사회적 관계 안에서 상대방에 대한 최소한의 예의와 존중을 표할 수 있는 연습과 훈련이 필요하다. 개인의 자유의지가 확대되고 존중되는 사회일수록 자신의 행위에 대한 사회적 책임감과 상대방에 대한 인격 존중이 더욱 요청된다.

최근 들어 데이트 폭력이 사회문제로 대두되고 있다. 사랑으로 시작된 관계가 애착과 집착을 넘어 폭력 행위로 비화되고 있다. 데이트 폭력은 물리적 폭력뿐 아니라 정서적, 언어적, 성적, 경제적 영역에서 발생하기에 광범위하며 그 피해와 상처가 한 사람의 내면과 영혼에 깊게 남는다. 폭력의 형태는 폭언과 협박에서부터 구타와 강간까지 다양하게 발생한다.

연인 관계에서 폭력이 행사되는 경우는 인간관계에 대한 건강하지 못한 이해와 적절한 교육의 부재에서 비롯된다. 특히 남녀 관계에서 한 사람이 다른 사람을 통제하고 지배하려는 욕구가 노골적으로 표출될 때, 그 방식이 일방적이거나 폭력적으로 행사되기 쉽다. 한국 사회에서 남초 현상이 뚜렷한 집단과 공동체에서는 그릇된 인식공유가 용이한데, 특히 군대와 남성 중심의 직장문화가 마초적 이미지를 습득하는 사회적 통로가 되고 있다. 최근엔 인터넷과 모바일기기의 발달로 포르노를 용이하게 접근할 수 있게 된 사회적 현실도 그릇된 성이미지를 고착시킨다. 성폭력과 데이트 폭력은 사랑의 대상을 지배와 통제의 대상으로 삼아도 된다는 잘못된 인식에서 비롯된다. 사랑은 상대방의 인격과 의사를 존중해주는 방식으로 표현되어야 한다는 인식이 젊은이들에게 습득될 때, 건강한 인격과 성숙한 인간관계를 형성할 수 있다.

결혼이란 사회적 제도가 개인의 선택과 결정의 영역이라 할지라도, 여전히 두 사람의 인생에서 있어 가장 중요한 과업임은 분명하다. 결혼결정이 연애와 다른 첫 번째 이유는 가족 공동체를 전제하기 때문이며, 이것은 상호 무한 신뢰와 책임을 약속하는 것이기 때문이다. '영혼의 반쪽'이란 표현이 해당되는 관계가 아내와 남편이다. 보수적인 유교사회에서도 남편과 아내를 무촌으로 설정했던 이유는 더 이상 독립적 존재로 살기보다는 공동체와 동반자로 살아가기로 언약했기 때문이다. 이것은 윤리를 넘어 자연의 순리이며 순응해야할 법칙으로 본 것이다. 청춘들이 심사숙고해야 할 점은 결혼을 경제적 안정과 사회적 지위향상을 위한 이기적 수단으로 삼기보다는 사랑과 신뢰를 기반을 둔 인격적 관계를 토대로, 그리고 온전한 인간으로 성숙해져가는 인생의 거룩한 여정으로 인식할 필요가 있다. 결혼의 상대자를 선택하고 결정함에 있어 결혼의 신성함, 사랑의 진실함, 신뢰의 공고함, 책임의 신성함 등을 중요시 할 때, 결혼과 가족이 선사하는 인생의 선물을 누릴 수 있을 것이다.

2. 출산, 양육, 성장과 자아분화

모든 인간은 가족으로부터 생명을 부여받는다. 태어날 때 만난 부모와의 관계는 한 사람의 인생에 있어 가장 중요한 유산이요, 일정부분 인생의 모판 역할을 한다. 태아는 엄마와의 교감을 통해 감각과 인식구조를 형성하여 엄마를 통해 경험하고 세상을 만나기 시작한다. 태아는 자궁 내에서 보고, 듣고, 경험하고, 맛보고, 심지어 단순한 수준의 학습까지 가능하다. 서양인들이 미신적 행위라고 여겼던 태교에 대해 관심을 갖고 실천하기 시작한 이유도 태아의 인격이 엄마와의 교감과 경험을 통해 형성된다는 사실을 깨달았기 때문이다.

임신기간 동안 흡연, 음주 및 불안정한 환경과 심리상태에 놓였던 산모의 아이는 출생과 성장 과정에서, 우울증 및 불안감을 느낄 가능성이 그렇지 않은 아이보다 훨씬 높다는 연구결과는 놀라운 사실이 아니다. 특히 산모와 남편사이의 관계도 태아의 성장과정에 영향을 미치는데, 산모가 남편과의 애정관계에서 불안하거나 분노 혹은 우울한 상태에 놓이면, 자신의 존재에 대한 부정으로 느낄 정도의 불안이 태아의 마음과 의식에 각인된다. 태어나기 전 자궁에 있는 태아의 건강상태와 의식이 부모님과의 관계나 부부사이의 애정과 가족 내의 분위기로부터 영향을 받는다는 사실은 태교뿐 아니라 양육과정에 있어 신중하고 포괄적으로 고려되어야 할 부분이다. 태어나기 전에 주어진 가정적 환경이 아이의 의식과 심리상태, 나아가 성장과정의 인격형성에도 결정적인 영향을 미친다는 이론들은 한 인생에 있어 가족 내의 관계가 얼마나 중요한지를 보여준다.

부모와의 관계는 아이의 성장과 양육에도 절대적이다. 프로이드의 이론을 바탕으로 한 대상관계이론이나 발달심리학자들은, 영아의 의식이 형성되기 전 무의식의 상태에서 만4살까지의 경험이 의식을 형성하는데 가장 중요한 요소라는 사실에 이의를 달지 않는다. 특히 애착이론(Attachment Theory)은 아이의 감정형성과 정서적, 사회적 발달에 있어 엄마 (주보호자)와의 관계가 결정적이라는 사실을 주장한다. 아이의 건강한 정서적 발달은 최초 6개월부터 만2세까지 엄마 혹은 주보호자와의 관계와 역동을 통해 형성된다. 이 시기는 언어소통 이전의 무의식 단계로써 아이의 필요에 대해 엄마의 공감과 적절한 반응이 아이 성장발달에 지대한 영향을 미친다는 것이다. 즉 정서적으로 건강하고 공감능력이 발달한 엄마는 아이의 울음소리와 비언어적 표현 속에서도 아이가 요구하는 것을 정확하게 인식하여 그 필요와 욕구를 채워줄 수 있다. 영아의 시기에 이런 공감과 필요충족의 돌봄과 애정을 받으며 자란 아이들은 성장하면서 대체적으로 심리적인 안정감을 유지하며, 사회적 관계에서도 적극성을 보이고, 자신의 영역에서 높은 성취도를 보인다.

최근 우리 사회를 놀라게 한 사건 중에, 부모가 아이를 방치하거나 폭력행위를 일삼아 죽음에 이르게 한 사례가 자주 등장한다. 일례로, 한 아버지는 한 살 된 영아를 돌보지 않고, 폭력을 행사해 죽음에 이르게 했는데, 조사 결과 이 젊은 아빠는 게임중독에 빠져 있던 상태였다. 애착 심리학적으로 분석해보면, 이 젊은 아빠는 자신이 영아일 때, 엄마 혹은 주보호자와의 관계에서 자신의 본능적이며 원초적인 필요를 충분히 채움받지 못하고 자랐을 가능성이 높다. 유아시절에 엄마로부터 충분히 돌봄과 애정을 공급받지 못하고 애착관계를 형성하지 못하면, 애정결핍이 무의식 속에 원초적인 심리적 상태로 고착되어 성장과정에서 사람이나 대상을 향해 집착 반응을 보이곤 한다. 사랑에 대한 무의식적 갈망을 사람 혹은 대상을 향해 무의식적으로 투사되어 강박적인 모습을 보이게 된다. 사랑과 애정이 충족되지 못하면, 심리적 불안감을 해소하기 위해 특정 사람과 대상에 집착하거나 과도한 경우 중독적 증세를 보인다. 어릴 때 부모와 심리적 유대감과 안정감을 경험하지 못한 젊은 아빠는 자신의 아이를 죽음에 이르게 한 반윤리적인 인간이 되었다. 이렇듯 한 인간의 양육과 성장은 그 가족 구성원들이 어떤 방식으로 가족 안에서 사랑과 애정을 경험해 왔는지를 고스란히 투영하는 과정이다. 가족 안에서 부모로부터 충분한 애정과 돌봄 속에서 양육받고 건강한 자아를 형성한 인간이 부모가 되었을 때에 아이와 가족에 대해 충분한 사랑과 책임과 희생을 마다하지 않는다.

가족 내에서 양육과 교육의 궁극적인 목표는 자아분화(self-differentiation)이다. 자아분화란 자녀가 부모로부터 개별적 존재로 인정받아 독립해가는 성장 과정과 상태를 의미한다. 가족 안에서 양육 받은 한 인간은 육체적, 심리적, 정신적, 사회적으로 충분히 성장하였다고 인정된 시기에 부모로부터 떠나 독립적이고 개별적인 존재로 살아가야 하는 것이 자연의 순리이다. 자아분화를 온전하게 경험한 사람이 다른 사람을 만남 독립적 가족을 일구어 나가는 것이 인간의 인생이기 때문이다. 따라서 부모님의 양육의 목표는 자녀가 충분히 독립할 수 있도록 도와주는 것이며, 충분히 성장하였을 때, 심리적, 정서적, 사회적으로도 떠나보낼 수 있어야 한다. 자녀의 입장에서는 가족으로부터 독립할 수 있는 역량을 배양하여 부모님의 세계관과 가치관이 아닌 자신만의 세계 속에서 자아를 실현해가며 사회 안에서 책임 있는 존재로 살아가야 한다. 부모와 자녀 세대에서 이런 분리와 분화가 건강하게 작동할 때, 그 가족은 인간의 원초적 공동체로서 온전한 기능을 수행한다고 볼 수 있다.

자녀 사랑을 명분으로 자녀의 개별성과 독립성을 인정하지 않고 여전히 영향력을 미치려는 부모님의 시도와 어긋난 애정은 오히려 자녀의 인생을 곤경에 빠지게 하는 경우가 어렵지 않게 접하게 된다. 대표적인 경우가 고부갈등, 마마보이, 엄친아 등의 개념 가운데 녹아 있는 사회적 현상이다. 유교적 가족주의의 특징은 내 가문의 영광과 명예는 자녀세대에 의해 증명되기 때문에, 자녀세대의 성공을 위해 부모는 최선을 다해야 한다는 신념이 지배적이다. 자녀의 인생에 중요한 변곡점에 부모는 자녀의 의사결정에 깊숙이 관여하는 것이 사랑이라 생각하는 것이다. 대학과 전공을 선택할 때, 직장과 직업을 결정할 때, 연애상대와 교제할 때, 결혼상대자를 결정할 때 등등… 한국 부모들은 자녀의 인생에 여전히 관여하려 한다. 부모의 과도한 개입과 영향력은 자녀의 자아분화과정을 혼란스럽게 할 수 있는데, 특히 부모 자신이 성취하지 못한 욕망과 꿈을 자녀들을 통해 투사할 때 더욱 부정적인 결과를 초래한다. 자녀 입장에서도 부모님께 신뢰를 얻고 설득하는 방식으로 자신의 주체성과 인생의 주도권을 확립해가는 과정을 지향할 필요가 있다.

따라서 가족 내에서 양육과 교육의 방향을 부모의 일방적인 사랑과 권위적인 리더십에 의존하기보다는, 자아분화를 통한 자녀의 독립성과 개별성을 보장해주고 경험을 통해 스스로 성장할 수 있도록 배려해주는 방향으로 진행되어야 한다. 또한 자녀들도 부모가 남겨주신 유산들을 감사히 여기고 신뢰구축과 설득과정을 통해 자신만의 세계관과 가치관을 구축해 독립적 존재로 사회가운데 설 수 있도록 준비할 필요가 있다.

3. 성찰과 과제

인간은 관계적 존재이며 가족은 인간존재의 근원이다. 남녀의 사랑관계는 서로를 향한 무한책임과 신뢰를 확인하며 가족관계를 형성한다. 모든 인간은 가족 안에서 생명을 부여받아 관계를 맺으며 존재한다. 현대사회의 급속한 변화에 따라 다양한 삶의 형태가 등장하였고, 가족에 대한 기존의 개념과 인식도 도전을 받고 있다. 이제 이 원초적 관계에 대한 근본적인 성찰과 인식의 재구성이 필요한 시점이다. 전통적인 방식으로 형성했던 관계들, 부모, 자녀, 친지, 가족관계들을 성찰하고 새로운 방식으로 재구성을 시도할 때이다.

삶의 다양성에 따른 가족 형태의 다변화를 사회적 현상으로 수용할 때, 우리사회가 갖추어야 할 태도와 가치는 무엇일까? 아마도 그것은 다양한 삶의 형태에 대한 존중과 생명의 존엄에 대한 존중이 호혜적이며 역동적으로 실천되는 윤리적 가치의 어느 지점이 아닐까! 우리의 개별적인 삶의 현장에서 치열한 고민과 심도 깊은 성찰, 성숙한 토론과 건강한 사회적 합의과정이 수반될 때, 사회

구성원의 개별적 선택과 생명 존엄이란 윤리적 가치가 상호 균형감을 형성하며 사회적 안녕과 번영이 보장되지 않을까! 가족이란 공동체의 사회적 가치와 역할은 그만큼 모든 존재에 근원에 뿌리를 두기도 하지만 동시에 개별적 삶의 조건과 환경에 대한 고려가 동시에 수반되어야 하는 대상이다.

Ⅳ. 질문과 대답

1. 연애와 결혼을 결정하는 과정에서 상대방의 조건을 전혀 따지면 안되나요?

사랑은 목적이 되어야지 수단 혹은 도구가 되지 않길 바라는 것이 기독교와 성서의 기본적인 가르침입니다. 사랑을 바탕으로 신뢰를 전제하는 결혼에서 상대방의 조건을 우선시 하면, 관계의 순수성과 신성성을 왜곡시킬 위험이 높습니다. 조건을 우선시 하는 결혼 결정은 내적 가치가 아닌 외적 가치를 추구할 가능성이 높기 때문에, 사랑과 언약의 신성성과 거룩함을 훼손할 위험이 더 높지 않을까요?

2. 성장과정 중에 부모님으로부터 충분한 돌봄과 사랑을 받지 못한 사람들이 성인이 되면 강박적 증세를 보인다고 하셨고, 부모가 되면 아이를 방치하기 쉽다고 하셨습니다. 그런 사람들은 어떤 방식으로 개선을 유도해야 할까요?

개인적 차원에서는 자신의 내면을 성찰하여 부족한 면을 치유할 수 있는 기회를 찾아야 합니다. 상담 혹은 심리치료 등을 통해 내면의 일그러진 모습들을 치유해야 한다는 사실을 본인이 인식하는 과정이 중요합니다. 사회 안전망 구축 차원에서 복지제도를 통해 보완해야 합니다. 미성숙한 부모들로 인해 방치되거나 피해당하는 아이들을 사회에서 확인하여 사회적으로 보호해야 합니다. 거시적으로 아이들은 가족과 부모의 소유물이 아니라, 이 사회의 구성원으로 책임을 갖고 양육하고 교육시켜야 한다는 사회적 인식이 필요할 것 같습니다.

3. 자아분화의 과정이 쉽지 않을 것 같습니다. 부모님으로부터 분리 독립하는데 가장 중요한 과제는 무엇일까요?

그러하기에, 인생에 있어 자아분화는 가장 어려우면서 중요한 과업입니다. 진정한 성인이 되어 이 사회의 책임있는 구성원이요 시민으로 성장하는 것은 개인뿐 아니라, 사회를 위해서도 중요한 과제입니다. 가장 결정적인 요소는 경제적인 측면입니다. 청년이 경제적으로 독립할 수 있는 사회적 분위기와 제도가 구축될 때, 자아분화는 구체적으로 진행됩니다. 부의 되물림이나 불공정한 경쟁구도를 극복하고 정의로운 사회를 구현하는 것과도 연관된 중요한 이슈라고 생각됩니다.

Ⅴ. 토론주제 및 참고자료

1. 토론주제

1) 영화, '가족의 탄생'을 감상하고, 한국사회에서 가족의 정의에 대해서 토론해 봅시다.
2) 자아분화 과정을 통해 건강한 성인으로 성장하기 위해 자신이 우선적으로 필요로 하는 덕목은 무엇이라고 생각하나요? 대학생이 이 사회의 성숙한 시민이 되기 위해 사회적으로 어떤 제도가 필요하다고 생각하나요?
3) 데이트 폭력과 성의 사회적 이미지와는 어떤 연관성이 있다고 생각하나요? 개선의 여지가 필요한 정형화된 성 이미지는 어떤 것인가요?

2. 참고자료

존 브래드쇼, 오제은 역, 『가족: 진정한 나를 찾아 떠나는 심리여행』, 서울: 학지사, 2006.

마거릿 폴, 정은아 역, 『내면아이의 상처 치유하기: 내 안의 나와 행복하게 사는 법』, 서울: 소울메이트, 2013.

기독교와 정치

– 더불어 사는 삶을 위한 기독교적인 답변

Ⅰ. 문제제기– 종교 그리고 정치

토인비는 세계의 종교를 크게 '원시종교'와 '고등종교'로 구분했다. 그가 종교를 이렇게 구분하였을 때의 기준은 '기복성'과 '고도의 윤리성'이었다. 즉, 원시종교는 기본적으로 화를 피하고 복을 받고자 하는 기복성을 특징으로 하지만, 고등종교는 책임을 바탕으로 하는 수준 높은 윤리성을 특징으로 한다는 것이다. 이러한 기준에 따라 토인비는 기독교를 고등종교의 범주에 포함시켰다. 왜냐하면, 기독교는 기본적으로 하나님과의 관계에서의 수직적인 책임과 더불어 인간과 인간의 관계에서의 수평적인 책임을 강조하기 때문이다.[1]

정치는 경제와 더불어 인간의 공동체적 삶을 규정하고 있는 가장 대표적인 영역이다. 또한 정치는 구성원들의 다양한 개인적이고 집단적인 이해관계가 적나라하게 표출되는 현장이기도 하다. 인간의 이해관계는 기본적으로 '자기중심성'을 그 특징으로 한다. 이러한 이해관계의 자기중심성과 다양성은 종종 대립과 갈등을 불러일으키는 원인으로 작용하기도 한다. 만약 이러한 대립과 갈등을 힘의 논리에 의해서 해결한다면, 인간사회는 문자 그대로 약육강식의 야만적인 현실이 되고 말 것이다. 그러므로 '인간답게 더불어 사는' 공동체적 삶을 위해서는 '어떻게 대립과 갈등을 넘어서 이러한 다양한 이해관계를 조정해 나갈 수 있느냐?'하는 것이 매우 중요한 관심사로 등장하게 된다. 이러한 목표를 달성하기

1 이러한 책임의 두 가지 측면을 예수님은 하나님사랑과 이웃사랑의 계명으로 분명하게 요약했다. 막 12장 28–34절 참조. 물론, 기독교적인 책임의 범주 안에서 개인과 개인 간의 인격적인 책임과 더불어 공동체적 책임, 동물과 식물을 포함한 자연환경에 대한 책임, 현세대 뿐만 아니라 미래세대를 위한 책임 등 다양한 책임의 측면들이 함께 언급되어져야 한다.

위해 민주적으로 작동하는 책임적 정치의 역할이 요청된다.

이제 우리는 이 시점에서 매우 '이질적인 듯이 보이는 두 영역인 '기독교'와 '정치'가 어떻게 관계형성을 해야 하는가?'라는 질문에 부딪히게 된다. 특히 두 영역에서 공통적으로 언급된 '책임'이라는 주제가 내용적으로 어떻게 서로 구별되고 동시에 상호연관 될 수 있는지를 진지하게 생각해 볼 필요가 있다.

Ⅱ. 개념설명

기독교와 정치의 관계를 이해하기 위해서 보다 더 근본적인 차원에서 다음과 같은 두 가지 공동체(신앙공동체와 민주적 시민공동체)에 대한 개념구분을 할 필요가 있다.[2]

1. 신앙공동체의 특징과 목표: 체험과 확신과 신앙고백의 공유와 하나님의 나라

기독교신앙공동체는 체험과 확신(믿음)과 신앙고백을 공유하고 있는 공동체이다. 우선, 기독교신앙공동체의 일원이 되는 것은 신앙적 체험에서부터 시작된다. 신앙적 체험은 각자가 신앙적 체험을 한다는 점에서는 주관적이고 인격적이지만, 신앙의 핵심적 체험대상 내지는 체험내용(예를 들면, 하나님의 사랑, 예수 그리스도의 은혜)이 신앙공동체의 구성원들에게 공통적이라는 점에서는 객관적이고 보편적인 성격을 지닌다. 만약 체험의 주체 뿐 만 아니라 체험내용까지 주관적이라면, 기독교신앙공동체는 형성될 수 없을 것이다. 이러한 체험의 객관

2 기독교와 정치와의 연관성을 다루면서 우선 '공동체'라는 개념을 사용하는 것은 공동체는 구성원들 간에 어떤공통분모와 공통관심사를 가지고 있기 때문이다. 또한, 구체적으로 '신앙공동체'와 '민주적 시민공동체'라는 다소 생소한 개념을 사용하는 것은, '기독교'나 기독교의 대표적인 주체인 '교회'라는 개념보다 '신앙공동체'라는 개념이 보다 더 보편적인 내용을 담을 수 있기 때문이며, 현대정치는 민주주의적인 공동체를 지향하는 것이 그 목표라고 생각되기 때문이다.

적이고 보편적인 성격이 기독교신앙의 공동체적 성격을 형성하는 기초가 된다. 이러한 체험은 자연스럽게 그 체험을 한 사람을 확신 내지는 믿음으로 인도한다.[3] 그리고 신앙적 확신을 가진 사람은 신앙고백(예를 들면, 주: Lord)을 하게 된다. 만약 누군가에게 자신의 신앙고백이 진실되고 신중하게 받아들여졌다면, 이 신앙고백은 그의 삶에 의미를 주고 방향성을 제시하게 될 것이며, 고난 속에서도 그에게 위로와 평안과 소망 그리고 용기와 인내의 능력을 주게 될 것이다.[4]

그러면 이러한 기독교신앙공동체의 궁극적 목표와 관심은 무엇일까? 그것은 '하나님의 나라'(=하나님의 통치)이다. 왜냐하면 하나님의 나라는 세례요한과 기독교신앙의 중심인 예수 그리스도의 선포와 사역의 중심주제였기 때문이다. 이 하나님의 나라는 인간의 정치나 경제와 같은 제도나 문화적 프로그램으로 축소될 수 없는 나라이다. 이 하나님의 나라는 예수 그리스도에 의해서 시작되었고 완성되는 나라로써 말씀과 성령의 능력 안에서 실현되는 나라이다. 기독교신앙공동체인 교회는 이 하나님의 나라를 실현하고 선포하기 위한 하나님의 공적인 기관이다.[5]

---

3 필자는 매 학기 현대인과 성서과목을 가르치면서, 학기 초에 비기독학생들과 기독학생들에게 각각, 버트란드 러셀의 책의 제목인 "나는 왜 기독교인이 아닌가?"와 이 책에 답하고자 존 스토트가 쓴 책의 제목인 "나는 왜 기독교인인가?"라는 질문에 대하여 자신의 입장을 발표하게 했다. 그 과정 속에서 비기독학생들이 자주 하는 대답은 "나는 신의 존재는 증명될 수 없기 때문에 믿을 수 없다"는 것이고, 반면에 기독학생들의 대답은 "나는 하나님을 만났고 그 사랑을 체험했기 때문이다"는 것이었다. 기독학생들의 대답 속에는 자신들의 믿음이 '증명'에서가 아니라 '체험'에서부터 생겨난 것임을 보여주고 있다.

4 신앙의 인간의 삶에 하는 역할이 무엇인가? 하는 질문과 관련하여 본질적 역할과 시대상황적 역할을 구분할 필요가 있을 것이다. 본질적 역할은 시대와 상황을 넘어서서 보편적으로 하는 역할(삶의 의미를 발견하게 하고 삶의 방향성을 제시하며, 삶의 위기와 고난 속에서도 동반해 주는 역할)이며, 시대상황적 역할은 그 때 그 때마다의 특수성을 가지는 역할을 말한다. 여기에는 특수한 사회적 약자들에 대한 책임, 자연환경에 대한 책임 등이 포함될 것이다.

5 교회가 하나님의 나라를 실현하고 선포하는 공적인 기관으로서의 성격을 상실하면, 결과적으로 교회는 '개교회지상주의'와 '대교회만능주의'의 덫에 걸리게 될 가능성이 높아진다. 현재 한국교회는 이 두 가지 덫에 사로잡혀 빠져나오지 못하고 있는 경우가 많다.

2. 민주적 시민공동체의 특징과 목표: 다양성과 '더불어 살아가는 것'

민주적 시민공동체는 다양성을 특징으로 한다. 이 민주적 시민공동체 안에는 다양한 가치관과 세계관, 다양한 종교, 다양한 이해관계를 가진 사람들이 함께 살아가고 있다. 이 다양성은 때로는 복잡하게 얽혀져 대립과 갈등의 원인이 되기도 하지만, 이러한 다양성이 허용된다는 것 자체가 민주사회의 특징을 표현하는 것이기도 하다. 이러한 민주적 시민공동체의 목표는 다양성 속에서 생겨나는 대립과 갈등을 넘어서서 '어떻게 더불어 살아가는 삶을 실현할 것인가?' 하는 것이다.

Ⅲ. 주제강의: 성숙한 민주적 시민공동체를 위한 신앙공동체의 역할

1. 미성숙한 사회를 넘어 성숙한 사회에로

"대한민국은 자유민주주의 공화국이다." "대한민국은 자유시장경제의 나라이다." '대한민국의 정체성(정치적-경제적 차원에서의 이념적 정체성)이 무엇인가?' 하는 질문과 관련하여, 대부분의 우리나라 사람들은 위의 두 문장을 이의 없이 받아들이고 있는 것 같다. 그렇지만 현실로 들어가서 사람들이 실제로 피부로 느끼는 생활감정 속에서도 사람들이 이러한 이념적 정체성을 실제로 아무 문제의식 없이 받아들이고 있을까? 실제로는 우리사회 안에 심각한 불만족과 문제의식이 자리 잡고 있는 것 같다. 왜 이런 현상이 생겨나고 있을까?

우선 "대한민국은 자유민주주의 공화국이다"라는 첫 문장을 분석해 보겠다. 우리는 이 문장에서 '자유'민주주의란 단어를 발견한다. 그러면 이 자유는 '누구의' 자유 그리고 '무엇을 위한' 자유를 의미하는가? 이 자유는 아마도 본래적인 의미에서는 민주적 시민공동체의 '시민의 자유'이고, 그런 의미에서 '개인의 자유'인 동시에 '모두를 위한 자유'일 것이다. 그런데 현실에서는 어떤가? 현재 우리 한국사회에서 적지 않은 사람들이 실제로 느끼고 있는 불만족감은 '우리 한국사회에서는 힘 가진 사람들(부를 더 많이 소유하고 있는 사람들, 권력을 소유한 이들 등)이 더 자유롭다'는 것이다. 그런데 흥미로운 것은 그렇다고 해서 그렇게 생각하는 사람들이 신체가 구금되어 있다든지 하는 방식으로 자유를 박탈당한 것은 아니라는 것이다. 그런데 왜 이러한 생각을 하고 있는 것일까?

그것은 자유가 '책임적 자유'가 되지 못하고 자신만의 욕구와 이해관계를 관철시키려고 하는 '방종적 자유'로 이해되고 있기 때문이다. 뿐만 아니라 좀 더 이념적인 차원에서 생각해 보면, 공동체를 형성하기 위해서 반드시 필요한 가치인 연대성과 인간적인 사회를 위하여 필수적인 가치인 약자를 배려하는 사회정의가 결여되어 있기 때문이다. 연대성과 사회정의가 함께 균형을 이루지 못하고 자유만이 강조되면, 그 자유는 절대화되어 현실에서는 결국 힘 가진 사람들만이 자유로운 사회가 되고 말 것이다.

이제 두 번째 문장인 "대한민국은 자유시장경제의 나라이다"라는 문장을 생각해 보겠다. 이 문장에서도 우리는 '자유'라는 단어의 의미에 관하여 질문해 보아야 할 것이다. 여기에서의 자유는 '누구의' 그리고 '무엇을 위한' 자유를 의미하는가? 아마도 그 의미는 '시장의 자유'(미시적 경제주체들인 개인과 기업의 자유)일 것이다. 시장의 자유는 내용적으로는 각자나 집단이 좀 더 자신들의 욕구와 이해를 관철시키려는 의도를 반영하게 될 것이다. 이러한 '자연상태'에서는 공동체 전체를 위한 공적인 이익이나 힘없는 사람들의 이익은 반영되기 어려울 것이고, 심지어 의도적으로 배제될 가능성도 클 것이다. 실제로 우리나라의 현실에서는 이러한 일이 비일비재하게 일어나고 있다. 이러한 시장의 이해관계의 특성 때문에, 현대사회에서는 건강한 국가의 역할이 강조되어진다. 국가가 나서서 공동체의 이익을 위한 일들을 감당하고, 사회적 약자들을 배려하는 연대성과 사회정의의 보루가 되어야 한다는 것이다. 물론 이 모든 것은 철저하게 민주적인 법치국가성의 테두리 안에서 투표를 통해 위임된 권력을 가진 정부가 감당해야 하는 역할이다. 그리고 이러한 역할은 위에서 언급한 자유와 연대성과 사회정의와 같은 이념적 토대가 정치와 경제의 영역과 다른 사회 영역들에서 '창조적인 긴장관계' 속에서의 균형을 이루어 작용하고, 현실에서는 삼권분립의 작동과 시민사회의 직접 민주주의적 참여의 확보 등이 전제가 될 때 가능하게 될 것이다.

현재 우리 한국사회는 아직도 미성숙한 단계에 머물고 있다고 생각된다. 그것은 우리 한국사회에 극단적 이기주의가 팽배해 있고, 사회가 정의로워지기 위해서 좀 더 많은 폭로와 고발[6]이 필요하다고 느껴지기 때문이다. 그러나 성숙한 사회는 목소리 큰 사람이 지배하는 사회가 아니라, 이성적인 토론과 합의를 통해서 문제를 해결해 가는 사회이다. 이러한 사회는 민주주의가 실제로 작동하고 있는 사회이다. 좀 더 정확히 표현하면, 우리 사회는 미성숙한 사회에서 성숙한 사회로 나아가기 위한 몸부림 속에 있다고 표현해야 할 것이다.

2. 절대와 상대의 매개: 책임적 민주적 시민공동체를 위한 신앙공동체의 역할

그러면 인간의 첨예한 이해관계의 대립과 갈등이 난무하는 현실 속에서 신앙공동체가 해야 할 역할은 무엇일까? 앞서 언급한 것처럼 신앙공동체는 원래 신앙적 체험과 확신과 신앙고백을 공유하는 공동체이다. 이 신앙공동체의 가장 중요한 목표는 '하나님의 나라'이며, 현실에 존재하는 다양한 교파와 교회들의 본래적인 사명은 이 하나님의 나라를 실현하고 선포하는 '하나님 나라의 공적인 기관'의 역할을 수행하는 것이다. 교회가 이 하나님의 나라를 위한 사명을 망각하면 '개교회 지상주의'와 '대교회 만능주의'의 덫에 빠질 수밖에 없다.

이 하나님의 나라는 도대체 어떤 나라인가? '나라'라는 개념은 통치의 개념을 담고 있다. 하나님의 나라는 문자 그대로 하나님이 다스리시는 나라이다. 하나님의 나라는 인간이 만든 정치경제적인 제도적 프로그램이나 문화로 대치되거나 축소될 수 없는 나라이다. 그런 의미에서 이 하나님의 나라는 '절대적인 '나라라고 표현할 수 있을 것이다. 이 하나님의 나라가 지배하는 곳에는 완전한 형제애와 평등과 정의와 평화가 지배한다. 이 하나님의 나라 안에는 결코 불완전함이나 죄악이 지배할 수 없다. 그러면 이 하나님의 나라는 도대체 어디에 존재

---

6 한나 아렌트(Hannah Arendt)가 사용한 '고발'이라는 개념은 미성숙한 사회의 특징이다. 왜냐하면, 기존의 불의를 은폐하고 현재의 불평등을 고착화시키려는 세력들 때문에 사회가 정의로워지려면 더 많은 폭로와 고발이 일어날 수밖에 없기 때문이다.

하는가? 이 하나님의 나라는 진실한 믿음을 가진 이들의 내면과 믿는 이들의 공동체 안에 존재한다. 이 하나님의 나라는 좀 더 기독교적으로 표현하면, 말씀과 성령의 능력 안에서 실현되어지고 선포되는 나라이다.

그러면 하나님나라를 실현하고 선포해야 할 사명(절대적인 영역)을 가진 신앙공동체가 어떻게 때로는 인간의 이해관계가 첨예하게 대립하고 갈등하기도 하는 민주적 시민공동체 안에서 긍정적인 역할(상대적인 영역)을 감당할 수 있을까? 이러한 역할수행은 좀 더 어려운 말로 표현하면, '절대와 상대의 매개문제'라고 표현될 수 있을 것이다. 서두에서 이미 언급한 것처럼, 이러한 신앙공동체의 책임적 역할은 성숙한 민주적 시민공동체를 형성하는 데에 있어서 필수적인 토대인 이념적인 가치의 형성문제와 연관되어진다.

즉, 하나님나라를 지배하는 형제애와 평등과 정의와 평화와 같은 절대적인 규범적 '에너지'가 상대적인 세계인 민주적인 시민공동체내에서 끊임없이 자유와 연대성과 정의가 창조적인 긴장관계 속에서 균형을 이루도록 방향을 제시하고, 이러한 이념적 토대가 다시 제도적인 차원에서 실제적으로 구현도록 하는 방식으로 작용하여야 한다. 물론 이러한 역할수행을 통해서 상대적인 세계인 민주적 시민공동체 내에서 유토피아가 실현되어지는 것은 아니다. 상대적인 세계인 민주적 시민공동체 내에서는 결과적으로는 여전히 '불완전함'이나 심지어 '죄성'이 남아 있을 것이다. 그러나 완전한 하나님나라의 에너지는 단순히 이러한 현실을 정죄하고 비판만 하는 것이 아니라, 계속해서 민주적 시민공동체가 끊임없이 긍정적인 방향으로 나아가도록 작용해야 한다. 이런 점에서 기독교신앙공동체의 입장은 하나님나라에 토대를 둔 '기독교현실주의'적 접근을 취해야 할 것이다.[7] 한 가지 부언할 점은 모두가 원탁에 둘러 앉아 평등한 참여의

7 '기독교현실주의'(christian realism)란 표현은 대표적으로 라인홀드 니버(Reinhold Niebuhr)의 입장과 관련해서 자주 사용되는 표현이다. 그러나 그의 동생인 리챠드 니버(Richard Niebuhr)의 '아가페의 인간의 문화에대한 심판과 승화'의 역할이나 스위스 취리히 대학의 조직신학자요 기독교사회윤리학자 기독교 경제윤리의 대가인 아르투어 리히(Arthur Rich)의 '경건한 현실주의'입장과도 깊이 맞닿아 있다.

기회를 갖는 민주적 시민공동체 내에서는 신앙공동체도 역시 동일하게 하나의 몫을 가지고 발언하게 된다는 것이다. 그렇지만 신앙공동체의 영향력은 '민주적 시민공동체 내에서 신앙공동체가 얼마나 방향성을 제시하고 또한 모범을 보일 수 있느냐?'에 따라서 단순한 비례적 참여를 넘어서는 축소되기도 하고 확대되기도 한다는 것이다.

3. 사유의 훈련으로서의 '가치의 경영'(M.O.V=Management of Values)

이제 신앙공동체가 민주적 시민공동체와의 관계 속에서 수행해야할 긍정적인 역할과 관련하여 하나의 구체적인 모델을 제시해 보고자 한다. 이 모델은 원래 기업윤리에서 언급된 것이지만, 민주적 시민공동체 내에서의 공적인 판단과 결정을 위한 다양한 영역에도 적용이 가능한 모델[8]이다.

사유의 실험 내지는 훈련으로서의 이 모델은 다음의 기본적인 네 단계를 통해 수행되며 이 과정은 끊임없이 반복적으로 이뤄진다. 첫 번째 단계는 현실의 이해관계가 무엇인지를 분석하는 단계이다. 다음으로는 이 이해관계들을 명시적으로나 또는 암묵적으로 뒷받침하고 있는 가치들을 명료하게 하는 단계이다. 세 번째로는 이 가치들이 '공적인 이성의 보편성'이나 또는 '신앙적 가치'의 검증(신앙공동체의 경우)을 통과하게 하는 단계이다. 만약 그 가치들이 이 검증을 통과하게 되면, 그것들은 계속해서 현실의 이해관계를 뒷받침하는 토대로서 작용하게 되고, 그렇지 못할 경우 이 가치를 변화시킴으로서 다시 현실의 이해관계를 변화시키게 하는 것이다. 이 모델은 편파적인 이해관계를 넘어서서 신앙공동체가 민주적 시민공동체 내에서 감당해야 할 사회적 책임성을 강화시키도록 하는 데에 매우 유익한 사유의 실험모델이다.

---

8 필자가 여기에서 언급하는 '가치의 경영' 모델은 미국신학자인 챨스 맥코이(Charles McCoy)와 특히 필자의 지도교수이며, 독일에서 기업윤리의 대표적 선구자인 칼-빌헬름 담(Karl-Wilhelm Dahm)교수에게서 배운 것이다.

Ⅳ. 질문과 대답

1. 진실한 신앙인으로서 현실 속에서 '책임적'으로 살아가려고 할 때에 종종 겪게 되는 갈등은 무엇입니까?

그것은 기독교인으로서의 정체성과 의사소통능력(또는 대화능력)의 관계성과 관련된 갈등입니다. 즉, 철저하고 진실하게 신앙적으로 살아가려고 하면, 때로는 비신앙인들과의 대화에 어려움을 느끼게 되고 심지어 고립된 느낌을 받기도 한다는 것입니다. 반면에, 비신앙인들과의 대화에 포용력과 관용의 자세 임하려고 하면, 이렇게 하다가 혹시 기독교적인 정체성을 모호하게 만들거나 심지어 왜곡하게 되는 것은 아닌가 하는 걱정과 의심이 생겨나게 된다는 것입니다.

2. 그러면 어떻게 신앙적 정체성과 현실적 책임성 사이를 매개할 수 있겠습니까?

만약 우리가 기독교적인 정체성에서부터 직접적으로(연역적으로) 책임을 위한 '기준'을 이끌어내면, 이것은 비신앙인들에게는 대단히 일방적이고 독단적으로 다가오게 될 것입니다. 그렇다고 현실에 대하여 책임적이고자 기독교적 정체성을 모호하게 하거나 왜곡할 수도 없을 것입니다. 여기에 대한 대답은 기독교적 정체성에서부터 '직접적'으로 책임적 기준을 이끌어내는 것이 아니라, 기독교적 정체성에서부터 얻어지는 규범적 '에너지'가 다양한 이해관계의 충돌에서 오는 대립과 갈등이 난무하는 현실 속에서 더불어 사는 삶을 위한 긍정적인 영향력으로 작용하도록 해야 한다는 것입니다. 이러한 책임의식은 규범과 현실의 창조적인 긴장관계 속의 끊임없는 역동적 시도 속에서 발전되어집니다.

Ⅴ. 토론주제 및 참고자료

1. 토론주제

1) 대선이나 총선과 같은 선거에서 유권자가 투표에 참여할 때, 특정한 종교를 가진 후보를 동일한 종교를 가진 유권자들이 지지하는 문제(개인적으로나 집단적으로)에 대하여 어떻게 생각하십니까?
2) 유럽에는 기독교적 정당들이 존재합니다(예: 독일의 기민당, 기사당 등). 우리나라에서도 종교적 배경을 가진 정당들을 창립하려는 시도가 종종 있어 왔습니다. 이러한 시도들에 대한 나의 입장은 무엇입니까? 또한 그러한 시도들이 이제까지 성공하지 못한 이유가 무엇이라고 생각하십니까?

2. 참고자료

아르투르 리히, 강원돈 옮김, 『경제윤리 1: 신학적 관점에서 본 경제윤리의 원리』, 서울: 한국신학연구소, 1993.
이 책은 이번 장(기독교와 정치)에서 학생들이 지나치게 복잡하게 느낄 수 있어서 생략한 다양한 신학적 입장들과 관련하여, 몇 가지 주요한 신학적 입장들의 예를 들어 각 입장이 지닌 강점과 약점들에 대한 분석을 수행하고, 이를 통하여 어떻게 균형 잡힌 기독교적 책임의식이 도출될 수 있는지를 잘 보여주고 있습니다.
존 스토트, 정옥배 옮김, 『현대 사회문제와 그리스도인의 책임』, 서울: IVP, 2005.
존 스토트는 교회는 현실에 대하여 분명한 공적인 기준을 제시하여야 하지만, 동시에 목회적인 관심과 돌봄에 힘써야 한다고 말합니다.

기독교와 경제

– 성서와 청년구직촉진수당제도

Ⅰ. 문제제기

주위를 둘러보면 일할 곳이 없는 실업자들이 적지 않다. 특히 젊은 세대의 경우 더욱 그러하다. 2016년 청년실업률은 9.8%를 기록했다. 이런 지표실업률보다 체감실업률이 훨씬 더 높음은 물론이다. 2016년 청년체감실업률은 24.6%인 것으로 집계되었다. 생산 활동이 가능한 젊은이 4명 가운데 1명 정도가 사실상 실업상태에 빠져있는 셈이다.

이런 사회경제적 상황에서 청년계층에 대해 기본소득을 제공하는 방안을 긍정적으로 검토할 필요가 있다. 기본소득이란 재산의 많고 적음, 노동을 하는지 여부에 관계없이 정부가 사회구성원들에게 조건 없이 일정액의 현금을 지급하는 것을 의미한다.[1]

정부는 2018년부터 청년들에게 기본소득, 곧 청년구직촉진수당을 지급할 것이라고 발표했다. 일자리를 구하는 청년들에게 3개월간 30만원씩 제공하고, 2019년에는 수당금액을 늘려 6개월간 50만원씩 지급할 것이라는 것이다.

문제는 청년구직촉진수당제도에 대해 모든 사회구성원들이 찬성하지 않는다는 데 있다. 적지 않은 사회구성원들은 이 제도가 정부예산을 비효율적으로 사용하는 제도이며 청년실업의 근본적 대책이 아닌 단기적 대책에 불과하다고 주장한다. 반면 이 제도의 지지자들은 청년구직촉진수당이 복지수급자들에게 수치심을 안겨주지 않으며 복지수급자들을 선별하는 데 드는 비용을 줄일 수 있다고 주장한다.

1 하승수, 『나는 국가로부터 배당받을 권리가 있다』(대구: 한티재, 2015), 25.

Ⅱ. 개념설명

1. 부자청년 이야기(마태복음 19장 16–22절)

그런데 한 사람이 예수께 다가와서 물었다. "선생님, 내가 영원한 생명을 얻으려면, 무슨 선한 일을 해야 합니까?" 예수께서 그에게 말씀하셨다. "어찌하여 너는 나에게 선한 일을 묻느냐. 선한 분은 한 분이다. 네가 생명에 들어가기를 원하면, 계명들을 지켜라." 그가 예수께 물었다. "어느 계명들을 지켜야 합니까?" 예수께서 대답하셨다. "살인하지 말아라. 간음하지 말아라. 도둑질하지 말아라. 거짓 증언을 하지 말아라. 아버지와 어머니를 공경하여라. 그리고 네 이웃을 네 몸과 같이 사랑하여라." 그 젊은이가 예수께 말하였다. "나는 이 모든 것을 다 지켰습니다. 아직도 무엇이 부족합니까?" 예수께서 그에게 말씀하셨다. "네가 완전한 사람이 되려고 하면, 가서 네 소유를 팔아서, 가난한 사람에게 주어라. 그리하면, 네가 하늘에서 보화를 차지하게 될 것이다. 그리고 와서 나를 따라라." 그러나 그 젊은이는 이 말씀을 듣고, 근심을 하면서 떠나갔다. 그에게는 재산이 많았기 때문이다.

2. 포도원 일꾼의 비유(마태복음 20장 1–15절)

하늘나라는 자기 포도원에서 일할 일꾼을 고용하려고 이른 아침에 집을 나선 어떤 포도원 주인과 같다. 그는 품삯을 하루에 한 데나리온으로 일꾼들과 합의하고 그들을 자기 포도원으로 보냈다. 그리고서 아홉 시쯤에 나가서 보니, 사람들이 장터에 빈둥거리며 서 있었다. 그는 그들에게 말하기를 "여러분도 포도원에 가서 일을 하시오. 적당한 품삯을 주겠소" 하였다. 그래서 그들이 일을 하러 떠났다. 주인이 다시 열두 시와 오후 세 시쯤에 나가서 그렇게 하였다. 오후 다섯 시쯤에 주인이 또 나가 보니, 아직도 빈둥거리고 있는 사람들이 있어서, 그들에게 "왜 당신들은 온종일 이렇게 하는 일 없이 빈둥거리고 있소?" 하고 물었다. 그들이 그에게 대답하기를 "아무도 우리에게 일을 시켜주지 않아서 이러고 있습니다" 하였다. 그래서 그는 "당신들도 포도원에 가서 일을 하시오" 하고 말하였다. 저녁이 되니, 포도원 주인이 자기 관리인에게 말하기를 "일꾼들을 불러, 맨 나중에 온 사람들부터 시작하여 맨 먼저 온 사람들에게까지 품삯을 치르시오" 하였다. 오후 다섯 시쯤부터 일을 한 일꾼들이 와서 한 데나리온씩을 받았다. 그런데 맨 처음에 와서 일을 한 사람들은 은근히 좀 더 받으려니 하고 생각하였는데 그들도 한 데나리온씩을 받았다. 그들은 받고 나서 주인에게 투덜거리며 말하였다. "마지막에 온 이 사람들은 한 시간밖에 일하지 않았는데도, 찌는 더위 속에서 온종일 수고한 우리들과 똑같이 대우하였습니다." 그러자 주인이 그들 가운데 한 사람에게 말하기를 "이보시오. 나는 당신을 부당하게 대한 것이 아니오. 당신은 나와 한 데나리온으로 합의하지 않았소? 당신의 품삯이나 받아 가지고 돌아가시오. 당신에게 주는 것과 꼭 같이 이 마지막 사람에게 주는 것이 내 뜻이오. 내 것을 가지고 내 뜻대로 할 수 없다는 말이오? 내가 후하기 때문에, 그것이 당신 눈에 거슬리오?" 하였다.

Ⅲ. 주제강의

이 글은 성서의 입장에서 청년구직촉진수당제도를 지지하려고 한다. 이를 위해 먼저 신약성서 마태복음에 나오는 '포도원 일꾼의 비유'를 요약할 것이다. 이어서 이 비유가 던지는 사회경제적 메시지를 도출할 것이다. 그런 다음 이런 사회경제적 메시지를 기본소득의 한 형태인 청년구직촉진수당제도와 연결시킬 것이다.

1. 비유의 내용

청년구직촉진수당제도에 대한 기독교의 입장을 정립하는 데 도움을 줄 수 있는 성서본문은 '포도원 일꾼의 비유'이다. 그런데 '포도원 일꾼의 비유'를 제대로 이해하기 위해서는 이 비유를 바로 앞에 나와 있는 '부자청년 이야기'와 연관시켜볼 필요가 있다.[2]

2 김민웅, 『사랑이여, 바람을 가르고』(서울: 뉴스앤조이, 2001), 155-156.

어느 날 재산이 많은 청년이 예수에게 와서 영원한 생명, 곧 구원을 얻으려면 어떤 일을 해야 하느냐고 물었다. 예수는 청년에게 당시 이스라엘 사람들에게 부과되고 있던 계명들을 다 지켰느냐고 물었다. 그랬더니 청년은 자신 있게 모든 계명들을 다 지켰다고 대답했다. 이에 예수는 청년에게 갖고 있는 재산을 팔아서 가난한 사람들에게 나눠주라고 권고했다. 하지만 청년은 이런 권고를 받아들이지 못해 근심하며 예수를 떠나갔다.

'부자청년 이야기'에 나오는 청년은 구원을 원했지만 그렇다고 재물에 대한 욕심까지 버릴 수는 없었다. 그는 말로는 구원문제에 가장 큰 관심을 두고 있다고 말했지만 실제로는 그것보다 재산에 더 집착했다. 그래서 가난한 사람들에게 자기 재산을 내주지 못한 것이다.

반면 '포도원 일꾼의 비유'에 나오는 포도원 주인은 이 청년과는 달랐다. 포도원 주인은 포도원을 소유한 부자라는 점에서는 이 청년과 일치하지만 능력 없는 일꾼들에게 자기 재물을 내주고 있다는 점에서는 차이를 보인다.

포도원 주인은 자기 포도원에서 일할 일꾼들을 구하기 위해 아침 일찍 장터에 나갔다. 그곳에서 몇몇 일꾼들과 품삯을 한 데나리온으로 합의한 뒤 그들을 자기 포도원으로 보내어 일하도록 했다. 여기서 한 데나리온은 당시 노동자들의 하루 품삯에 해당되는 액수였다.

포도원 주인은 오전 9시에 다시 장터에 나갔다. 그곳에는 빈둥거리며 서 있는 사람들이 있었다. 그래서 그들도 일꾼으로 고용하여 포도원으로 보냈다. 포도원 주인은 12시와 오후 3시에도 나가 똑같이 일꾼들을 고용했다.

오후 5시가 되자 포도원 주인은 또 다시 장터에 나갔다. 아직 빈둥거리는 사람들이 있어 포도원 주인은 온종일 하는 일 없이 빈둥거리고 있는 이유를 물었다. 그들은 아무도 일거리를 주지 않아서 그러고 있다고 대답했다. 이에 포도원 주인은 그 사람들에게도 자기 포도원에 가서 일하라고 이야기했다.

오후 6시에 일이 끝나자 포도원 주인은 관리인을 통해 모든 일꾼들에게 일당을 나눠주었다. 나눠주는 순서는 맨 나중에 온 일꾼들부터였다. 오후 5시부터 일한 제일 나중에 온 일꾼들은 한 데나리온을 받았다. 그들은 깜짝 놀랐다. 한 시간밖에 일하지 않았는데 당시 하루품삯인 한 데나리온을 받았기 때문이었다.

이런 사실이 알려지자 맨 처음에 온 일꾼들은 은근히 좀 더 받을 것을 기대했다. 하지만 이런 기대는 깨지고 말았다. 막상 그들에게 건네진 임금 역시 한 데나리온이었기 때문이다. 품삯을 받아든 제일 처음에 온 일꾼들은 억울해하며 포도원 주인에게 가서 따졌다. 그러자 포도원 주인은 맨 처음에 온 일꾼들 중 한 사람에게 자신은 잘못한 것이 없다고 말했다. 일을 시작하기 전에 한 데나리온을 주기로 약속했기 때문이라는 것이다.

2. 비유의 사회경제적 메시지

이 비유는 여러 가지 관점에서 다양하게 해석될 수 있다. 여기서 필자는 이 비유를 재화를 제공하는 방식이란 측면에서 해석해보려고 한다. 일반적으로 타인에게 재화를 제공하는 방식에는 두 가지가 있다. 교환방식과 증여방식이 그것이다.

교환방식은 자신이 소유하고 있는 재화를 다른 사람이 갖고 있는 재화나 서비스와 바꾸는 것이다. 상대방에게 돈을 주고 일을 시키는 경우가 교환방식의 대표적인 예가 될 것이다. 반면 증여방식은 대가나 보상 없이 자신이 갖고 있는 재화를 다른 사람에게 넘겨주는 것이다. 자신이 소유한 재화를 무상으로 상대방에게 내주는 것을 가리킨다. 그렇다면 청년계층에게 제공되는 기본소득인 청년구직촉진수당은 증여방식의 한 사례로 볼 수 있다.

'포도원 일꾼의 비유' 앞에 나오는 '부자청년 이야기'에서 주인공인 청년은 부자였다. 예수는 이 부자청년을 향해 가난한 사람들에게 재산을 나눠주라고 권고했다. 재화를 제공하는 방식의 측면에서 보면 이런 예수의 권고는 증여방식을 수용하라는 권고로 볼 수 있다. 하지만 이 청년은 교환방식에 집착하여 예수가 권고한 증여방식을 받아들이지 않았다.

반면 '포도원 일꾼의 비유'에 나오는 포도원 주인은 이 청년과 달랐다. 포도원 주인은 교환방식을 수용했을 뿐만 아니라 증여방식도 받아들였다. 그는 먼저 온 일꾼들, 특히 맨 처음에 온 일꾼들과 교환관계를 맺고 있었다. 그래서 그는 그들의 노동력을 자신이 가진 돈과 맞바꾸었다.

제일 먼저 온 일꾼들은 포도원에서 하루 종일 일했다. 그런데 그들은 일하기 전 품삯으로 한 데나리온을 받기로 포도원 주인과 합의했다. 일이 끝난 뒤 포도원 주인은 그들에게 그 당시의 하루품삯인 한 데나리온을 임금으로 지불했다. 이는 당시 이스라엘 사회에서 쉽게 찾아볼 수 있는 일반적인 거래였다.

하지만 포도원 주인과 제일 나중에 온 일꾼들은 서로 교환관계가 아닌 증여관계에 있었다. 제일 나중에 온 일꾼들은 한 시간 남짓 일했다. 거의 노동하지 않았던 것이다. 그럼에도 포도원 주인은 그 일꾼들에게 한 데나리온을 주었다.

포도원 주인과 제일 나중에 온 일꾼들은 재화를 서로 교환한 것이 아니다. 포도원 주인이 그 일꾼들에게 일방적으로 한 데나리온을 증여한 것이다. 교환관계의 측면에서 보면 포도원 주인은 손해를 본 반면 그 일꾼들은 이익을 본 것이다. 따라서 이런 포도원 주인의 행동은 당시 이스라엘 사회에서 보기 드문 예외적인 것이었다.

물론 제일 나중에 온 일꾼들이 전혀 노동을 하지 않은 것은 아니다. 그들은 1시간 정도 일했기 때문이다. 그렇다면 포도원 주인은 왜 그들에게 잠깐이라도 일을 시킨 것일까? 그들의 자존심이 상하지 않도록 하기 위함이었다. 이런 포도원 주인의 인간적 배려를 생각해보면 포도원 주인과 제일 나중에 온 일꾼들의 관계는 교환관계가 아닌 증여관계로 보는 것이 적절하다.

여기서 이런 의문이 생길 수 있다. 포도원 주인은 왜 일찍 온 일꾼들과 교환관계를 맺었던 것일까? 그리고 그는 왜 제일 나중에 온 일꾼들과는 증여관계를 맺었던 것일까?

일찍 고용된 일꾼들 특히 맨 처음에 온 일꾼들은 능력이 많은 사람들이었다. 그러니 이 일꾼들은 인력시장에 나오자마자 포도원 주인에게 곧바로 채용되었던 것이다. 반면 제일 나중에 온 일꾼들은 능력이 별로 없는 사람들이었다. 그러니 저녁이 다되도록 일자리를 찾지 못하고 빈둥거리고 있었던 것이다. 그들은 고용주들에게 별로 매력적이지 못한 사람들이었던 것이다.

그렇다고 제일 나중에 온 일꾼들에게 하루치의 양식이 필요 없었을 리는 만무하다. 그들도 입에 풀칠을 해야 생존할 수 있는 인간인 한 하루치의 양식은 필수적이었다. 그래서 자애로운 포도원 주인은 제일 나중에 온 일꾼들과 대가 없는 증여관계를 맺은 것이다.

그런데 현실에서는 이런 문제가 제기될 수 있다. 포도원 주인이 이렇게 일꾼들과 증여관계를 맺게 된다면 사회경제적으로 적지 않은 부작용이 발생하지 않을까? 능력이 없는 사람들이 해이해지지 않을까? 그러면서 경제부문 전체가 활력을 잃지 않을까?

제일 먼저 온 일꾼들은 바로 이런 문제를 염두에 두면서 포도원 주인에게 항변한 것이다. 그들은 자신들이 하루 종일 수고한 것이 가장 늦게 온 일꾼들이 수고한 것보다 더 나은 평가를 받아야 한다고 주장한다. 언뜻 보면 타당한 주장 같아 보인다.

그런데 제일 먼저 온 일꾼들이 알지 못하는 사실이 있다. 그것은 제일 나중에 온 일꾼들도 기꺼이 일할 의도를 갖고 있었다는 사실이다.[3] 날이 저물어 갈 때 장터로 나간 포도원 주인은 그때까지도 일거리가 없어 빈둥거리고 있는 일꾼들에게 "왜 당신들은 온종일 이렇게 하는 일 없이 빈둥거리고 있소?"라고 물었다. 그러자 그들은 이렇게 대답했다. "아무도 우리에게 일을 시켜주지 않아서 이러고 있습니다."

이런 대답을 놓고 보면 제일 늦게 온 일꾼들은 능력은 없었지만 그렇다고 일할 의향조차 없었던 것은 아님에 분명하다. 그들은 불러주는 고용주가 없었기 때문에 장터에서 어슬렁거리고 있었던 것이다. 만일 그들도 아침 일찍 고용되었더라면 하루 종일 열심히 일했을 것이다.

이런 점에서 제일 먼저 온 일꾼들은 마지막에 온 일꾼들에게 한 데나리온을 증여한 포도원 주인에게 시비를 걸지 않아야 했다. 오히려 이런 포도원 주인에게서 관대함과 은혜를 발견해야 했다. 자신들에게는 낯선 증여관계를 어떡해서든 이해하려고 해야 했다.

---

3 위의 책, 162-163.

포도원 주인은 자신에게 시비를 거는 일꾼들에게 이렇게 반문했다. "내가 후하기 때문에, 그것이 당신 눈에 거슬리오?" 후한 것은 결코 문제가 될 수 없다는 것이다. 남을 넉넉히 배려하는 마음이 문제는 아니다. 일자리가 없는 사람들에게 돈을 증여하는 것이 문제가 될 수는 없다. 오히려 문제는 능력이 기득권이 되면서 능력이 부족한 사람들을 무시하는 데 있다. 능력의 우열을 따져 능력이 떨어지는 사람들의 생계를 위협하는 데 진정한 문제가 있는 것이다.

능력이 있다는 점을 내세워 능력 없는 자들을 사정없이 밀어내는 사회의 흐름은 저지되어야 한다.[4] 능력 있고 일자리가 보장된 사람들에게 교환관계를 적용하는 것은 정당화될 수 있다. 그래야 전체사회가 생산성이나 지속가능성을 확보할 수 있기 때문이다. 반면 능력 없고 쉽게 일자리를 얻을 수 없는 사람들에게는 증여관계가 적용되어야 한다. 그래야 그들이 생계를 유지할 수 있고 인간으로서의 존엄성을 확보할 수 있다.

3. 비유와 청년구직촉진수당제도

우리 주위에는 수많은 청년실업자들이 거리를 배회하고 있다. 그들은 좌절감과 패배의식에 사로잡혀 자신을 쓸모없는 존재로 비하하고 있다. 찬란한 미래를 꿈꾸며 새로운 일에 도전해야 할 젊은이들이 한숨만 내쉬고 있는 것이다.

이런 청년들의 처지를 생각해보면 증여시스템의 도입이 절실해진다. '포도원 일꾼의 비유'에 나오는 포도원 주인이 시행했던 것처럼 우리사회도 일자리 없는 젊은이들을 대가 없이 경제적으로 지원해줄 필요가 있다. 구체적으로 2018년부터 정부가 시행할 청년구직촉진수당제도를 적극 지지하고 보다 강화할 필요가 있는 것이다.

이 비유에 나오는 포도원 주인의 후한 마음은 누구의 마음일까? 바로 하나님

4 김민웅, 『물 위에 던진 떡』(천안: 한국신학연구소, 1995), 52.

의 마음이다.[5] 하나님은 우리가 무언가를 이루었기 때문에 그 대가로 보상을 베풀어 주시는 분이 아니다. 반대로 우리가 무언가를 이루지 못했기 때문에 우리에게서 냉담하게 돌아서시는 분도 아니다.

하나님은 일하려고 하나 기회를 얻지 못해 생존의 위기에 있는 사람들에게 다가가 그들의 필요를 충족시켜 주시는 분이다. 하나님은 그들을 향해 끊임없이 베푸신다. 하지만 하나님은 그들로부터 아무것도 되돌려 받지 않으신다. 하나님은 그들에 대한 일방적인 증여자이신 것이다.

하나님이 우리사회의 구성원들에게 바라시는 것은 일방적인 증여자로서의 자신을 본받는 것이다. 하나님이 지니신 베푸는 마음, 증여의 마음을 품는 것이다. 하나님이 우리사회에 원하시는 것도 동일하다. 하나님은 우리사회가 인간의 필요에 후히 베푸는 사회가 되길 원하신다. 증여사회가 되길 원하신다.

모든 사회구성원들이 자신이 버림받지 않고 있다는 것을 느낄 수 있는 사회. 모든 사회구성원들이 인간다운 삶을 누리도록 사회경제적 인권을 보장해주는 사회. 경제적으로 힘든 사람들에게 후히 베푸는 사회. 하나님은 우리사회가 이런 사회로 변화되길 원하신다.

우리사회가 이런 사회로 바뀌려면 일자리가 없어 생계를 걱정하는 이들을 찾아나서야 한다. 이런 이들을 위해 자신의 기여와 물질적 보상이 엄격히 맞바꾸어지는 교환시스템을 기여 없이도 물질적 보상이 주어지는 증여시스템으로 보완해야 한다.

물론 우리는 교환시스템을 증여시스템으로 완전히 대체할 수 없다. 시장에서의 교환시스템이 갖고 있는 효율성과 합리성을 무시할 수 없기 때문이다. 실제로 시장에서의 교환시스템은 인류가 만들어낸 경제메커니즘 가운데 가장 뛰어

5 김민웅, 『사랑이여, 바람을 가르고』, 164-165.

난 방식으로 평가받고 있다.[6]

그럼에도 엄격한 교환시스템만 존재하는 사회는 일자리가 없는 이들에게는 비인간적일 수 있다. 이런 사회는 교환가치를 상실한 실업자들을 아무런 대책 없이 폐기시키기 때문이다. 바로 이런 이유에서 교환시스템은 증여시스템에 의해 보완되어야 한다.

Ⅳ. 질문과 대답

1. 기본소득은 현실사회에서 시행되기에는 너무 이상적인 제도가 아닌가요?

기본소득제도는 이상적이지 않습니다. 북유럽에 있는 핀란드의 경우 현재 기본소득제도가 시행되고 있습니다. 핀란드 사회보장국은 2017년부터 복지수당을 받는 사회구성원들 중 2000명을 무작위로 선발해 기본소득 월 560유로를 지급하기 시작했습니다.

2. 기독교의 경전인 성서는 기록된 지 퍽이나 오래된 것인데 성서에 나오는 주장들을 오늘의 사회에도 적용할 수 있는 것인가요?

오래 전에 기록된 성서의 주장들을 오늘의 사회에 그대로 적용하는 것은 무리입니다. 성서가 기록된 당시의 사회상황과 우리가 살고 있는 오늘의 사회상황이 많이 다르기 때문입니다. 그럼에도 우리는 성서의 주장들을 오늘의 사회상황에 맞게 재해석해서 그 결과물을 적용할 수 있습니다. 성서의 주장들이 내세우고 있는 가치나 원칙을 정리하고 오늘의 사회상황을 고려하면서 이 가치나 원칙에 근거해서 정책적 대안을 제시할 수 있는 것입니다.

6 김형기 외, "21세기 한국사회의 새로운 패러다임에 관한 토론", 김형기 편, 『21세기 한국의 대안적 발전모델』(서울: 한울, 2002), 99.

Ⅴ. 토론주제 및 참고자료

1. 토론주제

청년구직촉진수당제도에 반대하는 사람들은 일하지 않는 사람에게 왜 돈을 주느냐며 능력주의에 근거해서 자신의 논리를 전개하고 있다. 반면 이 제도에 찬성하는 사람들은 개인의 능력으로 형성한 돈에도 다른 사회구성원들의 도움이 들어 있고, 그래서 모든 돈에는 공공적인 측면이 있다는 입장을 취하고 있다.

여러분은 능력주의에 대해서 어떻게 생각하는가? 돈의 공공성을 인정하는 입장에 대해서는 어떤 생각을 갖고 있는가?

2. 참고자료

김민웅, 『사랑이여, 바람을 가르고』, 서울: 뉴스앤조이, 2001.
김형기 편, 『21세기 한국의 대안적 발전모델』, 서울: 한울, 2002.
하승수, 『나는 국가로부터 배당받을 권리가 있다』, 대구: 한티재, 2015.

기독교와 환경

– 생태와 환경문제에 대한 기독교적 접근

Ⅰ.문제제기

자연환경의 파괴와 생태계의 오염이 날로 심각해지고 있다. 태평양에는 거대한 쓰레기 지대가 텍사스의 2배, 한반도의 6배에 달하는 크기로 늘어나면서 해양 생태계를 위협하고 있으며, 강물은 공장폐수와 생활하수로 인해 오염되고 있다. 도시에서는 자동차에서 뿜어져 나오는 배기가스와 미세먼지로 인해 호흡기 환자가 늘어나고 있는 추세이다. 시골의 땅과 물도 산성비로 오염되고 있다. 또한 방사능 유출로 기형아와 기형동물이 생겨나고, 원인조차 알 수 없는 질병으로 사람들이 고통을 겪기도 한다.

환경 문제는 과학기술의 발전과 더불어 인간들의 무분별함과 탐욕이 빚은 결과이다. 과거에는 환경 문제로 인한 재난이 한 지역에 국한되었거나 일시적이었다면, 오늘날에는 전 인류의 생존뿐 아니라 지구상에 존재하는 모든 생명체들까지 위협하는 상황이 되고 있다. 지구온난화, 오존층 파괴, 바닷물의 온도상승, 이상기후, 토지의 사막화 등 지구촌 곳곳에서 환경위기의 징후들이 우리에게 경고의 메시지를 보내고 있다. 이러한 경고를 무시한 채 인간만의 풍요와 번영, 무한한 진보만을 추구한다면 파멸은 피할 수 없게 될 것이다.

현 인류가 직면하고 있는 환경 위기는 단순히 자연 환경의 위기를 넘어 현대 문명이 갖고 있는 근본적인 패러다임의 위기라 할 수 있다. 환경문제는 불편한 진실로 경각심을 일깨운다. 환경 문제는 마치 암처럼 눈에 보이지 않게 서서히 진행되다가 나중에는 돌이키기 어려울 정도로 대 재난과 파멸을 초래하게 된다. 따라서 암이 발생하지 않도록 사전에 예방하기를 힘쓰고 비록 암이 생기더라도 조기에 발견하여 약물치료나 수술로 해결하듯이 환경 문제 또한 심각한 상황에 이르기 전에 경각심을 갖고 사전에 발생하지 않도록 힘써야 한다.

Ⅱ. 개념설명

1. 지구 온난화

지구 온난화는 산업혁명이 이후 대기 중으로 배출되는 온실가스가 증가함으로 인해 점점 가속화되고 있다. 대표적인 온실가스로는 이산화탄소(CO2), 메탄가스(CH4)[1], 이산화질소(NO2)[2], 오존(O3), 염화불화탄소(CFCs) 등이 있다. 지구 온난화로 인해 극지방의 빙하가 녹게 되어 해수 온도가 높아지고 이로 인해 해수면이 상승하게 된다. 그 결과 해안 가까이 있는 도시나 저지대는 홍수의 피해를 입고, 거주할 수 없는 지역으로 변하게 된다.[3] 특히 남태평양의 섬들은 국가의 존립마저 위협받게 되는데, 투발루는 9개의 섬 중에서 이미 2개가 가라앉아 국토를 포기한 상태이다.

2. 공유재의 비극

자연 환경과 같은 공유자원들(CPRs, common-pool resources)은 남용으로 인하여 고갈될 가능성이 많은데, 이를 공유재의 비극(the tragedy of the commons)이라고 한다. 어부들이 고기를 잡아 생활하는 호수를 예로 든다면, 어부의 수가 크게 증가하지 않고 고기 잡는 기술이 진보하지 않는 한 어획량은 호수 속의 고

---

1 메탄가스는 천연가스의 주성분으로 음식물 쓰레기가 부패할 때, 소나 닭과 같은 가축의 배설물에서 발생하며 지구 온실 효과의 원인이 된다. 메탄가스는 같은 질량의 이산화탄소보다 23배의 지구온실효과가 있다.

2 이산화질소는 주로 석탄을 채광할 때나 연료가 고온으로 타면서 발생하게 된다.

3 해수면이 1미터 상승하면 방글라데시는 전체 면적의 17%, 이집트는 12%, 네덜란드는 6%의 면적을 잃게 된다. Anthony Giddens, 김미숙 · 김용학 공역, 『현대사회학』(서울: 을유문화사, 2009), 176.

기 증가량 범위 내에서 유지된다. 하지만 어부들의 어획 기술의 발전에 따라 어획량이 증가하면서 고기 수는 상대적으로 줄어들게 된다. 그럼에도 어부 각자는 어획량을 더욱 늘리고자 노력하게 된다. 비록 문제의 심각성을 알더라도 자기가 잡지 않으면 남이 잡을 것이기에 어획량을 늘리지 않을 수 없게 된다. 결국 공동 어장은 남획으로 인해 황폐화되는 비극적인 운명을 맞게 된다.

공유재의 비극은 집단행동의 딜레마 현상 중 하나로서 집단 내 개인들이 선택한 합리적인 행동의 결과가 사회 전체적으로는 바람직하지 못한 결과를 초래하게 된다. 이러한 공유재의 비극을 피하기 위해서는 법적인 강제를 통하여 규제하거나 공유재를 사유화하여 관리의 책임을 확실하게 하거나 지역 공동체가 주체의식을 갖고 자치적으로 관리하는 방법이 있다.

3. 외부효과

기업은 영리 활동으로 인해 발생되는 환경오염을 지출되는 비용에 포함시키지 않는 경향이 있다. 하지만 환경오염으로 인해 발생되는 비용은 존재하며, 시간이 지날수록 비용부담은 더욱 커지게 된다. 이처럼 개인이 느끼는 비용과 사회적으로 발생하는 비용 사이에 괴리가 나타나는 것을 외부효과(external effect) 또는 파생효과(Spillover effect)라고 한다. 예를 들면 염색업체는 염료, 전기료, 수도료, 인건비, 관리비 등만을 비용으로 간주한다. 하지만 염색과정에서 발생하는 수질오염 비용은 계산하기 어려우며 이를 손실 비용으로 간주하지 않는다.

따라서 외부효과는 시장의 논리에 의해서 해결하기가 쉽지 않다. 왜냐하면 개인이나 기업은 오염행위자이지만 이로 인해 피해를 보는 사람은 불특정 다수이며, 피해의 인과관계를 규명하기가 쉽지 않고, 피해의 규모나 정도를 정확히 파악하기가 어렵고 이를 금액으로 환산하기는 더욱 어렵기 때문이다.

4. 무임승차

지구온난화나 탄소배출권 문제와 같이 환경오염은 오염으로 인한 비용이 잘 드러나지 않는 잠재적 성격을 띠고 있으며, 그 효과 역시 장기간에 걸쳐 나타난다. 오염으로 인한 피해나 비용도 파악하기가 쉽지 않고 당장 드러나지도 않는다. 따라서 오염을 유발하는 개인이나 기업은 오염으로 인한 사회적 비용에 별 관심이 없으며, 관심이 있더라도 워낙 광범위하기에 오염 원인을 적극적으로 제거하려고 하지 않는 경향이 있다.

오염의 심각성을 깨달은 누군가가 먼저 나서서 이를 제거하기 위하여 노력과 비용을 들이게 되면 나머지 사람들은 어부지리로 그 혜택을 누릴 수 있기에 굳이 먼저 나서서 시간과 비용을 들이려고 하지 않고 미루려는 경향이 있다. 이와 같이 무임승차(free ride) 현상이 존재하는 한, 환경오염 문제는 해결하기가 쉽지 않다.

Ⅲ. 주제강의

1. 기독교는 환경 파괴의 주범인가?

환경 위기의 원인과 책임은 기독교에 있다는 주장이 있다. 이들의 주장에 따르면, 첫째, 창세기 1장과 2장의 창조신앙은 자연에 대한 분석과 탐구를 자유롭게 만들어 자연 세계를 비신격화시키고 탈신화화시키는 계기를 제공하였다는 것이다. 이로 인하여 자연은 신화적이며 신비적인 성격을 상실하게 되었고, 오직 인간들의 연구 대상이요 이용 대상으로 전락하게 되었다는 것이다. 둘째, "모든 것을 다스리라", "땅을 정복하라"는 하나님의 명령은 인간들의 자연 파괴를 가속화시켰다는 것이다. 인간은 신의 명령에 따라 자연을 자유롭게 지배하고 정복할 수 있게 되었다는 것이다. 셋째, 기독교는 하나님의 형상을 자연에 대한 인간의 지배권과 통치권이라고 가르침으로써 생태 위기를 초래할 이론적 근거를 마련했다는 것이다. 다른 피조물들과는 달리 인간만이 하나님의 형상으로 지음받은 피조물로서 하나님을 대리하여 자연 세계를 지배하고 정복할 권리를 부여받았다는 것이다. 그리하여 인간은 지배자와 정복자로서 자연을 마음대로 이용할 수 있게 되었으며, 이로 인해 자연 세계는 파괴되고 착취되었다는 것이다.

이러한 해석에 따르면 인간이 창조의 중심이며 세계의 중심이요, 자연 세계는 오직 인간의 유익만을 위해 존재한다는 인간중심적 사고를 갖게 되는데, 이러한 인간중심적 세계관은 기독교의 가르침에 영향을 받았기에 오늘날 환경 위기를 초래하게 된 사상적 기틀은 기독교가 마련했다는 비판이다.

하지만 위의 주장은 반쪽만이 진실이다. 기독교의 창조신앙은 인간 마음대로 자연질서를 파괴하고 왜곡하도록 허락한 것은 아니다. 오히려 하나님의 뜻에 따라 선하게 창조된 창조질서의 보존과 회복을 강조한다. 이는 인간중심적이지도 자연파괴적이지도 않으며, 오히려 자연친화적인 성격을 지닌다. 따라서 생태 위기를 초래한 근본 원인은 기독교의 창조신앙 자체에 있는 것이 아니라 창조신앙을 잘못 이해한 인간의 무지와 오만, 그리고 탐욕에 근본원인이 있으며, 그 이면에는 소유와 향유를 최고의 가치로 생각하는 인간중심주의적 세계관이 있다.

2. 인간중심주의 세계관

인간중심주의는 자연 환경을 하나의 유기체로 생각하기 보다는 자연을 하나의 거대한 기계로 보는 기계론적 세계관에 근거하여 자연의 신비로움을 부인하고, 인간이 세계의 중심이며 모든 것은 인간을 위해서 존재한다고 보는 세계관이다. 인간중심주의적 세계관은 모든 자연 환경들을 인간의 가치평가와 이익의 관점에서 보면서 자연환경을 자신들의 생존과 풍요로운 삶을 위한 도구로 생각한다. 즉 자연 환경은 내재적인 가치(intrinsic value)를 갖는 것이 아니라 도구적인 가치(instrumental value)만을 갖는다고 본다. 하지만 기계론적 세계관에 기초한 인간중심적 세계관은 자연에 대한 잘못된 이해에 기초하고 있으며 오늘날의 환경 위기를 가져온 근본원인이라 할 수 있다.

따라서 기계론적 세계관에 기초한 인간중심주의를 탈피하려면 첫째, 기계론적 세계관을 버리고, 인간은 자연에 의존하며 자연과 유기적으로 연결되어 있다고 보는 유기적 자연관으로 회복해야 한다. 자연은 인간과 모든 생명 공동체를 둘러싼 환경이며, 모든 생명체들의 삶의 터전이기 때문이다. 둘째, 인간과 자연의 관계는 지배와 예속의 관계가 아니라 생태적 운명 공동체로서 상호 협력 관계에 있음을 기억할 필요가 있다. 자연에 존재하는 모든 생명체들은 인간에게 예속된 것이 아니라 각자 주체성을 갖고 서로 소통하고 협력하는 관계 속에 있다. 따라서 이들은 인간이 마음대로 다룰 수 있는 대상이 아니라 생명 전체의 그물망 속에서 각각 주체성과 가치를 지닌 존재들임을 인식할 필요가 있다. 셋째, 창조주 하나님과의 연관성 속에서 자연을 이해할 필요가 있다. 자연 속에는 하나님의 능력과 신성이 깃들어 있다. 하나님은 생명 공동체를 향하여 지극한 사랑과 관심을 드러내고 있다. 따라서 자연을 단순히 인간의 유익을 위한 이용대상이나 도구적 가치로 보기 보다는 하나님의 창조 질서 안에서 모든 생명 공동체가 상호관계로 연결되어 있음을 인식할 필요가 있다.

따라서 우리는 온전한 창조 신앙을 통해 인간과 자연 환경 사이의 올바른 관계를 인식할 필요가 있으며 자연 세계에 대한 인간의 다스림과 정복이 진정으로 의미하는 바가 무엇인지 바로 깨달을 필요가 있다. 성서에서 제시하고 있는 하나님의 형상은 자연에 대한 인간의 지배권과 통치권을 뜻하는 것이 아니라 자연에 대한 인간의 역할과 책임을 강조하는 개념이다. 인간은 창조의 중심이나 창조의 완성이 아니며, 인간이 이 세계의 중심 또한 아니다. 이 세상의 주인은 창조주 하나님이시다. 인간은 자연의 일부로서 창조주 하나님의 대리자일 뿐이다.

3. 슈바이처의 생명경외사상

슈바이처는 모든 생명은 신성하며, "살려는 의지(will–to–live)"를 가진 내재적으로 가치 있는 존재로 보면서 생명경외사상을 주장하였다. 그는 과학기술로 말미암아 분리된 인간과 자연의 유대를 회복시키는 방법으로서 생명체 속에 존재하는 내재적 가치를 자각하고 생명을 경외할 것을 강조하였다.

슈바이처는 생명 외경의 방법을 다음 세 가지로 제시한다. 첫째 생명을 유지, 촉진하는 것은 선이고, 반대로 생명을 죽이거나 해치는 것은 악이라는 것이다. 따라서 생명을 해치거나 죽이는 것이 불가피하다 하더라도 그 불가피성이나 필연성이 면책사유가 될 수 없다는 것이다. 둘째 비록 그렇다 하더라도 한 생명이 존재하기 위해서는 다른 생명의 희생을 필요로 하기 때문에 생명에 대한 훼손을 인정하지 않을 수 없으며, 그렇기에 더더욱 생명을 경솔하게 혹은 무의미하게 죽이거나 해치는 것을 피해야 한다. 셋째 다른 생명을 해치는 것이 필연적이며 불가피하더라도 그에 대한 책임을 자각해야 한다. 따라서 생명에 대한 경외심을 갖고 생명을 보존하고 소중히 하기를 힘써야 하며, 생명을 파괴하고 억압하는 것은 악한 것이기에 불가피한 사유가 아니면 생명을 훼손하지 않도록 해야 할 것이다.

4. 기독교의 창조신앙

기독교의 창조신앙에 따르면, 이 세상에 존재하는 모든 생명과 그들을 둘러싸고 있는 모든 생태환경은 창조주에게 속해 있다. 창조주 하나님은 이 세상을 선하게 창조했으며 창조 세계 안에는 그의 신성과 온전함이 깃들여 있다. 따라서 모든 세계는 하나님의 소유인 것이다. 인간은 하나님에 의해 창조된 피조물로서 자연의 주인이 아니라 자연과 동등한 피조물 중 하나이다. 인간이 피조물이라는 사실을 망각하게 될 때 인간은 자연을 지배하고 군림하게 되며, 결국 자신의 생존까지도 위협하는 무모한 도전을 계속하게 된다.

인간이 하나님의 형상으로 창조되었다는 점은 창조세계에 대한 인간의 책임을 강조한다. 모든 피조물 가운데 인간만이 하나님의 형상으로 창조되었다는 것은 인간이 하나님을 대리하여 하나님의 뜻인 창조와 정의, 그리고 사랑을 모든 피조세계에 펼칠 책임이 있다는 뜻이며, 파괴되고 왜곡된 자연 환경을 온전하게 회복할 책임 또한 부여되었다는 뜻이다. 따라서 인간은 선한 청지기로서 하나님의 뜻에 합당하게 자연과 생태계의 생명체들을 보존하고 보호할 의무와 책임이 있다는 것이다.

따라서 인간이 선한 청지기로서 살아간다는 것은 생명의 창조자이신 하나님이 인간에게 요구하시는 생명존중과 생태회복의 과제에 책임 있게 응답할 것을 요구한다. 이러한 요구 앞에 설 때, 우리가 자신만의 유익을 추구하는 탐욕적인 소비자(greedy consumer)가 될 것인가 아니면 환경에 대한 신중한 보존자(careful preserver)인가에 대한 답변은 자명하다.

생명은 서로 의존하는 상생과 공생의 관계에 있으며, 인간은 하나님께로부터 모든 생명을 돌보아야 할 청지기로서의 책임을 위임받았다. 인간은 자연 생태계 없이는 생존할 수 없다. 인간이 자연을 파괴할 때, 자연 생태계는 인간의 생존을 위협하는 힘으로 나타나게 된다. 따라서 선한 청지기로서 인간은 하나님이 선하게 창조하신 자연 생태계를 사랑하고 돌보며 가꾸어야 한다. 비록 인간이 하나님의 형상으로서 하나님과의 독특한 관계성 속에 있다 할지라도 인간도 자연에 속하며, 자연의 일부임은 부인할 수 없다. 그러므로 인간은 하나님께로 부여받은 창조성과 지혜를 가지고 자연을 지배, 통제, 그리고 착취하는 것이 아니라 상호의존, 상호존중, 그리고 협력의 구도 속에서 하나님이 주신 지혜를 선하게 사용하여 하나님 앞에서 생명공동체의 온전성을 회복해야 할 책임이 있다.

환경 문제는 인간뿐만 아니라 지구 생태계에 속한 모든 생명체들의 생존과 직결되는 생존의 문제이다. 따라서 환경 문제를 해결하기 위해서는 보다 근본적인 삶의 변화가 필요하다. 즉 소비 지향적인 생활 방식에서 나눔과 공존을 위한 생태 친화적인 생활방식으로 바뀌어야 한다. 환경보전은 하나님이 창조하신 선하고 아름다운 생명공동체를 보전하고 살리는 길이다. 만약 인간이 자신만의 유익을 위해 자연환경을 파괴하고 오염시키고 착취한다면, 이는 하나님이 우리 인간에게 허락하신 책임을 망각하는 것이며 그 결과로 인해 돌이킬 수 없는 파멸을 초래하게 될 것이다.

Ⅳ. 질문과 대답

1. 불살생을 강조하는 불교나 자이나교는 환경친화적인 종교인 반면, 기독교는 "생육하고 번성하라, 땅을 정복하라"는 성경구절을 볼 때 반생태학적 종교 아닌가요?

환경 파괴의 근본원인은 서구 르네상스로부터 시작된 인본주의 전통의 영향을 받아 자연을 인간중심주의적으로 잘못 이해하게 되었기 때문이지 기독교 때문만은 아닙니다. 오히려 기독교의 창조신앙은 온전한 창조질서의 보존과 회복을 강조합니다. 기독교의 창조신앙은 하나님의 선한 뜻으로 창조된 창조세계를 잘 돌보고 가꾸도록 강조하기에 자연친화적인 성격을 지닙니다.

2. 인류 역사를 보면 기후변동에 의해 문명의 성쇠가 크게 좌우되었던 적이 있었는데, 지구 온난화에 대한 해결책이 궁금합니다.

지구온난화를 멈출지의 여부가 인류를 포함한 지구 생태계의 생존여부를 결정할 만큼 중대한 문제입니다. 지구온난화를 해결하기 위해서는 지구촌의 모든 구성원들이 문제의식을 갖고 함께 온실가스 배출을 줄이기 위한 현실적인 해결방안을 모색하여 실천해야 합니다. 또한 공유재의 비극이 발생하지 않도록 외부효과를 내부효과로 돌리고, 무임승차가 발생하지 않도록 모두 구성원들이 책임의식을 갖고 탄소배출을 적극 줄이는데 힘을 쏟아야 합니다.

V. 토론주제 및 참고자료

1. 토론주제

1) 아바타 영화를 보고, 나비족의 생활방식을 통한 교훈을 토론해 봅시다.
2) 환경문제는 경제문제와 밀접하게 연관되기에 해결하기가 쉽지 않습니다. 미국이 교토의정서에서 이미 탈퇴하였고, 최근에는 파리 기후협약에서도 탈퇴를 선언하였습니다. 탄소배출권 거래제도가 지닌 한계점과 이를 해결하기 위한 방안에 대해서 토론해 봅시다.
3) 환경문제를 해결하기 위하여 우리가 실천할 수 있는 구체적인 방안들을 논의해 봅시다.
4) 현재 시행되고 있는 에너지 정책의 문제점을 알아보고 그 대안을 찾아봅시다.
5) 최근 정부는 탈원전 정책을 펼치고 있는데, 현실적으로 원전에 많이 의존

해 있는 상황이기에 해결하기가 쉽지 않습니다. 탈원전을 위한 대체 에너지 개발이 시급한데 대체 에너지의 현황에 대해 알아봅시다.

2. 참고자료

김균진, 『자연환경에 대한 기독교 신학의 이해』, 서울: 연세대학교 출판부, 2009

이종원, 『기독교 윤리로 보는 현대사회』, 성남: 북코리아, 2011.

조용훈, 『기독교 환경 윤리의 실천과제』, 서울: 대한기독교서회, 2002.

Nqsh, James A, 이문균 역, 『기독교 생태윤리』, 서울: 한국장로교출판사, 1997.

기독교와 생명

– 맞춤아기와 인공지능 시대의 기독교윤리

Ⅰ. 문제제기

과거 인간은 질병의 이름조차 모르는 시대에 살면서 그 질병에 노출된 채 목숨을 잃었다. 특히 흑사병과 같은 질병이 등장하면서 수많은 사람들이 희생됐다. 그러나 시간이 지나고 의학 기술이 발전하면서 과학자들은 마침내 현미경을 발견하고 나서 질병과 바이러스의 존재를 밝혔다. 이후 과학자들은 연구를 거듭하면서 바이러스에 저항력이 있는 약을 개발하여 인류를 질병에서 해방시킬 수 있었다. 지난 과거 생명공학자들은 인류의 질병을 정복하는 데 많은 기여를 했지만 여전히 치료할 수 없는 여러 질병들을 연구하는 과정에서 마침내 유전자 지도, 즉 게놈(Genome) 지도를 완성하게 되었다.

과학 기술의 발달로 인류는 이제 질병 치료를 넘어 생명 복제 기술을 통해 수명을 할 수 있는 가능성을 열어두고 새로운 생명공학 기술을 고안해 내는 데 성공했다. 현대 생명공학 기술은 동물과 식물의 성장 속도를 마음대로 조절하는 기술에 멈추지 않고 동물을 복제하는 기술까지 선보였다. 이제 생명공학 기술은 동물이나 식물의 복제를 넘어 인간 유전자 편집 기술까지 도전하고 있다.

생명공학 기술은 단순한 인류의 질병 치료를 넘어 인간의 유전자를 조작하고 그 유전자를 통해 보다 뛰어난 유전자를 만드는 기술까지 도달하면서 새로운 윤리적 논란에 봉착하게 됐다. 또한 4차 혁명 시대가 오면서 인공지능 기술을 탑재한 로봇이 등장하여 많은 윤리적 문제를 야기하고 있다. 미래 세대에는 복제 기술, 인공지능 탑재 등과 같은 기술과 더불어 이러한 윤리적 문제를 논의하기 위해서 우리는 생명윤리학을 필요로 하게 되었다.

Ⅱ. 개념설명

1. 생명윤리란 무엇인가?

생명윤리(bioethics)는 인간이나 동물을 대상으로 연구하는 연구자들에게 전문적인 윤리 이론을 제공하고 일반인들에게는 생명을 대할 때 지켜야 할 기본적인 윤리적 규범을 제시하는 학문이다. 의학의 발달로 기존의 윤리 이론에서 적용될 수 없는 여러 의료 현장에서 발생되는 상황들을 윤리적으로 논의하는 과정에서 생명윤리 또는 의료윤리가 주목받게 되었다.

생명윤리는 서구에서 "bioethics"란 명칭으로 사용되어졌고, 주로 의생명과학의 발달이 제기한 윤리적이고 법적인 문제들을 다룬다. 특히 생명윤리는 인간의 생명과 존엄성에 관련된 여러 의료 행위들과 관련되어 있기 때문에 생명윤리는 생명과 관련된 다양한 영역으로 나눈다.

첫째, 생명윤리는 인간의 생명을 다루는 윤리학이다. 생명윤리는 인간의 출생과 질병 치료 그리고 유전자 검사를 비롯해서 인간의 죽음까지 다루는 학문이다. 우선 인간의 출생과 관련해서는 의사들이 수정란을 통해 인간의 유전자를 복제하는 기술과 임신중절(낙태) 과정에서 나타난 윤리적 문제를 다룬다.

다음으로 인간의 질병을 치료하는 과정에서는 장기이식과 유전자 치료 등에 나타난 윤리적 문제를 다룬다. 특히 DNA의 구조를 분석하고 유전자 지도를 완성한 과학의 발달을 염두에 둘 때, 과학자들이 유전자를 가지고 질병을 치료하는 과정에서 많은 윤리적 문제가 발생된다. 심지어 인간 유전자를 인위적으로 조작하여 질병을 진단하고 신체를 개량하는 기술이 등장하면서 맞춤아기를 기술까지 확장되어 윤리적 논의가 필요하게 되었다. 영화 가타카(Gattaca)는 맞춤아기를 보여주는 가장 대표적인 영화이다. 이 영화는 부모가 미래의 아기 유전자를 선택하여 맞춤형으로 제작하는 기술을 선보인다.

2. 맞춤아기 기술

맞춤아기 기술은 산전 진단을 통해 질병을 가진 유전자를 제거하고 그 자리에

정상 유전자를 편집하여 건강한 아기가 태어나는 것을 말한다. 말 그대로 맞춤 아기는 과학자들의 손에 의존해서 아기를 만들어 내는 '디자인 베이비(designed baby)'로 표현되어진다.

현재 영국에서는 과학자들이 유전질환을 가진 유전자에 건강한 유전자를 집어넣는 '유전자 편집기술'을 시도하고 있다. 과학자들은 이 기술을 통해 유전질환은 없애고 건강한 유전자를 가진 아이를 태어날 수 있게 돕고 있다. 가까운 미래에 과학자들은 건강한 유전자만을 선별하여 아이를 만들 수 있는 기술을 선보이고 있고 아이들이 과학 기술에 의해 '제작되어' 태어날 것으로 예상된다.

3. 4차 혁명과 인공지능 기술

4차 혁명이란 인공지능, 사이보그, 빅데이터, 생명공학 등 의료복지와 서비스 전문직 등의 고용이 증가될 것으로 전망하는 가운데, 기술발전으로 인해 (인공지능) 로봇이 단순한 노동을 대체하고 '포스트 휴머니즘' 시대를 예고하는 사회적 흐름을 일컫는다. 이 용어는 지난 2016년 1월 20일 스위스 다보스에서 열린 '세계경제포럼'에서 처음으로 언급되었다. 1차 산업혁명(증기기관, 1784년), 2차 산업혁명(전기 동력생산, 1870년대), 3차 산업혁명(컴퓨터, 정보통신의 발달)의 과정을 거쳐 4차 산업혁명이 등장했다. 4차 혁명이 등장하면서 이 사회에 가장 주목받는 기술은 인공지능 기술이다.

인공지능 기술은 인간의 두뇌와 같은 기능을 가진 로봇이 인간처럼 사고하거나 구현하는 능력을 말하는데, 인간의 학습 능력과 이해력 등을 흉내 내는 기능을 가진 컴퓨터 기술을 일컫는다. 인공지능 기술로 태어난 로봇은 '사이보그'라고 부르는데 이 로봇은 사람처럼 행동하고 생각할 수 있는 기술로 구현되어 만들어졌다.

Ⅲ. 주제강의 : 미래 생명공학 기술과 기독교 윤리

1. 맞춤아기와 배아복제의 윤리적 문제

영화 가타카는 가까운 미래에 우리에게 '맞춤아기'가 실현될 가능성을 보여주고 있다. 영화 속 부부는 자연 임신을 통해 출생한 아이를 키우고 있었다. 그러나 그 아이는 사회가 원하는 아이가 아니었다. 영화 속 사회는 이미 유전자 조작으로 우수한 형질을 가진 아이들이 태어나 살아가는 곳이었다. 이 사회에서 자연 임신 과정을 거쳐 태어난 아이는 맞춤형 유전자를 물려받아 태어난 아이와 지능이나 신체 등에서 여러 가지로 차이가 난다. 영화 속 주인공의 부모도 자연적으로 태어난 아이가 사회에서 천대받을 것을 알고, 동생은 맞춤형 아기를 만들기로 마음먹고 병원을 찾았다. 이 병원에서는 눈동자 색깔, 머릿결, 지능, 혈액형을 선택하고 질병을 가진 유전자를 모두 제거하고 우수한 유전자만을 골라 아이를 '제작'하고 있었다. 부부는 의사에게 우수한 유전자만을 골라서 아이를 만들고 싶다고 제안하고, 결국 우수한 유전자를 가진 동생이 태어났다. 영화의 시작은 지금 우리에게 현실로 다가오고 있다. 맞춤아기가 사는 세상, 그 세상은 어떤 윤리적 문제가 등장하게 될까?

복제 기술은 분명 인류에게 장점도 제공해준다. 먼저 복제기술은 질병치료와 불임부부에게 희망을 가져다 줄 수 있다. 불임부부에게 배아 복제기술은 충분한 수(數)의 배아를 확보해서 임신성공의 가능성을 실현케 할 수 있다. 게다가 복제기술을 통해 얻을 수 있는 것은 심각한 유전적 질환이나 이를 대비한 사전 진단이 가능하다. 그리고 분화전능세포라 불리는 배아줄기세포를 통해 많은 사람들이 질병치료의 혜택을 누린다는 점에서 그 가치를 헤아릴 수 없다.

최근 과학의 발달로 인간 배아를 대상으로 하는 실험들이 늘어나고 있다. 배아는 정자와 난자가 만나 결합된 수정란 이후의 상태를 말한다. 최근 들어 배아나 유전자 조작과 같은 연구들이 활발하게 진행되는 가운데 이들에 관한 윤리적 논의가 절실하다. 특히 맞춤아기와 인간복제와 관련된 윤리적 논쟁은 인간존엄성과 관련되기 때문에 더욱 필요로 하게 됐다. 미래 어느 순간 인간이 복제

된다면, 우리들은 무엇을 어떻게 준비해야 하는가? 그리고 우리는 이 문제를 어떻게 다루어야 할까?

2. 인간복제 이야기와 기독교 윤리

첫째, 인간 복제 기술은 여러 윤리적 문제를 가지고 있다. 현재 많은 과학자들이 동물복제 기술을 선보이고 있다. 이미 국내에서도 영롱이를 비롯해서 많은 동물 복제 기술이 성공적으로 이루어졌다. 이 과정에서 많은 배아가 손실된다. 뿐만 아니라 많은 시도 끝에 이루어진 동물복제에서 태어난 생명은 기형으로 자라거나 성장 이후에도 온전한 생명으로 생(生)을 마감하지 못하고 일찍 죽었다. 동물복제에서 살펴볼 수 있듯이 인간복제 기술과 맞춤형 인간을 만들 때 기술의 불안정성은 가장 큰 윤리적 문제로 제기된다. 만약 태어날 아이를 맞춤형으로 조작하거나 유전자를 인위적으로 만들어서 아이가 태어날 경우, 기술의 불안정성으로 기형아기가 태어날 가능성도 염두에 두어야 한다.

인간개체복제 기술은 기술적 불안정성을 가지고 있으면서도 그것이 가져다 줄 유용성으로 인해 인간을 대상으로 하는 복제 기술이 시도될 수 있다. 인간복제의 기술은 아직 미완성이다. 복제 기술의 불안정성은 기형아와 조산아를 출산할 수 있고, 예상치 못한 아이를 가질 수 있다는 것을 상정해야 한다.

복제양 돌리가 영국에서 복제될 당시 체세포 핵 이식의 융합 시도가 무려 430번 이상 시도 되었고, 277개의 잉여배아가 만들어졌다. 이 277개의 배아 중에서 오직 29개만이 생존할 수 있었고 그 가운데 단 하나의 배아만이 출산했다. 다른 실험들의 경우, '낭비된 배아'의 일부는 비정상이고 인공 유산되었다. 이처럼 복제 기술을 인간을 대상으로 사용할 때, 얼마나 많은 배아가 버려지고 낭비될 것인가? 얼마나 많은 태아가 유산될 것인지 우리를 심각한 고민으로 빠져 들게 한다. 만약 배아 줄기세포 그 자체를 생명으로 간주한다면 생명존엄성에 대해 어떻게 피할 수 있을 것인가? 태아로 이어지기 이전의 배아줄기세포가 인간 생명의 시작이라는 주장에 근거할 때, 배아를 복제하는 시도는 많은 생명체를 희생시키는 문제점을 안고 있다.

3. 생명복제 시대에 유전자 계급 사회

복제 기술의 발달은 인간의 본성을 기술에 종속시킬 수 있게 만든다. 인간의 출산이 '자연적' 과정에서 비롯된 것이라면, 복제 기술은 인간이 기술을 이용해서 자연적인 과정을 조작해서 인위적으로 만들고 있다. 이제 이 기술이 보편화될 경우, 인간은 출산의 과정에서 제작의 과정으로 이어지게 된다. 더 이상 인간은 남녀 간의 사랑의 존재론적 결합으로 인해 태어나는 것이 아니라 기술에 의해 제작되어 만들어지게 된다.

인간개체복제를 시행할 때, 미래 사회에 새로운 우생학이 등장하게 된다. 과거 우생학은 우수한 신체를 가진 사람을 선별하는 생물학적 도구로 사용되었다. 이제 다가올 미래에는 유전자의 형질을 선별하여 우생학 시대가 오게 될 것이다. 인류 종의 개선을 목표로 하는 우생학은 물론 사회계층의 차별문제, 종의 다양성 상실 문제들을 동시에 내포하고 있다.

우생학은 유전자의 선별과정에서 인간을 도구적으로 간주할 수 있다. 인간의 삶이 다른 존재자의 삶과 다른 것은 그것이 일방적으로 주어져 있는 궤도를 따르지 않는다는 것, 즉 자기 삶의 저자는 오직 자기 자신일 수밖에 없다는 엄연한 사실에서 기인한다. 인간의 존엄성과 인격의 고유한 가치는 바로 이러한 삶의 고유성과 독립성, 그리고 침해 불가능성에 놓여 있는 것이다.

하버마스(J. Habermas)는 생명 공학 기술은 자유주의적 우생학자들이 생각하는 만큼 인간의 삶에 결정적인 기여를 하지 못한다고 말한다. 그는 생명공학 기술은 오히려 '인간 자연의 기술화'를 통해서 한 인간의 정체성이 인류 전체의 자기 이해의 문제를 새롭게 제기할 뿐이며, 인류가 지금까지 겪어온 그 어떤 다른 위험보다도 더욱 위험한 상황을 빚어내고 있다고 말했다. 결국 이런 위험 상황의 심각성을 눈치 챈 사람이라면 생명공학 기술이 마구 그려내는 장밋빛 꿈에 현혹되지 않고, '성장한 것'과 '만들어진 것' 사이의 인지된 경계 허물기가 프로그램화 되어진 인격체의 자율적 삶의 영위와 도덕적 자기 이해에 대해서 영향을 끼친다면 어떤 결과를 초래할 것인지 그 결과가 과연 인류에게 축복일지 재앙일지를 묻지 않을 수 없는 것이라고 말한다.

끝으로 복제 기술은 종의 차별과 사회계층의 차별을 가져올 수 있다. 맞춤형 아기가 현실적으로 고비용을 요구하는 것이라면 이 선택은 아마도 부유층들이 누리게 될 것이다. 고비용이 드는 인간복제를 막기 이전 계층 간의 불균형을 막는 방법은 현실적으로 불가능하다. 오늘날 계층 간의 불균형은 이루 말할 수 없다. 부유한 사람은 양질의 교육과 문화생활을 즐길 수 있는 다양한 혜택을 누릴 수 있다. 이런 자본주의 사회의 빈부격차는 또 다시 유전자 선택의 차별로 나타난다. 유전자 차별은 곧 인류의 종의 차별로 이어질 가능성이 다분하다.

한국은 지금 양극화로 심한 차별이 발생하는 사회이다. 이런 사회적 구조 속에 유전자 혜택에 따른 차별이 발생할 경우, 새로운 유전자 계급이 생길 수 있다. 이 사회는 이제 우리에게 새로운 윤리적 과제를 남기고 있다.

4. 4차 혁명 시대의 인공지능과 기독교 윤리

4차 혁명이 오면서 인류의 편리함을 가져다 줄 인공지능 로봇이 등장하고, 인간의 수명을 연장하는 여러 생식보조 기술이 선보이게 되면 인류는 수명연장 및 의료복지의 혜택은 물론, 인공지능 로봇이 인력을 대체하게 될 것이다. 4차 혁명시대가 오면 인간의 삶은 안전할 수 있는가? 먼저 인류는 일자리 상실 및 인간 존엄성 상실을 가져올 수 있다. 인공지능 로봇이 인간처럼 사유하는 능력을 가지게 되고 이성적 판단을 할 능력을 가졌다면 그들과 인간의 경계선은 허물어질 것이다. 뿐만 아니라 4차 혁명시대에 복제 기술이 더 발달하여 과학자들이 인간복제 기술을 선보이게 되면 인간 본성의 상실과 길들이기, 인간 삶의 유한성 상실, 공동체 연대감 상실을 가져오게 된다. 무엇보다 인간이 인간을 창조하는 '신(神) 놀이'를 하게 되고, 자연적인 창조질서의 역행을 가져오게 될 것이다.

Ⅳ. 질문과 대답

1. 맞춤아기와 유전자 편집 기술 시대에 태어난 아기는 우리와 어떤 삶의 차이가 있나요?

맞춤아기와 그 기술을 이용하지 않는 아이 사이에는 유전자 선별 기술 혜택 여부에 따른 지능, 신체적 조건 등의 차이를 가질 가능성이 있습니다. 만약 우수한 유전자를 가지고 태어난 아이와 그렇지 못한 아이가 있다면, 이 사회에서 어떤 사람들이 많은 혜택을 받게 되는지 우리는 짐작하게 됩니다. 그 기술의 혜택 여부는 신분 상승과도 관련되기 때문에 이 기술은 '유전자 차별'을 부추길 수 있습니다.

2. 인간복제 시대와 인공지능 시대에 인류의 미래와 삶에 변화에 나타난 윤리적 과제는 무엇인가요?

인간복제 시대와 인공지능 시대가 등장하면 인류는 그 만큼 많은 기술 혜택을 누릴 수 있게 됩니다. 하지만 자칫 기술의 편리함 때문에 우리는 인간의 삶에 가치를 놓치게 됩니다. 인간은 누구나 죽게 됩니다. 인간은 유한한 존재입니다. 그러나 미래에 인간의 생명이 유한성을 잃게 되고 대신 인류가 영생을 꿈꾸는 기술을 개발하게 된다면, 인간은 무한히 살 수 있게 됩니다. 그러면 인간은 신처럼 되려는 '호모 데우스(homo deus)'를 꿈꾸게 됩니다. 인간이 무한히 살 수 있게 된다면 어떻게 될까요? 인간 삶은 유한할 때 스스로에 대한 소중함을 알게 됩니다.

Ⅴ. 토론주제 및 참고자료

1. 토론주제

1) 생명공학 시대에 인간 유전자 조작으로 태어난 '맞춤아기' 기술의 장점과

단점을 살펴보고 문제점에 관한 대안은 무엇인지 논의해 봅시다.

2) 인공지능 기술이 발달해서 인간과 똑같은 사유의 능력을 가진 로봇이 등장하면 그들의 지위는 어떻게 되고 그들에게도 인격체로 간주해야 하는지 논의해봅시다.
3) 인류가 지나치게 과학기술에 의존하게 될 때, '인간성(humanity)'의 상실과 영원히 살 수 있는 인류가 등장한다면 기독교적 입장에서 영원한 삶을 누리는 인류를 어떻게 바라보아야 할지 토론해 봅시다.

2. 참고자료

영화 〈가타카(Gattaca)〉, 〈아일랜드(Island)〉

신상규, 『호모사피엔스의 미래』, 파주: 아카넷, 2014.

마이클 샌델(M. Sandel), 이수경, 김선욱 공역 『완벽에 대한 반론』, 서울: 와이즈베리, 2016.

기독교와 문화

– 소통을 위한 대중문화 이해

Ⅰ. 문제제기– 대중문화, 이미지의 대량 복제 시대를 열다

이미지가 리얼리티에 단순히 영향을 주는 것을 넘어서 종종 이미지가 리얼리티를 집어삼키는 현상은 포스트모던한 사고방식과 후기산업사회를 반영한다. 감각적이고 즉흥적인 것을 원하는 대중들의 기호를 반영하여 빠르게 자본을 회전시켜 이윤을 극대화할 필요가 있는 산업의 주체들은 광고를 통하여 대중들에게 호소한다.

이미지 조작의 대표적인 행위인 광고제작은 포스트모던한 영상의 특성을 잘 말해주고 있다. 상품과는 아무런 관련이 없는 음악과 영상, 주로 섹시한 이미지를 강조한 영상들이 소비자들의 성욕과 소비 욕을 강화하고 있는 것이다. 데이비드 하비는 이러한 포스트모던한 영상문화의 특성을 다음과 같이 설명하고 있다.

이미지의 복제가 뛰어날수록 이미지 메이킹을 위한 대중시장이 더 커질 수 있다. 이것은 본질적으로 중요한 이슈이며 이로부터 우리는 포스트모더니즘에서 '시뮬라크르'(simulacra)의 역할을 보다 분명하게 생각할 수 있다. 시뮬라크르는 모조품과 진품을 구분할 수 없을 정도로 거의 완벽하게 복제한 상태를 뜻한다. 시뮬라크르로서의 이미지 생산은 현대 기술을 감안한다면 비교적 손쉬운 일이다. 정체성이 점차 이미지에 의존하는 것은 곧 정체성들의 연속적이고 순환적인 복제가 실제로 가능해지고 또 실제로 문제가 됨을 의미한다.[1]

광고 영상뿐만 아니라, 최근엔 뮤직 비디오, 드라마, 영화 등도 광고 영상과 같

1 데이비드 하비, 구동회 역 『포스트모더니티의 조건』(서울: 한울, 2013), 337.

이 빠르고 강한 이미지들을 전송한다. 영상매체는 문자매체에 비하여 훨씬 더 적극적이고 직접적인 자극을 대중들에게 전달함으로 호소력이 강한 장점을 가지고 있다. 이런 장점을 제대로 활용한다면 대중들에게 보다 더 효과적이고 효율적인 계몽과 교양을 제공할 수 있고 예술적 욕구와 재미에 대한 욕구를 충족시켜 줄 수 있다.

반면에 부정적인 영향으로는, 영상매체의 특성인 사람들의 눈에 자극을 주어 호소하는 방법이 점점 더 상업적으로 흐르면서 선정적이고 폭력적인 대중문화 콘텐츠가 증가하게 되었다. 또한 재미있는 게임, 영상 등이 많이 생산되고 쉽게 핸드폰으로 볼 수 있는 시대가 되었기에 과도한 시간의 소모 또한 큰 문제이다. 문자 텍스트에 대한 관심이 급격하게 줄어들고 책 읽기와 글쓰기에 대한 관심 감소 및 능력저하 현상이 청소년, 청년 전반에 나타나고 있다.

Ⅱ. 개념설명

1. 문화의 정의

에드워드 버네트 타일러는 1871년 그의 사회인류학 저서에서 "문화 또는 문명이란 제 민족의 양식을 고려할 때 한 사회의 구성원이 갖는 법, 도덕, 신념, 예술, 기타 여러 행동 양식을 총괄하는 것이다."라고 정의한 바 있다. 이 말의 뜻은 문화란 인간의 생물적인 본능에 의한 것, 유전에 의한 것이 아닌 신념과 사상, 가치에 의해서 만들어진 것이란 뜻이다.[2]

사회적 가치, 유행, 선호도, 종교적 가르침에 따라서 사람들의 행동이 영향을 받는다. 그래서 동물에게는 문화가 없어도 인간에게는 있는 것이다. 유대교, 이슬람교에서는 돼지고기 먹는 것을 금한다. 그 가치에 따라 형성된 그들의 음식 문화에는 돼지 고기 요리들이 존재하지 않게 되는 것이다. 어떤 가정의 가르침

2 유태용, 『문화란 무엇인가?』(서울:학연문화사, 1999)

이 빨간 색 옷은 입지 말라고 한다면, 그 가정에서 자란 자녀들은 빨간 색 옷을 기피하게 되는 것과 같은 이치이다.

2. 기독교 문화의 정의

기독교인들이 기독교 세계관에 따라서 살면서 문화를 형성하고 개혁해 나가는 것을 통해서 이룬 삶의 총체 혹은 양식을 기독교 문화라고 할 수 있다. 그 정신의 특징을 설명한다면, '하나님을 사랑을 하고 이웃을 사랑하여 사회 속에서 정의, 평화, 섬김을 실천하는 것'이라고 할 수 있다.

성경에서는 이웃 사랑을 강조하면서, 그 가운데서도 특별하게 연약한 이웃을 섬기라고 권면하고 있다. 구약에서 연약한 이웃은 고아, 과부, 나그네였다. 부모가 없고 남편이 없고 집과 고향이 없는 사람들을 말하고 있다. 이들은 신약에서는 마태복음 25장에서 예수 그리스도께서 마지막 심판 날에 대한 설명 가운데서 '소자'(작은 자)란 개념으로 다시 언급이 된다. 소자에게 선을 베푼 것이 그리스도께 한 것이며, 소자에게 선을 베풀지 않은 것은 그리스도께 하지 않은 것이라는 충격적인 말씀이었다.

3. 대중문화

문화가 앞서 소개했듯이 오랜 세월에 걸쳐서 그 시대의 가치관에 따라서 형성되어 왔다. 조선시대의 유교 문화라고 하면, 수백 년 동안 유교의 가르침에 따라서 '삼강오륜'을 강조하여 형성된 문화가 있다. 하지만 최근의 매스 미디어의 발달로 이루어진 대중문화는 빠르게 미디어를 통하여 가치와 선호도를 만들어 갈 수 있기에 수백 년, 수십 년이 아닌 한 달 안에도 특징적인 문화를 만들어낼 수 있다. 대중문화는 재미와 돈을 매개로 하여 대중적인 인기가 큰 돈 벌이가 되는 문화 산업으로 발전했다. 드라마, 가요, 영화, 광고에 따른 수많은 스타들과 CF영상을 생산해내고 있다.

100년 전, 200년 전에 김연아 같은 선수가 있었어도 중계방송을 하지 못하고 세계적으로 알려지지 않는다면, 지금 같은 유명세와 광고료 수입을 기대할 수 없었을 것이다. 수지, 설현이라는 가수들도 그저 음반으로만 승부를 하던 70-80년대 가수였다면, 과연 일 년에 백억이 넘는 돈을 벌고 있을까? 이런 특이한 현상들이 바로 대중문화가 매스 미디어에 의해서 폭발적인 성장과 함께 세계를 빠르게 묶어내고 시장이 확대되었기 때문에 나타나고 있는 것이다.

Ⅲ. 주제강의

1. 대중문화 활성화의 배경 및 특징들

대중 문화가 활성화되는 것에 정신적인 사상의 기반이 된 것은 바로 포스트모더니즘이다. 모더니즘과의 연속성을 주장하는 학자들도 있지만, 차별성이 더욱 두드러지게 나타났다고 볼 수 있다. 모더니즘은 인간의 이성과 그 이성의 능력에 따른 사회 질서와 평화, 합리적인 세상을 낙관하는 사조이다. 모더니즘이 주류를 이뤘던 유럽의 20세기 초 중반에 바로 1차, 2차 세계 대전이 일어났다. 데리다, 푸코, 료타르 등 프랑스 지성인들을 중심으로 독일의 관념론 철학에 대한 반발의 움직임이 일어났다.

모더니즘이 만들어 낸, 독일 등 여러 나라들이 효율적인 질서와 중앙집권적인 국가 권력을 동원해 대규모 전쟁을 치렀고 악몽의 역사를 만들어 냈다. 따라서 대중문화의 정신적 배후에는 이성에 대한 회의, 곧 합리주의에 대한 회의, 국가, 전체, 이데올로기에 대한 회의가 있다. 락큰롤과 히피의 정신에는 국가권력과 전쟁에 대한 거부가 들어 있다. 따라서 개인적인 취향 존중과 개성, 그리고 일상생활의 소중함을 강조하는 대중문화와 포스트모더니즘은 친화력이 있는 것이다. 게다가 매스 미디어의 발달을 가져오게 한 방송 장비와 컴퓨터의 급속한 발달, 인터넷의 개발과 발전 등도 대중문화 활성화의 주요 원인이 되었다.

우리나라의 최근 역사와 문화의 특징을 보면, 70-80년대에는 대학 문화의 큰 축이 독재 정권 타도였다. 그래서 늘 큰 이야기들, 민주화, 남북통일, 인권, 정의, 환경 등에 대한 관심이 많았다. 방송도 마찬가지다. 요리를 방송하고 연예인들이 여행 다녀온 이야기를 매주하고 그런 방송을 하면 보는 사람도 없을뿐더러 욕을 먹는 시대였다. 그러나 요즘을 보라! 매일 맛 집 찾아다니고, 연예인들의 여행담, 요리 프로, 연예인들이 나와서 노는 것을 중계하는 예능 프로들이 주류 방송 콘텐츠가 되고 있다.

2. 대중문화 활성화의 순기능(장점들)

1) 값싸고 빠르게 정보 공유

텔레비전 보는 값, 영화 보는 값, 인터넷 사용 값 모두 싸야한다. 만일 영화 비용이 5만원이라고 한다면, 천만 관객이 나올 수 있을까? 불가능 할 것이다. 인터넷 사용료가 한 달에 10만원, 20만원이라고 한다면 많은 사람들이 사용을 못할 것이다. 서민들도 사용할 수 있도록 비용이 싸진 것이 매우 중요한 점이다.

2) 양방향 소통으로 민주화에 기여

시청자 게시판에 의해서 드라마의 결말이 예고되었던 것이 바뀌기도 한다. 지방에서 서울까지 올라와서 자신의 견해를 말해야 했던 시대와 달리 지금은 인터넷으로 의사 표현을 할 수 있다. 청와대에 신문고라는 인터넷 방이 있어서 전국에서 누구나 글을 올려서 민원을 제기할 수 있게 되어 있다.

3) 재미, 오락에 대한 욕구 충족(여가 시간 사용)

인간은 공부만 하고 일만 하고 만족할 수 있는 존재가 아니다. 여가 시간에 즐거움을 원한다. 스트레스 해소를 원한다. 그것에 부합하여 대중문화의 많은 생산물들은 대중들에게 즐거움과 쉼을 주게 되었다. 혼자 사는 사람들도 증가하는 데, 외로움을 달래 주는 좋은 친구가 되어 주고 있다.

4) 글로벌화를 통한 시장 확대, 영향력 확대

싸이의 '강남 스타일'이 세계적으로 히트를 치면서 소속사인 'YG엔터'는 주식

값이 폭등했다. 그 시세 차익이 천억 원이 넘었다고 한다. 80-90년대 가요계라면 이런 일이 일어날 수 있었을까? 불가능한 일이다. 시장이 넓어지고 커졌다. 그리고 신속하게 유행할 수 있는 환경이 만들어졌다. 이 지역에서만 팔 수 있었던 물건이 전국적으로, 그리고 우리나라를 넘어서 전 세계 시장으로 진출할 수 있게 된 것이다.

5) 학력, 재산의 차이, 서울과 지방의 격차를 줄였다

대중문화를 누리기 위해서 많은 공부를 해야 하거나 많은 돈이 들이 않는다. 서울 중심의 문화였기에 지방은 소외되었었는데, 그 격차를 미디어를 통해서 많이 줄일 수 있게 되었다.

3. 대중문화 활성화의 역기능(단점들)

1) 여가 시간과 힘(정성)의 과도한 소모(중독증)

대중문화에 몰입되는 시간이 증가함에 따라 자신을 위한 발전의 시간들이 줄어들고 있다. 또한 내가 직접 운동하고 친구들과 교제하는 시간이 줄고 그저 핸드폰이나 티브이를 쳐다보는 시간이 늘었다. 인간관계의 약화현상이 나타나고 있다.

2) 스포츠, 연예인 등 스타들에 대한 환상(현실감 결여)

사실 어떤 선수가 이겨서 연봉이 올라가는 것은 나의 현실 생활과 무관하다. 그저 심정적으로 같은 국민이고 내가 좋아하는 선수기에 기분이 좋은 것이지, 실생활에 내게 유익이 생기는 것은 아니다. 연예인들에 대한 우상화와 환상이 대중들 자신의 삶의 현실성을 약화시킨다. 타인의 삶에 집중해 있고 자아의 삶에는 무관심을 보이는 기현상을 갖게 한다.

또한 소위 '몸짱'에 대한 동경이 나타나서 행복한 삶과 매력적인 몸매를 갖는 것이 동일 시 되고 있다. 아름다움은 그저 한 인격의 몸매를 칭찬하는 말이 아니라, 그 사람의 삶을 형용하는 말이 되어야 한다. 곧 다른 이웃을 배려하고 가치 있는 섬김의 삶을 사는 사람을 우리는 아름다운 사람이라고 한다. 그런데 이 말이 축소, 혹은 왜곡되어 에스(s)라인의 몸을 가진 사람이 곧 아름다운 사람이라는 착각을 갖게 한다.

3) 비판력 저하, 독서와 글쓰기, 큐티 등 자신의 내면을 돌아보는 관심 적어짐

영상을 보고 자라는 세대, 글을 읽고 쓰는 것이 지루하고 힘들어지게 된다. 빠르게 이해되고 감각적으로 느끼는 것이 중심이 된다. 자기반성을 하면서 이웃을 배려하는 생각을 하기 힘들다. 내 마음을 친구에게, 부부에게도 잘 설명하는 글을 못 쓰는 세대가 되어 버렸다. "그냥 힘들어, 좋아 나빠" 정도의 언어만 쓰게 되면, 마음을 표현하는 구체적인 묘사를 못하게 된다.

4) 상업성이 지나쳐서 폭력과 음란성을 상품화 하는 문제

광고 영상이나 드라마에는 멋진 사람들이 늘 나온다. 부자이고 잘 생기고 예쁘고 20-30대에 이미 모든 것을 가진 사람들이 나온다. 또한 이들이 하는 것은 무엇이든 비판의 대상이 될 수 없고 동경의 대상이 되기 쉽다. 주인공이 하는 폭력과 일탈 행위들도 멋으로 느껴질 수 있다.

5) 글로벌 기업들의 독점으로 약소한 자국의 기업들 도태

1등 기업이 모든 것을 독점하는 세상이 되어 가고 있다. 작은 규모의 상점이나 재래시장, 동네 구멍가게들이 사라져가고 대형 마트와 브랜드 가치를 가지고 있는 24시간 편의점이 자리를 잡고 있다. 값을 싸게 하고 광고를 많이 하는 기업의 제품들이 영세상인들의 생산품들이 설 수 없도록 하고 있다.

이렇듯 대중문화의 역기능들로부터 우리 자신과 이웃을 보호하기 위해서는 기독교의 핵심 가치를 마음에 새기고 대중문화를 비판적으로 수용해야 한다. 하나님 사랑(경외)와 이웃 사랑(배려와 공존) 특별히 약자 배려에 대한 생각을 강조해야 한다. 돈의 가치가 최우선이 되지 않고 사람의 관계를 소중하게 생각되어야 한다. 어린이, 청소년, 그리고 약자들을 배려하고 보호하는 문화를 형성해야 한다.

Ⅳ. 질문과 대답

1. 방송을 많이 보거나 게임을 많이 하는 것은 종교적으로 죄에 해당되나요?

그 자체로서는 죄가 아닙니다. 폭력이나 사기 등 직접 이웃에게 해가 되는 행위가 아니기 때문이죠. 그러나 대학생으로서, 혹은 졸업 후에 사회인으로 자기 시간이 충분하지 않은 데 자유시간의 대부분을 방송을 보고 인터넷과 게임과 소모를 한다면, 자기 발전과 쉼(눈의 휴식도 중요함)이 결핍될 수 있으니 주의를 해야 합니다.

폭력적인 게임에 중독이 되면 아주 안 좋은 컨디션에 있을 때, 폭력적인 행위를 할 가능성이 높아진다는 것은 여러 사건을 통해서 보도된 적이 있습니다. 중독은 무엇이든지 안 좋은 결과를 만들어냅니다.

2. 방송에 보면 결혼하지 않은 커플들이 함께 여행을 하고 잠자리를 같이 한 것과 같은 장면이 많이 나오는데요, 기독교의 가치관으로 어떻게 수용해야 하나요?

시대가 정말 많이 바뀌었습니다. 20여 년 전만 해도 공중파 드라마에서 연인이 키스를 하는 장면도 찾아보기가 힘들었습니다. 그러나 최근 드라마에는 키스 장면도 길고 자주 나옵니다. 그리고 결혼 전의 커플들이 함께 자는 성행위 모습을 상세히 보여주지는 않지만 암시하는 장면들은 종종 볼 수 있습니다. 사실 대중들이 성해방에 대한 논문을 읽고 지적으로 동의하여 그렇게 혼전에 성행위를 해도 좋다, 이렇게 마음먹지는 않았을 것입니다. 그만큼 대중문화의 영향력이 큰 것이지요,

정말 내 이성 친구를 사랑한다면, 그래서 결혼하고 싶다면 더더욱 존중하고 지켜주고 절제해야 더 미래가 행복하지 않을까요? 그리고 만일의 경우, 헤어지게 되더라도 상처도 덜하고 후유증도 최소화되어야 또 시간이 흐른 뒤에 다른 배우자를 만날 수 있겠지요.

Ⅴ. 토론주제 및 참고자료

1. 토론주제

1) 최근 몇 년 안에 가장 인상 깊었던 드라마나 영화를 소개하고 그 이유를 나눠 보세요!
2) 매력 있고 재밌는 광고가 기억난다면 나누어 보세요. 광고를 보고 어떤 물건을 산 경우를 소개해 보세요.
3) 대중매체에서 나오는 영화, 드라마, 뉴스 ... 등을 보고 불편했거나 불쾌한 적이 있었다면 그 이유를 나누어 보세요!

2. 참고자료

김욱동, 『모더니즘과 포스트모더니즘』, 서울: 현암사, 2004.

신국원, 『포스트모더니즘』, 서울: IVP, 1999.

임성빈, 『21세기 문화와 기독교』, 서울: 장로회신학대학교출판부, 2004.

기윤실 편, 『대중문화 더 이상 침묵할 수 없다』, 서울: 예영, 1998.

제임스 사이어, 『기독교 세계관과 현대사상』, 서울: IVP, 2007.

기독교와 평화

– 기독교에서 보는 전쟁과 평화

Ⅰ. 문제제기 – 전쟁이냐? 평화냐?

우리나라는 세계 유일의 분단국이면서 동시에 4대 열강으로 둘러싸여 있다. 이런 지정학적 위치로 인해 늘 긴장과 전쟁의 가능성이 높은 지역이 바로 한반도이다. 북한은 핵무장을 통해서 자신의 안전을 보장받으려고 미국을 비롯한 전 세계에 대해 핵 위기를 증폭시키고 있다. 전쟁이 끝난 상태가 아니라 잠시 휴전을 하고 있는 우리로서는 전쟁이냐 평화냐가 단순한 레토릭이 아니라 가장 중요한 과제이다. 우리는 모두 평화를 원한다. 그러나 분명한 것은 평화는 그렇게 쉽게 오지도 않고, 쉽게 얻을 수 있는 것도 아니다. 오늘 날 우리를 둘러싼 미국과 중국 러시아 일본의 4대 열강들과 어떤 관계를 맺는가에 따라 구한말의 비극을 되풀이할 수도 있고, 극적인 통일과 평화를 가져올 수도 있다. 그런 면에서 우리 정치 지도자들의 미래를 볼 줄 아는 혜안이 필요한 시기이기도 하다. 현대 전쟁은 많은 사람들을 살상할 수 있는 무기들로 가득 차 있다. 그래서 전쟁이 나기라도 하면 우리 민족의 큰 불행일 것이다. 오늘 우리에게 중요한 것은 이 땅의 기독교는 평화를 위해서 무엇을 할 수 있는가이다. 기독교가 120년 전에 이 땅에 들어온 이후 오늘까지 한국인들에게 서구적 계몽과 근대적 학교를 통해서 근대화를 이루는데 큰 일조를 하였다. 사랑과 평화의 종교인 기독교가 전쟁과 평화에 대해 어떤 태도를 가지고 있는지 살펴보고, 우리 민족이 지향해야 할 평화가 무엇인지 함께 살펴보겠다.

Ⅱ. 개념설명

1. 평화주의

평화는 '폭력이나 전쟁이 없는 상태'이다. 이는 단순한 정의이고 평화주의는 보다 더 세분화할 수 있다. 평화학을 창시한 요한 갈퉁(Johan Galtung)은 평화를 두 가지로 정의했다. 첫째, 평화란 모든 종류의 폭력이 없거나 폭력의 감소이다. 둘째, 평화란 비폭력적이고 창조적 갈등의 변형이다.[1] 즉 평화는 단순히 폭력의 감소나 제거가 중요한 것이 아니라 집단 간에 드러날 수밖에 없는 갈등을 창조적이고 평화적인 방법으로 바꾸는 것이 중요하다는 주장이다. 결국 전쟁의 원인은 갈등의 산물이기 때문에 평화는 전쟁이나 힘으로 이루어지는 것이 아니라 국가 간에 필연적으로 발생하는 갈등을 어떻게 하면 창조적으로 해결하느냐가 중요하다는 주장이다.

2. 콘스탄틴주의(Constantinianism)

소종파로 시작한 기독교가 로마의 박해를 받으면서도 많은 사람들에게 호응을 얻어 많은 교인들을 얻게 되고, 결국 313년에 콘스탄티누스 황제가 기독교를 공인하게 되었다. 로마에 대한 기독교의 승리이다. 그런데 문제는 공인 이후 기독교가 변하게 되었다는데 있다. 그 변화된 모습을 총체적으로 말할 때 '콘스탄틴주의'라고 한다. 이 시기에 교회는 소종파에서 거대한 교회로 변하고, 단순했던 교회 조직이 로마 가톨릭의 교황을 정점으로 하는 계층화를 이루게 되었다. 가장 중요한 변화 가운데 하나는 평화주의를 주장하던 교회가 392년 테오도시우스 황제 때 국교가 되면서 정의로운 전쟁은 할 수 있다는 주장으로 변하게 되었다. 이런 변화로 초대교회의 소박하고 순수했던 신앙 공동체가 국교화 되면서 거대한 교회로 변했다.

1 요한 갈퉁, 강종일외 옮김, 『평화적 수단에 의한 평화』(서울:늘녘, 2000), 36.

Ⅲ. 주제강의

1. 기독교는 전쟁을 어떻게 볼까?

전쟁과 평화를 기독교에서는 어떻게 볼까? 크게 보면 세 가지 입장이 있다. 첫째는 거룩한 전쟁(Holy War)이고, 둘째는 정의로운 전쟁(Just War) 이고, 셋째는 평화주의(Pacifism)이다. 이런 입장은 하루 아침에 이루어진 것이 아니라 오랜 기독교 역사 속에서 현실에서 부딪히면서 이루어진 입장들이다.

첫째로 거룩한 전쟁(Holy War)은 무엇일까? 이 입장은 구약성경에서 비롯되었다. 구약성경은 평화보다는 정의를 우선시한다. 평화는 정의의 열매라고 생각하기에 전쟁은 정의를 이루는 수단 중 하나라고 본다. 특히 거룩한 전쟁은 인간의 전쟁이 아니라 신의 전쟁이라고 불린다. 그 이유는 전쟁을 명령하는 것도 신이고, 그 전쟁의 승패도 신이 정하기 때문이다. 인간은 신을 이길 수 없을뿐더러, 신의 명령을 어길 수도 없다. 그런 의미에서 거룩한 전쟁은 신의 전쟁이다. 구약성경 가운데 여호수아라는 책이 있다. 여호수아가 이스라엘 백성들을 데리고 가나안 땅에 들어가기 위해 제일 먼저 만난 성이 여리고 성이다. 이 성을 함락하기 위해서 이스라엘 백성들이 한 것은 신의 명령대로 성을 칠일 동안 돌면서 나팔을 분 것뿐이다. 칠일 째 성을 돌면서 소리치자 견고하던 성이 일시에 무너져서 이스라엘이 승리하게 되었다. 이는 신의 명령으로 한 전쟁이고, 이런 전쟁을 거룩한 전쟁이라고 부른다. 이 전쟁은 인간의 뜻을 이루기 위한 것이 아니라 하나님의 뜻을 이루기 위한 수단 가운데 하나이다.

그러나 오늘날은 이 거룩한 전쟁을 기독교에서는 더 이상 인정하지 않는다. 신의 뜻을 빙자하여 자신이나 집단의 뜻을 합리화하려는 것을 막기 위해서이다. 오늘날 IS로 대표되는 이슬람의 극단주의적 테러주의자들의 핵심적 기반이 바로 이 거룩한 전쟁이론이다. 그들은 무고한 사람들을 테러하면서 신의 명령이라는 것으로 합리화하고, 그것으로 자신들의 죄나 죄책감을 없애려하기 때문이다. 그래서 기독교에서는 거룩한 전쟁을 인정하지 않는다.

둘째로 평화주의(Pacifism)이다. 기독교는 평화의 종교이자 사랑의 종교이며 용서의 종교이고 화해의 종교이다. 예수의 핵심 사상이 잘 드러나는 것은 산상수훈이다. 마태복음5:38~42절의 말씀은 다음과 같다.

> "또 눈은 눈으로, 이는 이로 갚으라 하였다는 것을 너희가 들었으나/ 나는 너희에게 이르노니 악한 자를 대적하지 말라 누구든지 네 오른편 빰을 치거든 왼편도 돌려대며/ 또 너를 고발하여 속옷을 가지고자 하는 자에게 겉옷까지도 가지게 하며/ 또 누구든지 너로 억지로 오 리를 가게 하거든 그 사람과 십 리를 동행하고/ 네게 구하는 자에게 주며 꾸고자 하는 자에게 거절하지 말라"

예수 당시에 법은 동해보복법(同害報復法)이 당연히 여겨지던 시대였다. 즉 눈을 다치게 하면 상대방의 눈을 다치게 하는 것이 정의이고 법이었다. 그런데 예수는 그 반대로 용서를 말하고 사랑을 실천하라고 하셨다. 폭력에 비폭력으로 대항하고, 원수를 사랑하라는 것이 예수님의 사상이다. 예수의 사상을 이어받은 초대교회는 전쟁 그 자체를 반대했을 뿐 아니라 전쟁에 참여하는 것도 반대하였다. 로마에서 국교가 된 이후의 기독교가 콘스탄틴주의로 변질하면서 평화주의는 정의로운 전쟁론으로 변하게 되었다. 그러나 중세에 평화주의를 포기한 것은 아니다. 중세의 수도원 운동은 평화주의를 새롭게 주장하기 시작했다. 원래 수도원 운동은 로마가톨릭을 중심으로 한 교권주의에 대한 반발로 일어났다. 중세에 들어서면서 모든 사람들이 기독교인이 되었고, 자연스럽게 교회는 중세인들의 영적인 삶을 지배하게 되었다. 그에 따라 교회는 과분한 부와 권력을 가지게 되었다. 세속권력인 왕권보다 더 강한 교황권이 확립되면서 교회가 타락의 길을 걷게 되었다. 이런 가톨릭의 타락에 반기를 들고 나온 것이 수도원 운동이다. 수도원 운동은 금욕주의적 이상에 따라 청빈, 겸손, 순결, 복종을 삶의 주요 덕목으로 삼아서 세상을 벗어나 예수의 삶과 길을 따라 살아보려는 운동이었으며, 동시에 종교개혁 운동이기도 하였다. 그 당시 수도원에 들어간 사람들은 세상과 구별된 수도원 안에서 오직 기도와 묵상, 그리고 노동으로 신과의 합일을 추구하면서, 세속화된 가톨릭교회의 타락을 막고 진정한 교회를 세우기 위해서 노력하였다. 중세에 가장 큰 사건인 십자군 전쟁에서도 수도원은 평화주의를 추구하였으나 그 길은 비주류의 길이었다.

이런 평화주의 노선은 마틴 루터(Martin Luther)의 종교개혁 이후에 평화주의는 재세례파(Anabaptist)로 이어지게 되었다. 재세례파는 어린 시절에 받은 유아세례를 인정하지 않고 성인이 된 후에 다시 받는다고 해서 재세례파라고 한다. 이들의 특징은 철저하게 성경대로 살자는 것이다. 성경 가운데 예수의 말씀과 사상이 잘 담긴 신약성경에 쓰여 있는 대로 살아가자고 말한다. 이들은 세상과 구별된 삶을 주장하고, 예수의 산상수훈의 설교를 실천하고자 하는 완전주의 윤리를 주장한다. 따라서 이들은 예수의 가르침대로 철저한 평화주의를 주장하며, 소종파로 남아서 평화주의 전통을 지켜내고 있다. 현대에 이르러 군대에 입영하는 입영거부를 실천하기도 한다.

셋째는 정의로운 전쟁(Just War)이다. 정의로운 전쟁은 콘스탄티누스(Constantinus)황제의 기독교 공인 이후로 발전한 이론이다. 로마가 기독교를 공인하고 국교화한 이후 교회는 엄청난 변화를 겪게 되었다. 이미 앞에 개념 설명에서 "콘스탄틴주의"(Constantinianism)가 무엇인지 설명했다. 국교화 되기 전의 교회는 소종파였고, 평화주의를 주장하였다. 그런데 국교화 된 이후의 교회에 두 가지 큰 변화가 왔다. 하나는 교회의 계층화이다. 교회가 교황을 정점으로 하여 모든 도시와 마을까지 교회가 세워지면서 일종의 계층화가 이루어지게 되었다. 동시에 교회는 지역의 중심이 되면서 사회의 막강한 영향력을 갖게 되었다. 유럽에 보면 대부분 도시나 마을의 중심에 교회가 있고, 그 교회 앞에 광장이 있으며, 광장 건너편에 시청이 자리를 잡는 구조가 되었다. 이것이 일반화되면서 교회의 힘이 국가에 앞서게 되었다. 또 하나의 변화는 평화주의를 버리고 정의로운 전쟁의 개념을 갖게 되었다. 로마는 제국이다. 제국은 필연적으로 군사적 힘을 통해 유지되고, 제국의 안녕을 위해서는 전쟁이 다반사일 수밖에 없다. 제국의 국교가 된 교회는 더 이상 평화주의를 주장하기 어려워졌다. 전쟁을 할 수 밖에 없는 로마를 위해서 교회는 전쟁에 나가는 사람들에게 축복을 하고, 전쟁의 정당성을 제공해야 했다.

그래서 교회는 평화주의 대신 정의로운 전쟁의 개념을 만들어 내게 되었다. 그 이론을 제공한 사람이 중세 철학의 교부라고 불리는 아우구스티누스(Augustinus)이다. 그는 현실주의적인 관점을 가지고 전쟁을 인정하게 되는데, 모든 전쟁이 다 옳다는 것이 아니라 정의로운 전쟁만이 가능하다고 주장하는 것이다. 즉 전쟁에 윤리적 판단을 해서 정의로운 전쟁이라면 전쟁이 가능하다고 보았다. 이러한 정의로운 전쟁의 전통이 중세와 근대 그리고 현대에 까지 주류로 기독교내에서 받아들여지고 있다. 현대에 와서는 기독교 현실주의자의 대표자인 라인홀드 니버(Reinhold Niebuhr)가 정의로운 전쟁을 보다 구체화시켰다. 기독교 현실주의자가 주류인 기독교계에서는 기본적으로 정의로운 전쟁을 인정하고 받아들인다. 그래서 군대에 군목이 있고, 기독교인이 군대에 가기도 한다. 그럼 정의로운 전쟁의 기준은 무엇일까? 정의로운 전쟁이 되려면 다음을 일곱 가지 조건을 충족해야 한다.[2] 1) 정당한 원인이 있어야 한다. 2) 합법적인 권위를 가진 정부에 의해서 선포되어야 한다. 3) 전쟁을 기습적으로 하는 것이 아니라 공식적인 선언을 해야 한다. 4) 전쟁을 하는 목적이 평화를 가져오기 위한 목적이 있어야 한다. 5) 전쟁은 마지막 수단이어야 한다. 6) 전쟁에서 이길 수 있다는 희망이 있어야 한다. 7) 전쟁을 수행함에 있어 공격은 상대방이 공격하는 것에 비례해야 한다. 이런 조건을 충족해야만 진정한 의미에서 정의로운 전쟁이라고 할 수 있다. 그런데 이런 까다로운 조건을 충족시키면서 전쟁을 할 수 있을까? 사실상 거의 불가능하다. 그럼에도 이런 주장을 하는 것은 전쟁에 대해 가치 판단을 유보하지 말고, 윤리적 판단을 함으로, 불필요한 전쟁을 막고 평화주의를 실천해야 한다는 당위성을 말하기 위함이다.

2. 평화는 어떻게 이루어질까?

1986년에 롤랑 조페 감독에 의해 제작된 '미션'(The Mission)이라는 영화가 있다. 이 영화는 1750년에 남미의 오지로 선교를 떠난 예수회 선교사들의 실화를 바탕으로 한 영화이다. 예수회 신부들이 남미의 원주민들에게 선교하기 위해

2 박도현, 『정의로운 전쟁과 평화주의』(서울: 예영커뮤니케이션, 2010), 52.

서 깊은 밀림으로 찾아갔다. 그들은 아마존 깊은 숲에 사는 과라니 부족에게 복음을 전했다. 그런데 문제는 그 당시 스페인과 포르투갈 사이에 남미를 서로가 더 많이 지배하려는 제국주의자들 간의 갈등으로 과라니 족이 위기에 처하게 되었다. 그 문제를 해결하기 위해서 교황청이 개입하고 그 결과 스페인과 포르투갈은 협상하여 과라니 족이 사는 지역을 포르투갈에게 넘겨주기로 합의했다. 그 땅을 가지게 된 포르투갈은 군대를 보내 과라니 족을 다른 곳으로 쫓아내려고 한다. 그 소식을 들은 예수회 신부 두 사람은 그들에게 어떻게 저항할 것인가를 놓고 갈등하게 된다. 한 신부는 예수님처럼 평화주의를 실천했다. 그를 따르는 부족원들과 함께 미사를 드린 후 총을 쏘는 군대를 향해 찬양을 하면서 십자가를 들고 행진을 하다 총에 맞아 하나 둘씩 죽어갔다. 한편 다른 한 신부는 정의로운 전쟁을 준비했다. 그를 따르는 부족원들과 함께 쳐들어 오는 군대와 직접 싸우다 한 명씩 죽게 된다. 이 영화에서 결국 정의로운 전쟁을 위해서 총을 들고 싸웠던 사람들도, 평화주의를 주장하며 십자가를 들고 행진했던 사람들도 모두 죽게 되었다.

이 영화는 우리에게 많은 것을 묻고 있다. 만일 나라면 어떤 입장을 취할 것인가? 평화주의를 택하여 십자가를 들고 가서 죽을 것인가? 불의와 맞서 싸우다 죽을 것인가를 고민하게 한다. 우리는 자신의 신념이나 생각에 따라 비폭력을 선택하거나 정의로운 전쟁을 선택할 수 있다. 그럼 둘 중에 하나는 틀리고 다른 하나는 올바른 것인가? 둘 다 옳을 수도 있고 아니면 둘 다 잘못된 것일 수도 있다. 무엇을 택하든지 옳은 것일 수도 있지 않을까? 어쩌면 두 신부는 자신들이 믿는 믿음을 지키며 옳은 일을 실천한 것인지 모른다. 다만 분명한 진리는 이 영화의 마지막 대사에 있다. "어둠은 빛을 이길 수 없다." 그렇다. 어둠은 빛을 이길 수 없다고 믿어야 한다. 사필귀정(事必歸正) 즉 모든 일은 반드시 바른 것으로 돌아간다는 말이 진실이기를 우리는 믿어야 한다. 과연 진정한 평화는 무엇이겠는가? 성경은 평화를 이렇게 노래한다.

> "그가 많은 민족들 사이의 일을 심판하시며 먼 곳 강한 이방 사람을 판결하시리니 무리가 그 칼을 쳐서 보습을 만들고 창을 쳐서 낫을 만들 것이며 이 나

라와 저 나라가 다시는 칼을 들고 서로 치지 아니하며 다시는 전쟁을 연습하지 아니하고/ 각 사람이 자기 포도나무 아래와 자기 무화과나무 아래에 앉을 것이라 그들을 두렵게 할 자가 없으리니 이는 만군의 여호와의 입이 이같이 말씀하셨음이라"(미가4:3~4)

많은 민족들과 나라들 사이에 다툼과 갈등을 하나님이 판단하시면 칼이나 창이 필요가 없어져서 그 대신에 쟁기와 낫으로 대체된다고 노래한다. 이유는 진리이신 하나님이 공평하고 공정하게 하실 것이기에 싸울 필요가 없는 것이다. 평화는 많은 사람들로 하여금 나무아래서 편안하게 노을을 바라볼 수 있는 여유를 갖는 것으로 상징적으로 표현되고 있다. 한 번 상상해보라. 나무 그늘 아래 앉아서 서로 대화하며 온 가족이 저녁을 먹는 모습이 바로 평화의 모습이다.

3. 무엇이 옳은가?

이제 평화주의와 정의로운 전쟁에 대해 깊이 생각해 볼까? 이 평화를 위해서 정의로운 전쟁을 주장하는 쪽은 정의를 세우는 것을 강조한다. 니버는 정의의 실현을 위해서는 힘이 있어야 하고, 그 힘을 정의롭게 사용해야 한다고 말한다. 정의의 실현은 도덕성을 갖추고 정당한 이유가 있다면, 국가가 힘을 사용하는 정의로운 전쟁이 가능하다는 입장이다. 니버에게 사회 정의의 실현이 곧 예수의 사랑의 실천이다. 반대로 평화주의를 주장하는 대표적인 학자가 미국의 기독교윤리학자인 존 요더(John, H. Yoder)이다. 그는 그의 대표작인『예수의 정치학』에서 예수님의 삶의 방식은 철저하게 평화주의를 지향하셨다고 주장하면서, 기독교인들 역시 예수를 따르는 길을 가야 한다고 말한다. 즉 예수의 말씀을 그대로 지켜서 오른 빰을 때리면 왼 빰을 돌려대는 자세로 비폭력 평화주의를 주장했다. 예수님이 매 맞고 십자가에 달려 죽으신 것처럼, 기독교인들도 예수님처럼 폭력에 폭력으로 맞서는 것이 아니라 평화주의를 지켜야 한다고 믿는다. 이런 평화주의에 대해서 정의로운 전쟁을 주장하는 측은 사회적 책임을 희생시킨다고 비판했다. 이런 시각은 평화주의는 비현실적이라는 생각이 스며들어 있다. 반대로 평화주의가 보기에 정의로운 전쟁은 정의라는 이름으로 폭력을 정당화하는 위험성을 내포하고 있다. 그리고 그 길은 예수의 십자가의 길이 아니라고 본다.

평화를 얻는 길은 단순하지 않다. 오늘날 전쟁의 위기 속에서 우리는 무엇을 선택해야 할까? 이는 단순히 선택의 문제가 아니다. 독일의 사회학자 막스 베버(Max Weber)는 인간 행위의 윤리적 원칙을 신념윤리(Gesinnungsethik)와 책임윤리(Verantwortungsethik)로 나누었다. 신념 윤리는 '기독교인은 올바른 행동을 하고 그 결과는 신에 맡긴다'는 것이고, 반면에 책임윤리는 '우리는 우리 행동의 결과에 대해서 책임을 져야한다"고 말한다.[3] 즉 신념윤리는 행위의 동기가 인간의 신념에서 나온 것이며, 동시에 신의 명령이기에 그 결과에 대한 책임을 인간에게 돌릴 수 없다는 주장이고, 책임윤리는 행동의 결과는 행동을 한 사람이 책임을 져야 한다는 주장이다. 오늘 우리에게 필요한 윤리는 신념 윤리가 아니라 책임 윤리이다. 도덕적 행위자인 인간만이 도덕적 판단을 할 수 있으며, 자기 스스로 책임을 질 수 있는 존재이기 때문이다. 그런 의미에서 앞에서 소개한 영화의 주인공 두 사람의 선택은 둘 다 옳다. 그들은 자신의 신념에 따라 행동했을 뿐 아니라 더 나아가 책임 윤리도 가진 결단이기 때문이다. 여러분은 어떤 길이 옳다고 생각하는가?

Ⅳ. 질문과 대답

1. 인간의 본성은 전쟁을 좋아할까요?

인간의 본성이 악한가, 선한가는 오랜 논쟁의 역사를 가지고 있습니다. 동양에서도 맹자의 성선설과 순자의 성악설을 흔히 말합니다. 기독교는 기본적으로 인간은 하나님의 본성을 받아서 선하게 창조되었으나 마귀의 유혹에 넘어가 죄 가운데 빠지면서 악의 길로 가고 있는 존재로 봅니다. 전쟁의 문제는 사실 인간

3 막스 베버, 전성우 옮김, 『직업으로서의 정치』(서울:나남출판, 2007), 121.

의 본성의 문제라기보다는 사회의 문제입니다. 니버는 그의 저서『도덕적 인간과 비도덕적 사회』에서 개인으로서의 인간은 얼마든지 선할 수 있으나 집단이나 국가는 도덕적으로 선하기 어렵다고 주장합니다. 즉 집단이나 국가는 선하기보다는 집단의 이익을 추구하기에 비도덕적일 수밖에 없다는 주장이죠. 인간은 개인적으로는 선하지만 집단의 한 부분이 되면 집단의 이익을 위해서 필연적으로 개인적인 선함을 상실 할 수밖에 없다고 니버는 봅니다. 그래서 전쟁을 좋아하는가 하는 문제는 개인의 문제도 있으나 좀 더 근본적으로는 집단의 문제라고 보는 것이 더 타당하다고 보여집니다.

2. 오늘 날 테러리스트는 왜 거룩한 전쟁을 지지하고 있을까요? 그리고 그것이 옳을까요?

폭력을 행사하거나 많은 사람을 살상하는 행위는 도덕적으로 옳지 못할뿐더러 정당화될 수 없습니다. 그러나 테러리스트들은 자신의 존재감을 살리고 사람들의 중심에 서는 방법은 극단적 폭력이나 죄 없는 사람들에 대한 테러뿐이라고 주장합니다. 자신들이 얻고자 하는 목표를 이루기 위해서는 도덕적 정당화가 필요하고 가장 쉽게 찾는 방식이 신의 명령이라는 것으로 쉽게 정당화합니다. 요즘 유럽에 무작위로 테러를 감행하고 있는 IS는 자신들의 테러를 신의 명령으로 정당화시키는 것이 그 좋은 예입니다. 그 범죄를 실행하는 사람들에게도 신의 명령이라는 이름으로 믿음을 강조하고 죽어서는 신의 보상을 약속합니다. 이러한 방식이 거룩한 전쟁입니다. 오늘날 기독교에서는 거룩한 전쟁을 인정하지 않습니다. 그 이유는 너무 주관적이고, 잘못된 자신의 생각을 신의 뜻이라는 것으로 쉽게 정당화하는 잘못을 범하기 때문입니다.

Ⅴ. 토론주제 및 참고자료

1. 토론주제

1) 토론을 위한 영상

영화 : 《핵사 고지》 보기

이 영화는 실화를 바탕으로 2차 세계대전에 참여했던 재세례파로 양심적 병역거부자인 주인공이 의무병으로 오키나와의 핵사 고지 전투에서 죽음을 무릅쓰고 부상당한 전우를 무려 75명이나 구한 사건을 그리고 있습니다. 죽여야 하는 전쟁터에서 역설적으로 많은 사람들을 살리는 행위를 한 주인공의 모습을 통해서 전쟁의 부당함을 말없이 우리에게 말하고 있는 수작입니다.

(1) 주인공의 신앙적 신념인 평화주의에 대해 어떻게 생각하십니까?

(2) 과연 전쟁은 무엇이 잘못일까요?

2) 영화 [미션]을 보고 감상문을 써 봅시다.

3) 판문점이나 휴전선을 방문하고 전쟁의 위기 속에 사는 우리의 현실에서 진정한 평화는 무엇일까를 소감을 써 봅시다.

2. 참고자료

이재호, 『전쟁과 섭리』, 서울:두란노, 2016.

이 책은 성경 특히 구약성경에 나오는 거의 모든 전쟁에 대해서 설명을 하고, 그 전쟁에 하나님이 어떻게 섭리하시고 계신지를 구속사적 관점에서 보여주는 책이다. 이 책의 부제가 '하나님은 왜 전쟁을 허용하시는가?'인데, 그것에 걸맞게 전쟁을 허용하시는 이유를 잘 설명하고 있다.

라인홀드 니버 지음, 이한우 옮김, 『도덕적 인간과 비도덕적 사회』, 서울: 문예출판사, 2017.

이 책은 니버의 주저로서 개인은 도덕적으로 선하거나 올바른 길을 선택할 수 있으나, 집단이 되면 집단의 이익 때문에 비도덕적으로 변하기 쉽다는 것을 보여준다. 이런 과정에서 집단 간의 갈등이나 역학관계는 결국 정치적 관계라고 말한다. 따라서 개인의 도덕성과 사회의 정의가 양립할 수 있는 방안을 찾아야한다고 주장한다. 이 책은 기독교 현실주의적 입장이 잘 나타나 있는 책이다.

기독교와 통일

– 한반도 평화와 통일을 선도하는 대학, 숭실

Ⅰ. 문제제기 – 숭실대학교와 남북통일은 무슨 관련이 있을까?

숭실은 국내 유일의 이산대학이다. 이산대학 뜻은 대한민국에 많은 이산가족들이 북한에 가족들을 두고 남한에 와서 살고 있는 것처럼, 숭실도 북한에 모교를 두고 대한민국에서 살고 있는 대학이라는 뜻이다. 숭실은 한국 최초의 근대대학으로 평양에 세워졌다. 숭실대학은 일제강점기 때 여느 대학처럼 생존을 위해 신사참배를 한 대학이 아니라, 일제의 신사참배 강요에 대항해 1938년 자진 폐교를 한 민족대학이었다. 6 · 25전쟁 직후인 1954년 서울에 재건된 숭실대학교는 현재 민족 통일에 깊은 관심을 갖고 통일교육을 실시하고 있다. 재건 이후 60년이 지난 2015년 숭실대학교는 국내 최초로 통일부와 협약을 맺어 신입생 교양필수로 '한반도 평화와 통일' 과목을 신설하였고, 2016년 통일부 주관 통일교육 선도대학으로 선정되었다. 이것은 평양에 설립되었던 최초의 근대대학으로서의 자부심, 일제의 신사참배 강요에 반대하여 자진 폐교한 유일한 민족대학으로의 자존심에 걸맞은 일이라 여겨진다. 숭실은 통일이 되면 평양에 숭실대학을 복원하여 제2의 캠퍼스를 만들 구상을 갖고 있다. 이런 점이 숭실과 통일과의 상관성이며, 숭실이 통일을 선도하는 당위성이라 할 수 있다. 그렇기 때문에 숭실에서 통일에 대해서 말하는 것은 너무 자연스러운 일이다.

Ⅱ. 개념설명 – 통일 편익, 통일 비용 그리고 분단 비용

위의 세 가지 개념은 통일을 준비하는 데 있어서 잘 이해해야 할 용어들이다. 통일을 꺼리는 세력은 통일보다는 현재의 분단 상태를 평화적으로 유지하는 것을 선호한다. 이들이 통일을 꺼리는 대표적인 이유는 통일비용에 대한 부담이다. 평화우선론자들이 말하는 통일비용에는 분단비용을 빼지 않아 통일비용에 대한 과대평가가 이루어져 있다. 이것이 통일에 대한 부정적 인식을 확산시키는 원인이기도 하다. 통일이 되면 분단비용을 빼야하고, 거기에 통일로 인한 통일편익까지 고려한다면, 국민들이 부담해야 할 통일 비용은 그렇게 부담을 주는 액수는 아니라는 것이다. 더구나 통일비용은 미리 준비할 수 있다는 장점이 있다.[1]

분단비용은 분단으로 인해 지속적으로 지불하고 있는 비용으로 군사비, 안보비, 외교비 뿐 만이 아니라 코리아 디스카운트까지도 포함된다. 이 분단비용은 통일이 되면 상당부분 축소가 되는 비용이다. 통일비용은 통일에 소요되는 비용을 말한다. 통일비용은 소비성, 낭비성 비용이 아니라 투자비용과 생산비용으로 보아야 한다. 통일비용은 통일과정에서 혼란 극복을 위한 위기관리 비용과 제도통합에 따른 비용, 그리고 통합투자 비용으로 구분된다. 중요한 것은 이 통일비용은 한시적 비용이라는 것이다.[2]

중요한 것은 통일편익이다. 통일편익은 남한과 북한이 통일이 되어 얻게 되는 모든 형태의 이익을 말한다. 지리적 통합으로 인한 국토확장과, 남북인구 통합에 따른 인구증가, 자원과 산업의 결합, 남한에서 북한에 이르는 산업벨트 형성, 남북한 지역경제의 유기적 결합을 통한 시장 확대와 교역증가 등을 통해 경제적 편익을 기대할 수 있다. 또한 방위비, 외교비, 이념 및 체제유지비 감소 등으로 인한 경제적 편익이 예상된다. 뿐만 아니라 이산가족 문제의 해결, 북한지역 주민의 자유와 인권 신장, 전쟁위험의 해소와 정치적 안정, 문화발전 등 비경제적 편익도 발생할 것으로 보인다. 통일이 되면 분쟁과 갈등 지역이라는 부정적 이미

---

1 허문영 외, 『알기쉬운 통일교육 12주제』 (통일연구원, 2011), 45, 48-49, 59.

2 위의 책, 42, 38-39, 49-50.

지는 사라지고, 코리아 디스카운트에서 벗어나 코리아 프리미엄으로 전환되는 국가 브랜드 가치의 상승효과를 가져 오게 된다.[3]

현재 지출되고 있는 비용은 분단비용이다. 그러나 통일이 되면 분단비용은 감소하거나 소멸되고, 통일비용을 지불하게 된다. 그러나 시간이 감에 따라 통일비용은 줄고 통일편익이 발생하게 된다. 통일비용보다 통일편익이 크기 때문에 통일편익에서 순통일비용을 빼거나, 통일편익에서 통일투자비용을 빼더라도 국민총생산(GDP)은 증가하게 된다. 따라서 통일은 편익을 발생시킨다는 결론에 이르게 된다. 그러므로 현 세대가 통일비용을 부담한다면, 미래의 세대는 통일편익을 누리게 될 것이다.[4]

Ⅲ. 주제강의

1. 남북통일의 필요성

오늘의 대한민국이 있기까지는 일제강점기에 독립운동을 한 세대와, 6 · 25 전쟁 당시 공산주의와 맞서 싸운 세대, 그리고 산업화와 근대화에 참여한 세대, 민주화에 기여한 세대가 있다. 현재를 사는 우리가 감당해야 할 민족적 · 국가적 과제는 바로 남북통일이다. 따라서 오늘을 사는 세대는 통일을 준비하며 내일의 통일에 기여하는 세대가 되어야 한다.

그러면 남북통일의 당위성은 무엇일까? 먼저 역사적 · 민족적 측면에서 보면, 본래 남한과 북한은 한 나라였다. 그리고 남한사람과 북한사람은 한 민족이었다. 그런데 6 · 25 전쟁 이후 남과 북의 분단을 통해 한 민족으로서의 정체성을 잃게 되었다. 이념으로 인해 민족이 분열되어 있는 예는 우리뿐일 것이다. 한민

3 위의 책, 52, 54, 56–57, 『通 · 痛 · 統一』, 64, 68.

4 허문영 외, 『알기쉬운 통일교육 12주제』, 52–53.

족은 한반도를 터전으로 하나의 역사, 하나의 언어, 하나의 문화를 이루며 살아왔다. 그러나 60여년의 분단 기간에 우리는 다른 역사를 써가며, 민족의 정서마저 달라져가고 있다. 남과 북은 국가체제와 이념이 다를 뿐만이 아니라 생활양식과 가치관도 크게 달라졌다. 분단은 민족의 정체성마저 혼란스럽게 만들고 있다. 현 시점에서 우리의 기득권을 내려놓더라도 통일을 이루어 민족의 하나됨을 회복해야 할 것이다. 그리하여 왜곡된 역사를 바로잡고 통일시대를 이루어가기 위한 민족의 역량을 극대화하여야 한다.

두 번째는 인도주의적 차원이다. 6 · 25 전쟁으로 인해 북에서 월남한 실향민들과 강제로 납북된 사람들로 인해 일천만 명의 이산가족이 발생했다. 이산가족들은 생이별하여 생사조차 알지 못한 채 오랫동안 그리움과 한을 안고 살아가고 있다. 이산가족들은 고향을 방문하거나 북에 두고 온 가족이나 친지들을 만날 수 없다. 전화 통화나 우편 연락도 안 된다. 분단된 후 아무런 교류 없이 살아가고 있다. 이것은 분단의 폐해로 민족의 비극이다. 세월이 감에 따라 매년 3천명 정도의 실향민이 세상을 떠나고 있는 추세라 인도주의적 차원에서 이산가족들이 서로 만날 수 있도록 해 주는 일이 시급하다.[5] 현 시점에서 탈북민들로 인한 또 다른 이산가족이 양산되고 있다. 그러므로 이산가족의 이별과 아픔과 그리움을 해결하기 위해 남북통일은 필수적이다. 아울러 북한 주민의 자유와 인권신장을 위해서도 통일이 되어야 한다.

세 번째는 정치적 안정을 위해서이다. 정권 유지를 위해 북한은 남한의 위협을, 남한은 북한의 위협을 때로는 확대, 강조하며 분단을 정치적 목적에 이용하기도 했다. 문민정부가 수립된 이후 정부의 통일정책이 교회나 여느 민간단체보다 앞서가는데 반해 국민들의 통일에 대한 열망은 식어가는 듯하다. 더구나 삶의 질이 높아지는 반면 안타깝게도 통일에 대한 기대는 줄어들고 있다. 오히려 이념갈등은 세대갈등과 지역갈등으로 확산되며 남남갈등으로 심화되고 있

5 『通 · 捅 · 統一』(서울: 통일연구원, 2011), 45.

다. '반공,' '멸공,' '승공'이라는 용어 대신, '좌파,' '친북,' '종북'이라는 용어가 등장하여 갈등을 조장하고 있다.

한반도의 정세는 동북아시아의 평화에 직접적인 영향을 끼친다. 따라서 한국의 정치적 안정과 동북아시아의 평화를 위해 통일을 이루어야 한다. 통일 문제는 내적으로는 대한민국의 국가적인 문제이지만 대외적으로는 국제 문제라는 인식을 갖고 통일에 접근해야 한다. 역사를 통해 볼 때, 미국, 러시아, 중국, 일본은 한반도에서 자국의 이익을 추구하는 각축장으로 삼아왔다. 한반도의 통일은 이 국가들 사이의 이해관계의 충돌을 줄일 수 있을 것이다. 아울러 통일은 동북아시아 평화에 기여할 것이고, 이것은 세계평화와도 연결될 것이다.

네 번째는 안보와 관련이 있다. 휴전이후 남한은 줄 곳 북한의 전쟁 위협 속에서 살아왔다. 북한의 서해안에서의 지속적인 도발과,[6] 북한의 '서울 불바다' 발언, 최근 북한의 핵개발과 미사일 발사[7] 등으로 전쟁의 위험이 한층 높아지고 있다. 전쟁의 불안을 해결하기 위해 강력한 현대 무기로 무장하고 한미군사훈련을 실시하기도 한다. 긴장된 군사대결 속에 국민들은 불안과 두려움 속에 살게 된다. 이런 전쟁 공포와 안보불안으로부터 벗어나기 위해서라도 통일은 필수적이다.

다섯 번째는 경제적인 이유에서다. 전쟁의 위협과 한반도의 긴장 등 통일과 관련된 내적, 외적 상황을 통일 환경이라고 하는데, 이 통일 환경이 대내외 경

---

6 1999년 6월15일 서해교전 발생(연평해전), 2002년 6월29일 서해교전 발생, 2009년 11월10일 대청해전, 2010년 3월26일 백령도 해상에서 천안함 피격 침몰, 2010년 11월23일의 연평도 포격사건 등.

7 2006년 7월5일 대포동 2호 미사일 시험 발사, 2006년 10월9일 제1차 핵실험 강행, 2009년 5월25일 제2차 핵실험, 2012년 12월 ICMB 은하3호 발사, 2013년 2월12일 제3차 핵실험, 2016년 1월6일 제4차 핵실험, 2016년 2월 ICBM 광명성 발사, 2016년 8월 잠수함발사 탄도미사일(SLBM) 북극성 발사, 2016년 9월9일 제5차 핵실험, 2017년 2월 중장거리 탄도미사일(IRBM) 북극성 2호 시험발사 등.

제에도 막대한 영향을 끼친다.[8] 남북한 모두 치열한 외교 경쟁에서 자원과 능력을 낭비하고 있다. 그러나 통일은 남북간의 과도한 경쟁으로 인해 국가권력이 낭비되는 것을 막을 수 있다. 통일은 국제 문제에서 정치적, 외교적, 군사적, 경제적 경쟁에서 비롯된 국력의 소진을 줄여줄 것이다. 통일이 되면 무엇보다 국방비 지출이[9] 줄어들고, 그 비용이 사회복지로 전환될 수 있다. 통일이 되면 남과 북은 서로를 지원할 수 있다. 남한의 자본과 기술이 북한의 천연 자원과 노동력과 결합되었을 때 시너지 효과를 기대할 수 있을 것이다. 또 내수시장이 확대되어 과도한 무역 의존도를 줄일 수 있을 것이다. 통일은 지정학적 리스크를 감소시켜 주고, 대신 국가브랜드 가치의 상승효과를 가져올 수 있을 것이다. 통일한국은 국가 번영을 위한 자원과 능력을 집중할 수 있다. 따라서 한반도의 경제 발전과 번영을 위해 통일이 이루어져야한다.

여섯 번째는 사회 · 문화적 이유이다. 분단으로인해 생활, 교육, 언어 등 다양한 분야에서의 이질화가 심화되고 있다. 사회구조의 다름과 생활양식의 다름은 의식과 가치관의 차이를 양산하여 같은 민족이면서도 서로 다른 모습을 보여주고 있다. 더구나 인적 · 물적 교류 없이 분단되어있는 기간이 길어질수록 남한과 북한은 이질감만 더해가고 있다. 인류학적으로는 같은 민족이지만, 사회 · 문화적으로는 공통점보다 차이점이 더 많다. 차이가 심화될수록 민족동질성이 파괴되고 통일 이후 혼란이 야기될 수도 있다. 따라서 사회와 문화가 이질적으로 변해가는 것을 방지하고 민족 동질성을 회복하기 위해 통일이 되어야 한다. 아울러 통일을 통해 문화유산을 복원하여야 한다. 이와 같은 것들이 일반적으

---

8 외국 기업이나 투자자들은 한반도의 분단 상황을 리스크(risk)로 생각한다. 이것을 코리아 리스크(Korea risk)라고 한다. 한반도 분단과 북한정권의 변화, 북한 군대의 변화, 핵 문제 등 북한의 잠재적 위협이라고 하는 불안요소가 더해질 때 발생하는 것이 코리아 디스카운트(Korean discount)이다. 이것은 한국 기업의 주가가 동일한 수준의 다른 나라 기업의 가치보다 평가절하되는 것을 말한다.『通 · 捅 · 統一』, 58-61.

9 정부통계에 의하면, 남한은 매년 약304억 달러의 국방비를 지출하고 있다. 이것은 국내총생산(GDP)의 2.4%이다.

로 말하는 통일의 당위성이다.

2. 성서가 말하는 통일

그러면 성서는 통일에 대하여 어떻게 말하고 있는가? 구약성서 에스겔 37:15-17에 이런 이야기가 나온다. "여호와의 말씀이 또 내게 임하여 이르시되 인자야 너는 막대기 하나를 가져다가 그 위에 유다와 그 짝 이스라엘 자손이라 쓰고 또 다른 막대기 하나를 가지고 그 위에 에브라임의 막대기 곧 요셉과 그 짝 이스라엘 온 족속이라 쓰고 그 막대기들을 서로 합하여 하나가 되게 하라 네 손에서 둘이 하나가 되리라."

이 이야기는 하나님이 그 백성과 평화의 계약을 맺고 평화를 회복시켜 주시겠다는 약속을 두 막대기를 묶는 상징적 행동을 통해 암시한 것이다. 그래서 이 말씀을 '평화의 계약'이라고 한다. 이 평화의 계약은 단순히 전쟁이 없는 상태만을 의미하는 것이 아니라, 오히려 인간의 기본적인 안정과 평화를 제공한다. 여기에서 말하는 평화는 분단된 땅을 하나로 묶는 것뿐만이 아니라 사람과 사람 사이의 분리를 극복하여 민족 단일성과 통전성을 회복하는 것을 의미한다.

신약성서 마태복음 5:23-24에 이런 말씀이 있다. "그러므로 제단에 제물을 드리려고 하다가, 네 형제나 자매가 네게 어떤 원한을 품고 있다는 생각이 나거든, 너는 그 제물을 제단 앞에 놓아두고, 먼저 가서 네 형제나 자매와 화해하여라. 그런 다음에 돌아와서 제물을 드려라." 성전에 예물을 드리러 갔다가 형제에게 화나게 한 일이 있으면 먼저 가서 그 형제와 화해하고 다시 와서 예물을 바치라는 말씀이다. 여기에 '화해'이라는 단어가 나온다. 이것은 사람과 사람사이에서 이루어지는 것을 지칭한다.

로마서 3:24-25은 예수 그리스도가 하나님과 인간 사이의 화목 제물이 되었다고 말한다. "그러나 사람은, 그리스도 예수 안에서 얻는 구원으로 말미암아, 하나님의 은혜로 값없이 의롭다는 선고를 받습니다. 하나님께서는 이 예수를 속죄 제물로 내주셨습니다. 그것은 그의 피를 믿을 때에 유효합니다. 하나님께서 이렇게 하신 것은, 사람들이 이제까지 지은 죄를 너그럽게 보아주심으로써 자기의 의를 나타내시려는 것이었습니다." 인간이 죄로 인하여 하나님과의 관계가 깨어졌는데, 예수 그리스도가 인간의 죄를 대신 지고 십자가에서 죽음으로 하나님과 인간 사이의 화해 제물이 되었다. 로마서 4:25은 그것을 이렇게 말한다. "예수는 우리의 범죄 때문에 죽임을 당하셨고, 우리를 의롭게 하시려고 살아나셨습니다."

신약성서는 예수의 십자가에서의 대속적 죽음으로 인하여 하나님과 세상 사이의 가로 막혔던 담이 허물어졌다고 말한다.

> "그리스도는 우리의 평화이십니다. 그리스도께서는 유대 사람과 이방 사람이 양쪽으로 갈려 있는 것을 하나로 만드신 분이십니다. 그는 .... 담을 자기 몸으로 허무셔서, 원수된 것을 없애시고, ... 평화를 이루시고, 원수된 것을 십자가로 소멸하시고, 십자가로 이 둘을 한 몸으로 만드셔서, 하나님과 화해시키시려는 것입니다. 그분께서는 .... 여러분에게 평화를 전하시고, 하나님께 가까이 있는 사람들에게도 평화를 전하셨습니다." (에베소서 2:14-17).

여기에서 나타난 평화는 "화해"가 이루어지고 있음을 말하고 있다. 그 화해는 예수 그리스도를 통하여 유대인과 이방인의 화해, 원수와 원수, 형제와 형제, 민족과 민족, 국가와 국가 간의 화해함을 의미한다. 그런데 이 화해는 골로새서 1:20를 보면 단지 사람들 사이에서의 화해뿐만이 아니라 우주적 화해로까지 나아간다. "그분의 십자가의 피로 평화를 이루셔서, 그분으로 말미암아 만물을, 곧 땅에 있는 것들이나 하늘에 있는 것들이나, 다 자기와 기꺼이 화해시켰습니다." 오늘의 역사 현실 속에서 모든 문제를 해결해 주시는 분은 오직 '화해자' 그리스도뿐이며, 하나님 안에 계시된 하나님의 화해는 정신적, 신앙적 차원에만 머무르는 것이 아니라, 구체적인 사회적 차원에까지 이어져야 한다는 것임을 암시한다.

그러면 우리는 화해가 이루어진 세상에서 살기만 하면 되는가? 아니다. 고린도후서 5:18은 우리에게 화목케 하는 사람이라는 직책을 주셨음을 말한다. "이 모든 것은 하나님께로부터 옵니다. 하나님께서는 그리스도를 내세우셔서, 우리를 자기와 화해하게 하시고, 또 우리에게 화해의 직분을 맡겨 주셨습니다." 현 시대를 사는 우리에게는 남과 북이 서로 화해하게 하는 사명이 있음을 잊지 말아야 한다.

3. 나가는 말

통일을 준비하는 시대에 사는 숭실인들은 숭실대학이 국내 최초의 근대 대학일 뿐만이 아니라 민족대학이라는 자부심을 갖고 일제에 항거하며 자진폐교를 감행했던 선배들의 정신을 기억하고 본받아야 할 것이다. 남북화해의 사명을 인식하고 다각도로 노력하고 힘을 모아 평화적 통일을 이루는 통일세대가 되어야 할 것이다.

Ⅳ. 질문과 대답

1. 통일의 예로 독일을 많이 들고 있습니다. 당시 독일은 지금의 우리나라보다 훨씬 잘 살고 있었는데도, 통일 이후 20년 이상 경제적으로 많이 어려웠다는 이야기를 들었습니다. 이렇게 경제적으로 어려움이 많은 통일을 꼭 할 필요가 있나요? 그냥 지금보다는 조금 긴장이 완화된 상태로 살면 더 이익이 될 것 같은데요.

너무 중요한 질문입니다. 독일 예를 드셨는데, 맞습니다. 그런데, 다시 독일을 생각해보면 좋겠습니다. 20여 년 간의 어려움을 겪고 난 후에 지금 독일은 어떤 모습인가요? 유럽 연합에서 가장 앞서가는 나라로 세계의 중심국가 중에 하나로 다시 우뚝 섰습니다. 모든 면에서 세계를 앞서가는 국가가 되었습니다. 물론 우리나라도 단기적으로는 어려운 일이 많이 있을 수 있습니다. 그러나 장기적으로 보면, 그 보다는 더 많은 이익이 있을 것이라고 생각합니다.

2. 화해에 대해서 강조하셨는데, 남북은 너무 오랜 시간동안 분단된 상태로 서로 미워하면서 살아왔습니다. 어떻게 하면 효과적으로 화해할 수 있을까요?

화해는 정말 어려운 일입니다. 특히 대한민국처럼 서로 전쟁을 겪은 나라는 더욱 어렵습니다. 이런 점에서 저는 정치 영역의 화해도 중요하지만, 민간 차원의 교류가 더욱 중요하다고 생각합니다. 종교나 문화 단체들이 서로 교류하면서 서로 이해하는 폭을 넓혀 나가는 것입니다. 그 예로 한국교회는 1990년부터 남북나눔운동을 꾸준히 실천하고 있습니다. 이런 작은 노력들이 모여서 화해의 길을 만들 수 있다고 생각합니다. 그리고 절대로 억지로 화해를 하려고 해서는 안 됩니다. 진정한 화해를 위해서는 한 쪽을 비난하는 것이 아닌, 인내와 기다림으로 서로를 돕고 이해하는 시간이 절대적으로 필요합니다. 그래서 단기간에 통일을 하는 것 보다는 장기적인 계획을 가지고 순차적으로 접근하는 것이 무엇보다도 중요하다고 생각합니다.

Ⅴ. 토론주제 및 참고자료

1. 토론주제

1) 통일의 당위성 여섯 가지를 설명한다면? 강의 내용 이외에 다른 이유를 찾아본다면 어떤 것들이 있을까요?
2) 화해를 위해서 우리가 할 수 있는 구체적인 노력들은 어떤 것들이 있을까요? 성서적인 의미의 화해와 비교해서 생각해봅시다.
3) 통일 시대가 되면 내 삶에서 어떤 점이 달라질 것인지에 대해서 친구들과 함께 토론하고 그 토론 결과물을 제출하시오.
4) 영화 〈크로싱〉을 함께 보고 탈북민을 더욱 잘 이해하고 그들과 함께 살아갈 방법을 토론하고 그 결과를 제출하시오.

2. 참고자료

허문영 외. 『알기쉬운 통일교육 12주제』, 서울: 통일연구원, 2011.

통일연구원편,『通 · 捅 · 統一』. 서울: 통일연구원, 2011.

기독교통일학회 편. 『기독청소년과 통일』, 서울: 실천신학연구소, 2014.

영화 〈크로싱〉

• 저 자 약 력 • (목차순)

김대식 숭실대 철학과 초빙교수
함석헌 평화연구소 부소장, 숭실대학교 철학박사(Ph.D), 전공: 철학/종교학

정남용 숭실대 베어드교양대학 겸임교수
서울주사랑교회 담임목사, 장로회신학대학교 신학박사(Th.D), 전공: 기독교교육학

최유진 호남신학대학교 교수
숭실대 기독교학과 겸임교수 개렛신학교 철학박사(Ph.D), 전공: 조직신학

김명배 숭실대 베어드교양대학 교수
NCCK 교회일치와협력위원회 위원, 장로회신학대학교 신학박사(Th.D), 전공: 역사신학/한국교회사

설충수 숭실대 베어드교양대학 교수
아시아기독교사학회 이사, 북경대학교 철학박사(Ph.D), 전공: 철학/아시아교회사

강종권 구세군사관학교 교수
숭실대 강사, 숭실대학교 기독교학박사(Ph.D), 전공: 기독교역사

강아람 숭실대 베어드교양대학 교수
교목, 장로회신학대학교 신학박사(Th.D), 전공: 선교학

박지은 숭실대 베어드교양대학 초빙교수
이화여대 기독교학과 강사, 밴더빌트대학교 철학박사(Ph.D), 전공: 구약학

오지석 숭실대 베어드교양대학 겸임교수
한국기독교사회윤리학회 부회장, 숭실대학교 철학박사(Ph.D), 전공: 철학/기독교윤리학

박규환 숭실대 베어드교양대학 초빙교수
KC대학교 강사, 숭실대학교 기독교학 박사(Ph.D), 전공: 기독교역사

이성조 숭실대 베어드교양대학 초빙교수
토기장이의집교회 담임목사, 보스턴 칼리지 철학박사(Ph.D), 전공: 기독교교육학

최재성 숭실대 베어드교양대학 초빙교수
우리행복한교회 담임목사, 서울신학대학교 철학박사(Ph.D), 전공: 실천신학

성신형 숭실대 베어드교양대학 교수
한국기독사회윤리학회 편집이사, 개렛신학교 철학박사(Ph.D), 전공: 기독교철학/기독교윤리학

이주형 숭실대 베어드교양대학 교수
교목, 클레아몬트 신학교 철학박사(Ph.D), 전공: 실천신학

김승진 숭실대 베어드교양대학 겸임교수
산본영광교회 담임목사, 뮌스터대학교 신학박사(Dr, theol) 전공: 기독교윤리학

이혁배 숭실대 베어드교양대학 겸임교수
월곡교회 담임목사, 프랑크푸르트대학교 신학박사(Dr. theol) 전공: 기독교윤리학

김광연 숭실대 철학과 연구교수
숭실대학교 철학박사(Ph.D), 전공: 철학/기독교윤리학

이종원 계명대학교 교수
교목, 숭실대학교 철학박사(Ph.D), 전공: 철학/기독교윤리학

정재후 숭실대 베어드교양대학 초빙교수
장신대 강사, 장로회신학대학교 신학박사(Th.D), 전공: 기독교윤리와 문화

박도현 숭실대 베어드교양대학 초빙교수
부민교회 담임목사, 숭실대학교 철학박사(Ph.D), 전공: 철학/기독교윤리학

조은식 숭실대 베어드교양대학 교수
교목, 유나이티드 신학대학원 선교학박사, 전공: 선교학